大学赤本シリーズ

283

上智大学

理工学部

教学社

は　し　が　き

おかげさまで，大学入試の「赤本」は，今年で創刊 70 周年を迎えました。

これまで，入試問題や資料をご提供いただいた大学関係者各位，掲載許可をいただいた著作権者の皆様，各科目の解答や対策の執筆にあたられた先生方，そして，赤本を使用してくださったすべての読者の皆様に，厚く御礼を申し上げます。

以下に，創刊初期の「赤本」のはしがきを引用します。これからも引き続き，受験生の目標の達成や，夢の実現を応援してまいります。

本書を活用して，入試本番では持てる力を存分に発揮されることを心より願っています。

編者しるす

＊　＊　＊

学問の塔にあこがれのまなざしをもって，それぞれの志望する大学の門をたたかんとしている受験生諸君！　人間として生まれてきた私たちは，自己の欲するままに，美しく，強く，そして何よりも人間らしく生きることをねがっている。しかし，一朝一夕にして，この純粋なのぞみが達せられることはない。私たちの行く手には，絶えずさまざまな試練がまちかまえている。この試練を克服していくところに，私たちのねがう真に人間的な世界がはじめて開かれてくるのである。

人生最初の最大の試練として，諸君の眼前に大学入試がある。この大学入試は，精神的にも身体的にも，大きな苦痛を感ぜしめるであろう。あるスポーツに熟達するには，たゆみなき，はげしい練習を積み重ねることが必要であるように，私たちは，計画的・持続的な努力を払うことによって，この試練を克服し，次の一歩を踏みだすことができる。厳しい試練を経たのちに，はじめて満足すべき成果を獲得できるのである。

本書は最近の入学試験の問題に，それぞれ解答を付し，さらに問題をふかく分析することによって，その大学独特の傾向や対策をさぐろうとした。本書を一般の参考書とあわせて使用し，まとはずれのない，効果的な受験勉強をされるよう期待したい。

（昭和 35 年版「赤本」はしがきより）

挑む人の、いちばんの味方

1954年に大学入試の過去問題集を刊行してから70年。赤本は大学に入りたいと思う受験生を応援しつづけてきました。これからも，苦しいとき落ち込むときにそばで支える存在でいたいと思います。

そして，勉強をすること，自分で道を決めること，努力が実ること，これらの喜びを読者の皆さんが感じることができるよう，伴走をつづけます。

そもそも赤本とは…

受験生のための大学入試の過去問題集！

70年の歴史を誇る赤本は，500点を超える刊行点数で全都道府県の370大学以上を網羅しており，過去問の代名詞として受験生の必須アイテムとなっています。

なぜ受験に過去問が必要なのか？

大学入試は大学によって問題形式や頻出分野が大きく異なるからです。

赤本の掲載内容

傾向と対策

これまでの出題内容から，問題の「**傾向**」を分析し，来年度の入試に向けて具体的な「**対策**」の方法を紹介しています。

問題編・解答編

- 年度ごとに問題とその解答を掲載しています。
- 「**問題編**」ではその年度の試験概要を確認したうえで，実際に出題された過去問に取り組むことができます。
- 「**解答編**」には高校・予備校の先生方による解答が載っています。

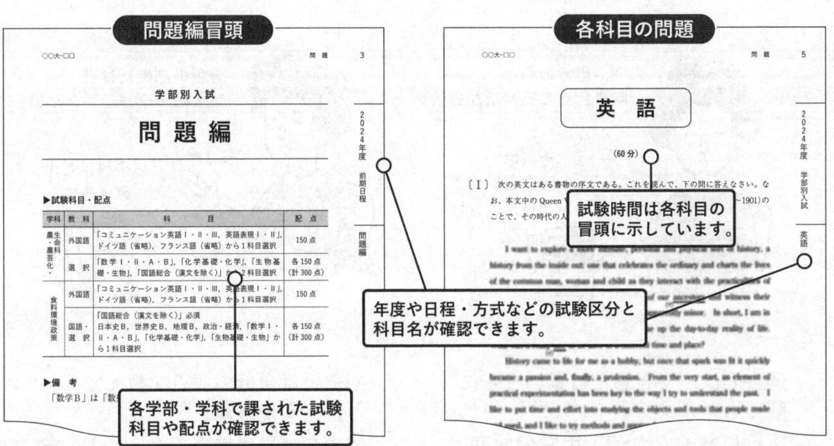

他にも，大学の基本情報や，先輩受験生の合格体験記，在学生からのメッセージなどが載っていることがあります。

掲載内容について

著作権上の理由やその他編集上の都合により問題や解答の一部を割愛している場合があります。
なお，指定校推薦入試，社会人入試，編入学試験，帰国生入試などの特別入試，英語以外の外国語科目，商業・工業科目は，原則として掲載しておりません。また試験科目は変更される場合がありますので，あらかじめご了承ください。

受験勉強は

過去問に始まり，

STEP 1 なにはともあれ

まずは解いてみる

過去問は，**できるだけ早いうちに解く**のがオススメ！
実際に解くことで，**出題の傾向，問題のレベル，今の自分の実力**がつかめます。

STEP 2 じっくり具体的に

弱点を分析する

分析の結果だけど
英・数・国が苦手みたい
スリー
必須科目だホン
頑張るホン

間違いは自分の弱点を教えてくれる**貴重な情報源**。
弱点から自己分析することで，**今の自分に足りない力や苦手な分野**が見えてくるはず！

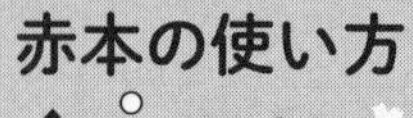

傾向と対策を熟読

（Fさん／国立大合格）

大学の出題傾向を調べるために，赤本に載っている「傾向と対策」を熟読しました。

繰り返し解く

（Tさん／国立大合格）

1周目は問題のレベル確認，2周目は苦手や頻出分野の確認に，3周目は合格点を目指して，と過去問は繰り返し解くことが大切です。

過去問に終わる。

STEP 3

志望校にあわせて

苦手分野の重点対策

参考書や問題集を活用して，苦手分野の**重点対策**をしていきます。**過去問を指針**に，合格へ向けた具体的な学習計画を立てましょう！

STEP 1 ▶ 2 ▶ 3

サイクルが大事！

実践を繰り返す

STEP 1～3を繰り返し，実力アップにつなげましょう！**出題形式に慣れること**や，**時間配分を考えること**も大切です。

目標点を決める
(Yさん／私立大合格)
赤本によっては合格者最低点が載っているので，それを見て目標点を決めるのもよいです。

時間配分を確認
(Kさん／私立大学合格)
赤本は時間配分や解く順番を決めるために使いました。

添削してもらう
(Sさん／私立大学合格)
記述式の問題は先生に添削してもらうことで自分の弱点に気づけると思います。

新課程入試 Q&A

2022 年度から新しい学習指導要領（新課程）での授業が始まり，2025 年度の入試は，新課程に基づいて行われる最初の入試となります。ここでは，赤本での新課程入試の対策について，よくある疑問にお答えします。

Q1. 赤本は新課程入試の対策に使えますか？

A. もちろん使えます！

旧課程入試の過去問が新課程入試の対策に役に立つのか疑問に思う人もいるかもしれませんが，心配することはありません。旧課程入試の過去問が役立つのには次のような理由があります。

● 学習する内容はそれほど変わらない

新課程は旧課程と比べて科目名を中心とした変更はありますが，学習する内容そのものはそれほど大きく変わっていません。また，多くの大学で，既卒生が不利にならないよう「経過措置」がとられます（Q３参照）。したがって，出題内容が大きく変更されることは少ないとみられます。

● 大学ごとに出題の特徴がある

これまでに課程が変わったときも，各大学の出題の特徴は大きく変わらないことがほとんどでした。入試問題は各大学のアドミッション・ポリシーに沿って出題されており，過去問にはその特徴がよく表れています。過去問を研究してその大学に特有の傾向をつかめば，最適な対策をとることができます。

出題の特徴の例	・英作文問題の出題の有無 ・論述問題の出題（字数制限の有無や長さ） ・計算過程の記述の有無

新課程入試の対策も，赤本で過去問に取り組むところから始めましょう。

Q2. 赤本を使う上での注意点はありますか?

A. 志望大学の入試科目を確認しましょう。

過去問を解く前に，過去の出題科目（問題編冒頭の表）と 2025 年度の募集要項とを比べて，課される内容に変更がないかを確認しましょう。ポイントは以下のとおりです。科目名が変わっていても，実際は旧課程の内容とほとんど同様のものもあります。

英語・国語	科目名は変更されているが，実質的には変更なし。 ▶▶ **ただし，リスニングや古文・漢文の有無は要確認。**
地歴	科目名が変更され，「歴史総合」「地理総合」が新設。 ▶▶ **新設科目の有無に注意。ただし，「経過措置」(Q3参照)により内容は大きく変わらないことも多い。**
公民	「現代社会」が廃止され，「公共」が新設。 ▶▶ **「公共」は実質的には「現代社会」と大きく変わらない。**
数学	科目が再編され，「数学 C」が新設。 ▶▶ **「数学」全体としての内容は大きく変わらないが，出題科目と単元の変更に注意。**
理科	科目名も学習内容も大きな変更なし。

数学については，科目名だけでなく，どの単元が含まれているかも確認が必要です。例えば，出題科目が次のように変わったとします。

旧課程	「数学Ⅰ・数学Ⅱ・数学 A・数学 B（数列・ベクトル）」
新課程	「数学Ⅰ・数学Ⅱ・数学 A・**数学 B（数列）・数学 C（ベクトル）**」

この場合，新課程では「数学C」が増えていますが，単元は「ベクトル」のみのため，実質的には旧課程とほぼ同じであり，過去問をそのまま役立てることができます。

Q3.「経過措置」とは何ですか？

A. 既卒の旧課程履修者への対応です。

多くの大学では，既卒の旧課程履修者が不利にならないように，出題において「経過措置」が実施されます。措置の有無や内容は大学によって異なるので，募集要項や大学のウェブサイトなどで確認しておきましょう。

○旧課程履修者への経過措置の例

- 旧課程履修者にも配慮した出題を行う。
- 新・旧課程の共通の範囲から出題する。
- 新課程と旧課程の共通の内容を出題し，共通範囲のみでの出題が困難な場合は，旧課程の範囲からの問題を用意し，選択解答とする。

例えば，地歴の出題科目が次のように変わったとします。

旧課程	「日本史Ｂ」「世界史Ｂ」から１科目選択
新課程	「**歴史総合**，日本史探究」「**歴史総合**，世界史探究」から１科目選択※ ※旧課程履修者に不利益が生じることのないように配慮する。

「歴史総合」は新課程で新設された科目で，旧課程履修者には見慣れないものですが，上記のような経過措置がとられた場合，新課程入試でも旧課程と同様の学習内容で受験することができます。

要チェックだホン

新課程の情報は WEB もチェック！
より詳しい解説が赤本ウェブサイトで見られます。
https://akahon.net/shinkatei/

科目名が変更される教科・科目

教科	旧課程	新課程
国語	国語総合	現代の国語
	国語表現	言語文化
	現代文A	論理国語
	現代文B	文学国語
	古典A	国語表現
	古典B	古典探究
地歴	日本史A	歴史総合
	日本史B	日本史探究
	世界史A	世界史探究
	世界史B	地理総合
	地理A	地理探究
	地理B	
公民	現代社会	公共
	倫理	倫理
	政治・経済	政治・経済
数学	数学Ⅰ	数学Ⅰ
	数学Ⅱ	数学Ⅱ
	数学Ⅲ	数学Ⅲ
	数学A	数学A
	数学B	数学B
	数学活用	数学C
外国語	コミュニケーション英語基礎	英語コミュニケーションⅠ
	コミュニケーション英語Ⅰ	英語コミュニケーションⅡ
	コミュニケーション英語Ⅱ	英語コミュニケーションⅢ
	コミュニケーション英語Ⅲ	論理・表現Ⅰ
	英語表現Ⅰ	論理・表現Ⅱ
	英語表現Ⅱ	論理・表現Ⅲ
	英語会話	
情報	社会と情報	情報Ⅰ
	情報の科学	情報Ⅱ

大学のサイトも見よう

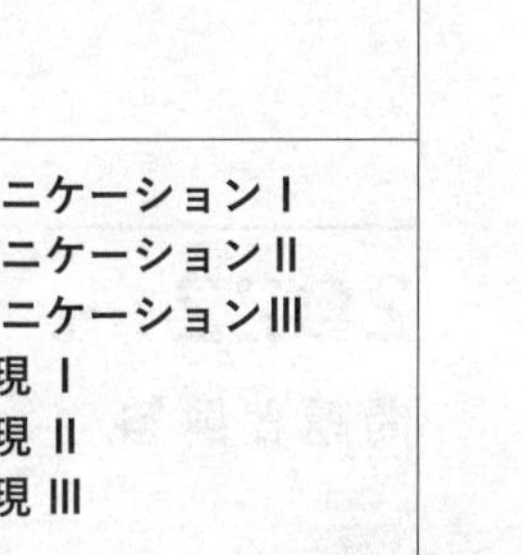

目　次

基本情報

沿革

1913（大正　2）	専門学校令による上智大学の開校。哲学科，独逸文学科，商科を置く
1928（昭和　3）	大学令による大学として新発足
1948（昭和 23）	新制大学として発足。文学部，経済学部を設置
1957（昭和 32）	法学部を設置
1958（昭和 33）	神学部，外国語学部を設置
1962（昭和 37）	理工学部を設置
1973（昭和 48）	上智短期大学開設
1987（昭和 62）	比較文化学部を設置
2005（平成 17）	文学部（教育学科，心理学科，社会学科，社会福祉学科）を総合人間科学部に改組
2006（平成 18）	比較文化学部を国際教養学部に改組
2013（平成 25）	創立 100 周年
2014（平成 26）	総合グローバル学部を設置

エンブレム

エンブレムの鷲は「真理の光」を目指して力強く羽ばたく鷲をかたどったもので，その姿は上智大学の本質と理想とを表している。中央にしるされた文字は，本学の標語「真理の光」，ラテン語で Lux Veritatis の頭文字である。

「真理の光」を目指して力強く羽ばたく鷲のシンボルに，学生が優れた知恵を身につけて，よりよい未来を拓いてほしいという上智大学の願いが込められています。

学部・学科の構成

大 学

●神学部

神学科

●文学部

哲学科，史学科，国文学科，英文学科，ドイツ文学科，フランス文学科 新聞学科

●総合人間科学部

教育学科，心理学科，社会学科，社会福祉学科，看護学科

●法学部

法律学科，国際関係法学科，地球環境法学科

●経済学部

経済学科，経営学科

●外国語学部

英語学科，ドイツ語学科，フランス語学科，イスパニア語学科，ロシア語学科，ポルトガル語学科

●総合グローバル学部

総合グローバル学科

●国際教養学部

国際教養学科

●理工学部

物質生命理工学科，機能創造理工学科，情報理工学科

大学院

神学研究科 / 文学研究科 / 実践宗教学研究科 / 総合人間科学研究科 / 法学研究科・法科大学院 / 経済学研究科 / 言語科学研究科 / グローバル・スタディーズ研究科 / 理工学研究科 / 地球環境学研究科 / 応用データサイエンス学位プログラム

大学所在地

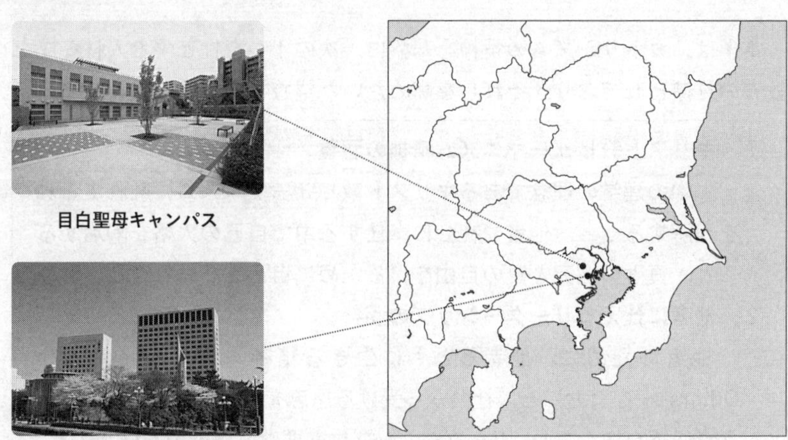

四谷キャンパス　〒102-8554　東京都千代田区紀尾井町 7 - 1
目白聖母キャンパス　〒161-8550　東京都新宿区下落合 4-16-11

アドミッション・ポリシー

大学より公表されているアドミッション・ポリシー（入学者受け入れの方針）を以下に示します。学部・学科ごとのアドミッション・ポリシーは大学ウェブサイト等を参照してください。

 大学全体のアドミッション・ポリシー

本学は，カトリシズムの精神を基盤に，次の４つを柱とする人材養成を教育の目標としており，それらを高めたいと望む学生を受け入れます。

１．キリスト教ヒューマニズム精神の涵養

本学の建学の理念であるキリスト教ヒューマニズムに触れてこれを理解すること，他者や社会に奉仕する中で自己の人格を陶冶すること，真理の探究と真の自由を得るために自らを高めること。

２．他者に仕えるリーダーシップの涵養

他者のために，他者とともに生きる精神―"For Others, With Others"―を育むこと，社会から受ける恩恵を自覚し，それにともなう責任感を抱くこと，リーダーシップに必要な基礎能力を培うこと。

３．グローバル・コンピテンシーの養成

グローバル・イシューへの関心を抱くこと，複数の言語でコミュニケーションできること，さまざまな文化の違いを理解し，その違いを肯定的に受け止め，それらのかけ橋となれること。

４．幅広い教養と専門分野の知識・能力の修得

幅広い教養やコミュニケーション能力など社会人としての基礎能力，専攻する学問分野における専門的知識・能力を修得すること。

上記を学力の３要素に対比させると，１・２に関連して，「主体性・対話性・協働性」を高めていこうとする人，３に関連して，「思考力・判断力・表現力」を深めていこうとする人，４に関連して，「知識・教養・技能」の獲得を目指そうとする人を本学は求めています。

 各方式におけるアドミッション・ポリシー

一般選抜の各方式で求める学生像は下記のとおり。

TEAP スコア利用方式

基礎的な学力（知識・技能）に加えて，高度な文章理解力，論理的思考力，表現力，実践的な英語力（4 技能）を備えた入学者を受け入れることを目的としています。

学部学科試験・共通テスト併用方式

基礎的な学力（知識・技能）に加えて，高度な文章理解力，論理的思考力，表現力，各学問分野への意欲・適性を備えた入学者を受け入れることを目的としています。

共通テスト利用方式（3 教科型・4 教科型）

本学独自試験を行わないことで全国の志願者に受験機会を提供するとともに，他方式では設定されていない科目選択を可能にし，多様な入学者を受け入れることを目的としています。

一般選抜の各方式で特に重視する学力の要素は下記のとおり。

区　分	知識・教養・技能	思考力・判断力・表現力	主体性・対話性・協働性
TEAP スコア利用方式	○	◎	○ （面接該当学科）
学部学科試験・共通テスト併用方式	○	◎	○ （面接該当学科）
共通テスト利用方式（3 教科型・4 教科型）	◎	○	○ （面接該当学科）

入試データ

入試状況（志願者数・競争率など）

○競争率は第１次受験者数÷最終合格者数で算出。
○個別学力試験を課さない大学入学共通テスト利用選抜は１カ年のみ掲載。

2024 年度 入試状況

●一般選抜 TEAP スコア利用方式

（ ）内は女子内数

学部・学科		募集人員	志願者数	第１次受験者数	最終合格者数	競争率
神	神	8	20(18)	20(18)	8(8)	2.5
文	哲	14	99(62)	97(61)	34(27)	2.9
	史	23	139(93)	139(93)	62(42)	2.2
	国文	10	80(66)	80(66)	38(30)	2.1
	英文	24	220(173)	218(173)	89(73)	2.4
	ドイツ文	13	126(95)	123(94)	45(37)	2.7
	フランス文	15	109(83)	108(83)	25(22)	4.3
	新聞	20	171(142)	169(140)	37(29)	4.6
総合人間科	教育	18	117(90)	117(90)	37(27)	3.2
	心理	15	105(83)	105(83)	16(15)	6.6
	社会	17	140(103)	137(102)	39(31)	3.5
	社会福祉	15	87(74)	86(74)	27(25)	3.2
	看護	15	41(39)	40(38)	15(15)	2.7
法	法律	44	230(149)	227(148)	83(58)	2.7
	国際関係法	29	260(175)	257(172)	93(64)	2.8
	地球環境法	18	131(88)	131(88)	48(32)	2.7
経済	経済（文系）	30	137(60)	133(57)	60(29)	2.2
	経済（理系）	10	99(30)	94(29)	25(10)	3.8
	経営	25	319(191)	316(188)	50(32)	6.3
外国語	英語	45	405(278)	403(277)	132(90)	3.1
	ドイツ語	15	146(100)	144(99)	44(31)	3.3
	フランス語	18	197(145)	197(145)	63(46)	3.1
	イスパニア語	18	194(120)	193(119)	85(55)	2.3
	ロシア語	14	220(133)	218(133)	87(54)	2.5
	ポルトガル語	14	209(137)	206(135)	87(64)	2.4
総合グローバル		65	562(393)	561(392)	112(80)	5.0

（表つづく）

学部・学科		募集人員	志願者数	第1次受験者数	最終合格者数	競争率
理工	物質生命理工	22	147(78)	145(77)	70(40)	2.1
	機能創造理工	22	135(34)	134(34)	61(16)	2.2
	情報理工	20	121(45)	118(43)	49(15)	2.4
合計		616	4,966(3,277)	4,916(3,251)	1,621(1,097)	—

（備考）最終合格者数には補欠入学許可者数を含む。

●一般選抜　学部学科試験・共通テスト併用方式

（　）内は女子内数

学部・学科		募集人員	志願者数	第1次受験者数	最終合格者数	競争率
神	神	12	38(25)	35(23)	14(10)	2.5
文	哲	19	140(77)	128(72)	54(36)	2.4
	史	23	298(139)	279(125)	121(52)	2.3
	国文	30	313(224)	294(209)	105(84)	2.8
	英文	37	386(254)	370(245)	181(118)	2.0
	ドイツ文	18	209(138)	204(135)	63(39)	3.2
	フランス文	20	160(119)	157(117)	40(30)	3.9
	新聞	40	228(163)	222(158)	71(51)	3.1
総合人間科	教育	23	227(158)	219(154)	70(50)	3.1
	心理	20	205(154)	192(145)	27(23)	7.1
	社会	25	374(252)	357(242)	93(61)	3.8
	社会福祉	20	118(83)	109(77)	45(33)	2.4
	看護	21	216(210)	207(201)	55(54)	3.8
法	法律	64	507(279)	484(267)	208(125)	2.3
	国際関係法	44	444(257)	424(243)	216(130)	2.0
	地球環境法	29	276(154)	265(145)	123(70)	2.2
経済	経済	85	1,108(334)	1,053(312)	402(120)	2.6
	経営	85	1,693(689)	1,624(661)	372(170)	4.4
外国語	英語	50	607(373)	580(356)	195(128)	3.0
	ドイツ語	21	258(166)	249(160)	99(66)	2.5
	フランス語	23	426(278)	413(273)	137(95)	3.0
	イスパニア語	28	368(232)	357(226)	191(123)	1.9
	ロシア語	20	337(187)	323(177)	156(88)	2.1
	ポルトガル語	20	275(171)	268(165)	146(90)	1.8
総合グローバル		70	745(507)	690(470)	279(180)	2.5
理工	物質生命理工	45	893(380)	818(344)	350(140)	2.3
	機能創造理工	44	754(143)	692(128)	275(51)	2.5
	情報理工	45	789(177)	721(159)	218(41)	3.3
合計		981	12,392(6,323)	11,734(5,989)	4,306(2,258)	—

（備考）最終合格者数には補欠入学許可者数を含む。

●一般選抜　共通テスト利用方式（3 教科型）

（　）内は女子内数

学部・学科		募集人員	志願者数	第 1 次受験者数	最終合格者数	競争率
神	神	2	87(54)	87(54)	7(6)	12.4
文	哲	2	265(135)	265(135)	36(26)	7.4
	史	2	203(107)	203(107)	37(20)	5.5
	国文	2	341(220)	341(220)	40(27)	8.5
	英文	3	155(104)	155(104)	55(43)	2.8
	ドイツ文	2	99(75)	99(75)	24(19)	4.1
	フランス文	2	123(101)	123(101)	26(24)	4.7
	新聞	2	268(195)	268(195)	34(27)	7.9
総合人間科	教育	3	198(128)	198(128)	33(25)	6.0
	心理	2	62(43)	62(43)	6(6)	10.3
	社会	2	108(74)	108(74)	13(8)	8.3
	社会福祉	3	74(56)	74(56)	11(11)	6.7
	看護	2	65(63)	65(63)	16(16)	4.1
法	法律	2	352(192)	352(192)	67(38)	5.3
	国際関係法	2	677(352)	677(352)	86(52)	7.9
	地球環境法	2	135(74)	135(74)	19(10)	7.1
経済	経済	2	302(109)	302(109)	34(15)	8.9
	経営	5	572(259)	572(259)	70(34)	8.2
外国語	英語	2	302(173)	302(173)	37(26)	8.2
	ドイツ語	2	173(107)	173(107)	21(12)	8.2
	フランス語	3	130(94)	130(94)	25(16)	5.2
	イスパニア語	2	245(133)	245(133)	46(28)	5.3
	ロシア語	2	318(164)	318(164)	71(41)	4.5
	ポルトガル語	2	433(251)	433(251)	50(32)	8.7
総合グローバル		3	493(336)	493(336)	63(45)	7.8
理工	物質生命理工	3	388(187)	388(187)	110(47)	3.5
	機能創造理工	2	303(81)	303(81)	88(18)	3.4
	情報理工	3	419(109)	419(109)	81(22)	5.2
合計		66	7,290(3,976)	7,290(3,976)	1,206(694)	—

（備考）最終合格者数には補欠入学許可者数を含む。

●一般選抜　共通テスト利用方式（4 教科型）

（　）内は女子内数

学部・学科		募集人員	志願者数	第 1 次受験者数	最終合格者数	競争率
神	神	2	22(12)	22(12)	2(2)	11.0
文	哲	3	128(58)	128(58)	32(17)	4.0
	史	2	123(59)	123(59)	39(22)	3.2
	国文	3	85(51)	85(51)	26(11)	3.3
	英文	3	69(45)	69(45)	26(18)	2.7
	ドイツ文	2	107(55)	107(55)	32(16)	3.3
	フランス文	2	34(24)	34(24)	9(6)	3.8
	新聞	3	118(86)	118(86)	29(23)	4.1
総合人間科	教育	3	116(70)	116(70)	27(19)	4.3
	心理	3	70(52)	70(52)	10(9)	7.0
	社会	3	140(90)	140(90)	41(28)	3.4
	社会福祉	2	102(70)	102(70)	19(14)	5.4
	看護	2	78(74)	78(74)	9(9)	8.7
法	法律	5	369(183)	369(183)	100(48)	3.7
	国際関係法	3	263(147)	263(147)	57(31)	4.6
	地球環境法	3	73(41)	73(41)	15(8)	4.9
経済	経済	4	596(178)	596(178)	88(30)	6.8
	経営	15	636(245)	636(245)	122(58)	5.2
外国語	英語	3	193(109)	193(109)	32(21)	6.0
	ドイツ語	2	87(43)	87(43)	20(11)	4.4
	フランス語	2	49(33)	49(33)	18(13)	2.7
	イスパニア語	2	60(34)	60(34)	17(13)	3.5
	ロシア語	2	92(40)	92(40)	31(14)	3.0
	ポルトガル語	2	151(76)	151(76)	24(13)	6.3
総合グローバル		2	355(204)	355(204)	48(32)	7.4
理工	物質生命理工	3	283(148)	283(148)	75(33)	3.8
	機能創造理工	3	301(75)	301(75)	100(18)	3.0
	情報理工	3	221(63)	221(63)	62(13)	3.6
合計		87	4,921(2,365)	4,921(2,365)	1,110(550)	—

（備考）最終合格者数には補欠入学許可者数を含む。

●一般選抜第 2 次試験合格状況

学部・学科		TEAP スコア利用方式			学部学科試験・共通テスト併用方式			共通テスト利用方式					
								3 教科型			4 教科型		
		第1次合格者数	第2次受験者数	最終合格者数	第1次合格者数	第2次受験者数	最終合格者数	第1次合格者数	第2次受験者数	最終合格者数	第1次合格者数	第2次受験者数	最終合格者数
神	神	16	11	8	26	26	14	27	13	7	14	5	2
総合人間科	心理	49	44	16	72	67	27	10	7	6	23	15	10
	看護	24	24	15	128	118	55	24	18	16	9	9	9

（備考）最終合格者数には補欠入学許可者数を含む。

2023 年度 入試状況

●一般選抜　TEAP スコア利用方式

（　）内は女子内数

学部	学科	募集人員	志願者数	第１次受験者数	最終合格者数	競争率
神	神	8	26(12)	26(12)	9(6)	2.9
文	哲	14	124(70)	121(68)	42(19)	2.9
	史	23	135(84)	133(83)	55(36)	2.4
	国文	10	90(64)	88(62)	24(14)	3.7
	英文	24	229(160)	227(159)	90(60)	2.5
	ドイツ文	13	139(105)	138(104)	47(35)	2.9
	フランス文	15	91(74)	91(74)	25(20)	3.6
	新聞	20	142(97)	139(94)	55(35)	2.5
総合人間科	教育	18	123(91)	121(89)	42(34)	2.9
	心理	15	101(71)	100(70)	22(17)	4.5
	社会	17	161(108)	159(106)	25(19)	6.4
	社会福祉	15	112(88)	111(88)	22(19)	5.0
	看護	15	40(39)	39(38)	21(21)	1.9
法	法律	44	269(159)	266(158)	94(65)	2.8
	国際関係法	29	255(179)	251(177)	100(75)	2.5
	地球環境法	18	113(70)	113(70)	37(26)	3.1
経済	経済（文系）	30	182(73)	179(71)	64(27)	2.8
	経済（理系）	10	88(29)	88(29)	27(9)	3.3
	経営	25	367(205)	363(204)	109(61)	3.3
外国語	英語	45	380(260)	378(259)	147(105)	2.6
	ドイツ語	15	129(91)	127(90)	58(37)	2.2
	フランス語	18	189(135)	188(134)	76(49)	2.5
	イスパニア語	18	174(117)	173(116)	66(42)	2.6
	ロシア語	14	180(103)	180(103)	106(63)	1.7
	ポルトガル語	14	142(80)	142(80)	77(43)	1.8
総合グローバル		65	555(392)	550(389)	192(150)	2.9
理工	物質生命理工	22	114(49)	111(49)	62(26)	1.8
	機能創造理工	22	141(37)	134(36)	77(19)	1.7
	情報理工	20	124(39)	122(39)	50(14)	2.4
合計		616	4,915(3,081)	4,858(3,051)	1,821(1,146)	—

（備考）最終合格者数には補欠入学許可者数を含む。

●一般選抜　学部学科試験・共通テスト併用方式

（　）内は女子内数

学部・学科		募集人員	志願者数	第1次受験者数	最終合格者数	競争率
神	神	12	30(15)	28(15)	12(7)	2.3
文	哲	19	145(65)	135(61)	49(21)	2.8
	史	23	274(143)	266(136)	98(33)	2.7
	国文	30	396(271)	380(260)	113(84)	3.4
	英文	37	364(236)	354(232)	168(109)	2.1
	ドイツ文	18	129(79)	121(74)	65(42)	1.9
	フランス文	20	119(92)	118(92)	40(33)	3.0
	新聞	40	193(130)	182(120)	84(52)	2.2
総合人間科	教育	23	268(179)	255(169)	68(47)	3.8
	心理	20	186(124)	171(115)	29(21)	5.9
	社会	25	363(228)	343(214)	91(61)	3.8
	社会福祉	20	109(83)	104(79)	40(28)	2.6
	看護	21	166(163)	157(155)	100(100)	1.6
法	法律	64	651(325)	633(321)	215(113)	2.9
	国際関係法	44	534(307)	519(300)	214(132)	2.4
	地球環境法	29	198(102)	195(101)	73(43)	2.7
経済	経済	85	1,058(329)	1,018(314)	454(136)	2.2
	経営	85	1,642(701)	1,573(670)	443(195)	3.6
外国語	英語	50	490(315)	468(305)	217(147)	2.2
	ドイツ語	21	171(106)	164(101)	94(60)	1.7
	フランス語	23	262(184)	256(179)	137(106)	1.9
	イスパニア語	28	276(167)	266(162)	156(94)	1.7
	ロシア語	20	226(122)	220(118)	158(90)	1.4
	ポルトガル語	20	200(112)	193(109)	129(71)	1.5
総合グローバル		70	778(522)	744(498)	355(232)	2.1
理工	物質生命理工	45	788(321)	746(301)	292(110)	2.6
	機能創造理工	44	838(176)	792(168)	279(53)	2.8
	情報理工	45	947(228)	892(214)	250(46)	3.6
合計		981	11,801(5,825)	11,293(5,583)	4,423(2,266)	—

（備考）最終合格者数には補欠入学許可者数を含む。

●一般選抜第 2 次試験合格状況

学部・学科		TEAP スコア利用方式			学部学科試験・共通テスト併用方式			共通テスト利用方式					
								3 教科型			4 教科型		
		第1次合格者数	第2次受験者数	最終合格者数	第1次合格者数	第2次受験者数	最終合格者数	第1次合格者数	第2次受験者数	最終合格者数	第1次合格者数	第2次受験者数	最終合格者数
神	神	17	15	9	20	18	12	13	12	5	7	5	3
総合人間科	心理	54	53	22	81	79	29	6	6	5	22	19	13
	看護	22	22	21	117	116	100	4	3	2	22	20	20

（備考）最終合格者数には補欠入学許可者数を含む。

2022 年度 入試状況

●一般選抜（TEAP スコア利用型）

（　）内は女子内数

学部	学科	募集人員	志願者数	第 1 次受験者数	最終合格者数	競争率
神	神	8	30(18)	30(18)	9(5)	3.3
文	哲	14	133(73)	130(72)	40(22)	3.3
	史	20	147(88)	147(88)	50(31)	2.9
	国文	10	78(64)	78(64)	41(33)	1.9
	英文	27	276(191)	273(189)	82(62)	3.3
	ドイツ文	13	116(78)	115(78)	41(26)	2.8
	フランス文	16	118(85)	117(84)	26(17)	4.5
	新聞	20	151(114)	149(112)	29(19)	5.1
総合人間科	教育	18	161(116)	159(114)	43(25)	3.7
	心理	16	112(77)	108(75)	16(13)	6.8
	社会	17	212(168)	208(164)	32(25)	6.5
	社会福祉	16	97(79)	97(79)	28(20)	3.5
	看護	16	46(44)	45(43)	18(17)	2.5
法	法律	45	269(168)	266(167)	80(54)	3.3
	国際関係法	30	233(165)	233(165)	79(58)	2.9
	地球環境法	19	126(80)	125(79)	42(29)	3.0
経済	経済（文系）	30	123(47)	122(47)	71(25)	1.7
	経済（理系）	10	85(24)	85(24)	31(10)	2.7
	経営	25	337(182)	336(182)	78(44)	4.3
外国語	英語	45	343(229)	340(228)	124(87)	2.7
	ドイツ語	16	147(93)	146(93)	44(27)	3.3
	フランス語	18	209(147)	207(146)	76(59)	2.7
	イスパニア語	18	236(153)	235(153)	71(41)	3.3
	ロシア語	15	199(122)	198(121)	81(50)	2.4
	ポルトガル語	15	201(119)	199(119)	61(31)	3.3
総合グローバル		65	660(466)	656(465)	160(119)	4.1
理工	物質生命理工	20	87(32)	86(31)	58(23)	1.5
	機能創造理工	20	85(24)	83(22)	58(16)	1.4
	情報理工	20	106(35)	103(33)	51(13)	2.0
合計		622	5,123(3,281)	5,076(3,255)	1,620(1,001)	—

（備考）最終合格者数には補欠入学許可者数を含む。

●一般選抜（学部学科試験・共通テスト併用型）

（　）内は女子内数

学部・学科		募集人員	志願者数	第1次受験者数	最終合格者数	競争率
神	神	12	55（39）	54（38）	12（9）	4.5
文	哲	19	142（68）	133（60）	55（26）	2.4
	史	27	386（158）	374（151）	116（35）	3.2
	国文	32	431（292）	423（286）	142（97）	3.0
	英文	37	418（254）	400（243）	158（84）	2.5
	ドイツ文	18	142（83）	138（81）	54（35）	2.6
	フランス文	20	154（112）	146（107）	63（50）	2.3
	新聞	50	265（178）	258（172）	50（32）	5.2
総合人間科	教育	26	390（245）	381（238）	71（50）	5.4
	心理	21	211（129）	197（121）	21（19）	9.4
	社会	25	531（328）	514（318）	91（59）	5.6
	社会福祉	21	126（90）	116（83）	53（42）	2.2
	看護	21	148（138）	139（131）	84（80）	1.7
法	法律	65	679（339）	648（325）	235（124）	2.8
	国際関係法	45	517（282）	498（270）	179（98）	2.8
	地球環境法	30	307（153）	298（147）	91（55）	3.3
経済	経済	85	984（307）	925（287）	339（108）	2.7
	経営	85	1,791（730）	1,725（701）	457（199）	3.8
外国語	英語	50	546（349）	515（327）	188（125）	2.7
	ドイツ語	21	230（140）	222（134）	92（55）	2.4
	フランス語	25	270（194）	257（185）	136（101）	1.9
	イスパニア語	29	333（199）	328（197）	172（103）	1.9
	ロシア語	20	272（148）	264（142）	165（92）	1.6
	ポルトガル語	20	275（150）	266（144）	138（75）	1.9
総合グローバル		70	980（652）	939（630）	334（214）	2.8
理工	物質生命理工	40	697（253）	660（241）	340（132）	1.9
	機能創造理工	40	723（110）	680（103）	275（40）	2.5
	情報理工	40	915（240）	853（226）	297（55）	2.9
合計		994	12,918（6,360）	12,351（6,088）	4,408（2,194）	―

（備考）最終合格者数には補欠入学許可者数を含む。

●一般選抜第 2 次試験合格状況

学部・学科		TEAP スコア利用型			学部学科試験・共通テスト併用型			共通テスト利用型		
		第1次合格者数	第2次受験者数	最終合格者数	第1次合格者数	第2次受験者数	最終合格者数	第1次合格者数	第2次受験者数	最終合格者数
神	神	15	14	9	30	29	12	5	2	2
総合人間科	心理	58	56	16	94	93	21	16	14	3
	看護	24	23	18	117	116	84	16	12	11

（備考）最終合格者数には補欠入学許可者数を含む。

募集要項（出願書類）の入手方法

入試種別	頒布開始時期（予定）	入　手　方　法
国際教養学部募集要項	公開中	大学公式 Web サイトからダウンロード。 郵送は行いません。
SPSF 募集要項	公開中	
理工学部英語コース募集要項	公開中	
推薦（公募制）入試要項	7 月上旬	
一般選抜要項	11 月上旬	

問い合わせ先

上智大学　入学センター

〒102-8554　東京都千代田区紀尾井町 7-1

TEL　03-3238-3167　　FAX　03-3238-3262

【業務時間】10：00 ～ 11：30，12：30 ～ 16：00（土・日・祝日は休業）

www.sophia.ac.jp

気になること、聞いてみました！

在学生メッセージ

大学ってどんなところ？ 大学生活ってどんな感じ？
ちょっと気になることを，在学生に聞いてみました。

以下の内容は 2020 ～ 2022 年度入学生のアンケート回答に基づくものです。ここで触れられている内容は今後変更となる場合もありますのでご注意ください。

メッセージを書いてくれた先輩　［総合人間科学部］K.M. さん　Y.O. さん　［法学部］Y.S. さん
［外国語学部］石川寛華さん　N.T. さん

大学生になったと実感！

高校までと変わったことは，授業の時間割を自分で組めるようになったことです。必修科目もありますが，それ以外は自分の興味や関心に応じて科目を選択することができます。高校までは毎日午後まで授業がありますが，大学では時間割の組み方によっては午前中で帰れたり，授業を１つも取らない全休の日を作ったりすることもできます。空いた時間でアルバイトをしたり，自分の趣味を満喫したりできるのは，大学生ならではだと思います。また，大学は高校のときよりも主体性が求められます。レポートなどの提出物は締め切りを１秒でも過ぎると教授に受け取っていただけないこともあるため，自分でスケジュールを管理することがとても大切です。（石川寛華さん／外国語）

授業を自分で組めるようになったことです。高校までは嫌いな教科も勉強しなければならなかったけれど，大学では自分の好きなように時間割が組めます。興味がある授業をたくさん取ったり，忙しさの調整ができるようになったりした点で大学生になったと実感します。（K.M. さん／総合人間科）

高校とは違い，興味がある授業だけを選択して自分だけの時間割を作ることができるのは大学生ならではであると思います。また，リアペ（リアクションペーパー）と呼ばれる感想用紙を毎週提出するたびに大学生になったという実感が湧いてきます。（N.T. さん／外国語）

大学生活に必要なもの

授業中にメモを取るためのノートやルーズリーフ，シャープペンシル等の筆記用具は大学生になっても必要です。また，授業中にインターネット上で資料を参照したり，空き時間にレポート作成をしたりするために，パソコンが大学生の必須アイテムです。私は，大学生になってからパソコンを購入しましたが，レポートを作成するときにキーボードでたくさん文字を打つのに慣れていなくて時間がかかりました。大学生になったらパソコンを使って作業することが増えるので，入学前の春休み頃には購入してキーボードで文字を打つことに慣れておくとスムーズに大学生活を送れると思います。（石川寛華さん／外国語）

大学生として必要なものは計画性だと思います。高校までとは違い，自分で卒業に必要な単位数の取得を目指すため，学期ごとに自分で履修計画を立てなければなりません。（Y.S. さん／法）

大学の学びで困ったこと＆対処法

大学の学びで困ったことは，答えが１つではないことが多いということです。高校までのように課題は出されますが，レポートなどの課題は形式などに一定の指示はあるものの，自分で考えて作成するものがほとんどです。自分で問題意識をもって積極的に調べたりして考えていく姿勢が，大学では必要になります。問題意識をもつためには，様々なことに関心をもつことが大切だと思います。私は，外国語学部に在籍していますが，心理学や地球環境学などの自分の専攻とは異なる学部の授業を意識的に履修するようにしています。専攻とは異なる授業を履修することで，新たな視点から物事を見ることができています。（石川寛華さん／外国語）

問いに対する答えがないことですね。高校までは国語数学理科社会英語と明確な答えがある勉強をやってきたため，勉強をして点数が上がっていくという快感を味わうことができました。しかし，大学の勉強は考えてもそれが正しいのかわからないため，勉強をしている気になりません（笑）。だから，そのような事態に陥ったら高校の勉強に似た勉強をするといいと思います。つまり，答えのある勉強です。例えば TOEIC や資格試験の勉強なら将来にも役立つと思います。（Y.O. さん／総合人間科）

この授業がおもしろい！

キリスト教人間学と平和学です。キリスト教人間学は，イエズス会によって設立された上智大学ならではの科目です。聖書を読んだり，自分が今まで歩んできた人生を回想する「意識のエクササイズ」というものを行ったりします。時事的な事柄についてグループで話し合うこともあります。この科目は学部学科が異なる人とも授業を一緒に受けるので，多様な物の見方を知ることができておもしろいです。平和学は，国連の役割や紛争など国際関係に関する事柄について広く学びます。昨今の国際情勢についても授業で取り上げるので，現在の世界の状況を深く理解することができます。（石川寛華さん／外国語）

交友関係は？

入学式の日の学科別集会で，たまたま近くにいた人と話して意気投合しました。あとは授業で一緒になった人の中で自分と合いそうな人を見つけて話したりして交友関係を築きました。大学には様々なタイプの人がいるので，自分に合う人を見つけられると大学生活を有意義に過ごせると思います。なかには，入学前に SNS で交友関係を広げていたという友人もいました。（石川寛華さん／外国語）

授業前に話しかけたり，授業中のグループワーク，サークルで仲良くなりました。先輩とは授業で近くに座っていたり，サークルで出会ったり，学科のサポーターの人に相談したりして繋がりをもちました。自分から話しかけないとなかなか繋がりはもてません。（K.M. さん／総合人間科）

いま「これ」を頑張っています

専攻語であるイスパニア語（スペイン語）と英語の勉強を頑張っています。特にイスパニア語学科の授業は出欠確認が厳しく，内容もハードで毎日予習復習に追われるうえ小テストも多くて大変ですが，努力した分だけ結果が返ってきます。語学の習得は楽ではないですが，楽しみながら勉強を続けていきたいです。また，以前から興味のあった心理学の勉強にも熱中しています。人間の深層心理を知ることがおもしろく，日々新たな気づきを得ることを楽しんでいます。（石川寛華さん／外国語）

英語と専攻している言語の勉強を頑張っています。外国語の本を読んでみたり，外国の映画をじっくりと見てみたり，オンライン英会話レッスンを受けてみたりと楽しんでいます。（N.T. さん／外国語）

普段の生活で気をつけていることや心掛けていること

レポートなどの課題は，出されたらすぐに手をつけ始め，余裕をもって提出できるようにすることです。入学したての頃，他の課題に追われて3000字程度のレポートに締め切り3日前なのに全く手をつけておらず，慌てて作成したということがありました。それ以来，課題は早い段階から少しずつ進めるようにしています。（石川寛華さん／外国語）

おススメ・お気に入りスポット

大学内でお気に入りの場所は，図書館や1号館，6号館（ソフィアタワー）です。図書館1階には，世界各地から集めた新聞が並んでいます。日本では珍しいバチカン市国の新聞も読むことができます！　1号館は歴史が長く，都会の真ん中にありながら歴史を感じることができる場所です。6号館は2017年に完成した地上17階建ての建物で，1階にあるカフェでクレープを買ってベンチで友達と談笑することもあります。また，2号館17階からは東京の景色を一望することができるため，ここも私のお気に入りの場所です。その他にも上智大学やその周辺には魅力的な場所がたくさんあります！　いつか大学の近くにある迎賓館に行きたいと思っています。（石川寛華さん／外国語）

入学してよかった！

語学力の面において，レベルの高い学生がたくさんいることです。留学経験のある人や帰国子女などが多数おり，授業によっては英語が話せて当たり前という雰囲気を感じることもあります。また，法学部生は第二外国語が2年間必修であり，英語のみならず興味がある言語の実力も伸ばすことができます。（Y.S. さん／法）

国際色豊かなイメージ通り，国際交流できるイベントがたくさんあることです。私は，大学で留学生と交流したいと思っていました。上智大学は，留学生と交流できる機会が多いです。留学生の日本語クラスに日本語ネイティブスピーカーのゲストとして参加して日本語で留学生と交流し，日本人がいかに読書不足であるかに気づいたりと自分の視野が広がる経験ができています。もちろん英語や他の言語で留学生と交流することもできます。私は，留学生サポーターになっているため，今後留学生の日本での生活をサポートして，留学生に日本の魅力をもっと知ってもらいたいと思っています。（石川寛華さん／外国語）

高校生のときに「これ」をやっておけばよかった

高校生のときにもっと読書をしておけばよかったなと思っています。大学生になって高校のときよりも自分の時間を取ることができる今，様々なジャンルの本を読んでいます。留学生と会話をするなかで，留学生たちは私が知らない本をたくさん読んでいて，自分が今までいかに読書をしてこなかったかということに気づきました。読書の習慣がついてから新たな視点で物事を見ることができるようになったと思います。（石川寛華さん／外国語）

高校時代にもっと英会話力をつけておけばよかったなと思います。やはり上智大学には英語がネイティブレベルの人が多いですし，留学生もいるため，英語が喋れるに越したことはありません。英語で開講される授業も多く，英語力があれば選択の幅も広がると思います。（Y.S. さん／法）

みごと合格を手にした先輩に，入試突破のためのカギを伺いました。
入試までの限られた時間を有効に活用するために，ぜひ役立ててください。

（注）ここでの内容は，先輩方が受験された当時のものです。2025 年度入試では当てはまらないこともありますのでご注意ください。

・アドバイスをお寄せいただいた先輩・

M.K. さん　理工学部（機能創造理工学科）
一般入試 2020 年度合格，東京都出身

常に自分の現在の学力と第一志望大学との差を知っておくことが大事だと思います。自分を客観視することで受験の不安や焦りを抑えることができました。赤本を利用して定期的に志望大学の過去問を解き，自分の学習計画をその都度見直していくと合格への道筋が見えてくると思います。成績がなかなか上がらなかったり，やる気がわかないときもあると思いますが，自分が第一志望の大学に合格する姿を思い浮かべて頑張ってください。

その他の合格大学　法政大（理工）

入試なんでもQ&A

受験生のみなさんからよく寄せられる，
入試に関する疑問・質問に答えていただきました。

「赤本」の効果的な使い方を教えてください。

A 私は赤本をペースメーカーのように使っていました。4月から9月ごろまでは，自分の現在の学力と第一志望の大学の問題との間にどれくらいのギャップがあるのかを調べるために，時間制限なしで解いていました。もちろん初めはかなり低い点数しか取れませんでしたが，受験の感覚をつかんでいくのによいと思います。10月から冬休みまでは，時間をしっかり計って本番同様に解いていました。ただ，時間内にすべて解くことは難しかったので，時間を延長してすべての問題を解き切る練習をしました。さらに，赤本の解答・解説をしっかり読んで，間違えた問題を自分のものにできるよう解き直しを徹底しました。直前期は本番の時間帯と同じように解き，主に時間配分の練習をしました。

どのように学習計画を立て，受験勉強を進めていましたか？

A 長期の目標と短期の目標をそれぞれ設定することが大事だと思います。私は約1カ月に1回は模擬試験を受けるようにしていたので，1回の模擬試験から次の模擬試験までを1つのスパンとして計画を立てていました。ただ，毎日の予定をきっちり組んでしまうと，いったん予定が崩れたとき立て直すことが難しくなってしまうので，必ず1週間の中に予備日を1日設けて，1冊の問題集をやるのにどれくらいの期間が必要なのかを仮定し，1週間単位で消化するべき量を決めていました。

Q 受験生のときの失敗談や後悔していることを教えてください。

A 私は物理が苦手科目だったので，基礎レベルの問題集を何度も解き直したのですが，ある程度基礎がかたまった時点で，自分の目指す大学のレベルに合わせて，もう少し難しい問題集を解くべきだったと思います。10月ごろに過去問を解き始めるにあたって，大問の前半部分の基礎的なことを問う部分は答えを導き出すことができましたが，難易度が上がる後半部分になると苦戦してしまうことが多かったです。入試問題を解く上で基礎がしっかりしているのは当然重要なことですが，いろいろな問題に触れておくことも大事です。

Q 普段の生活の中で気をつけていたことを教えてください。

A 食事や睡眠をしっかりとるなど，なるべく規則正しい生活習慣を心がけることが大切だと思います。受験勉強をしていると，つい夜遅くまで勉強をしてしまいますが，ほとんどの試験は午前中にあるので，午前中に集中力のピークがくるように，夜6時間以上睡眠をとり，しっかり朝ごはんを食べる習慣をつけておくとよいです。また，特に直前期は，なかなかリラックスできずよく眠れない日があったので，寝る前にゆっくり湯船につかるようにしていました。身体をしっかり温めることで，風邪も引きにくくなり，万全の体調で受験に臨むことができました。

科目別攻略アドバイス

みごと入試を突破された先輩に，独自の攻略法や
おすすめの参考書・問題集を，科目ごとに紹介していただきました。

数　学

標準問題から難問まで出題されるので，基礎から応用までしっかり対応できるように勉強することが大事です。また，「数学III」の範囲では計算量が多い問題も出題されるので，そのような問題もしっかり解き切れるような計算力をつける練習もしました。

おすすめ参考書　『上級問題精講』シリーズ（旺文社）

物　理

公式の暗記だけでは太刀打ちできず，事象の原理をしっかりと理解できているかどうかを問う問題が多いので，基礎レベルの理解を徹底することが大事です。その上で，応用レベルの問題が解けるようにさまざまな問題に触れることが大事です。

おすすめ参考書　『物理のエッセンス［力学・波動］』（河合出版）
『物理のエッセンス［熱・電磁気・原子］』（河合出版）
『実戦 物理重要問題集 物理基礎・物理』（数研出版）

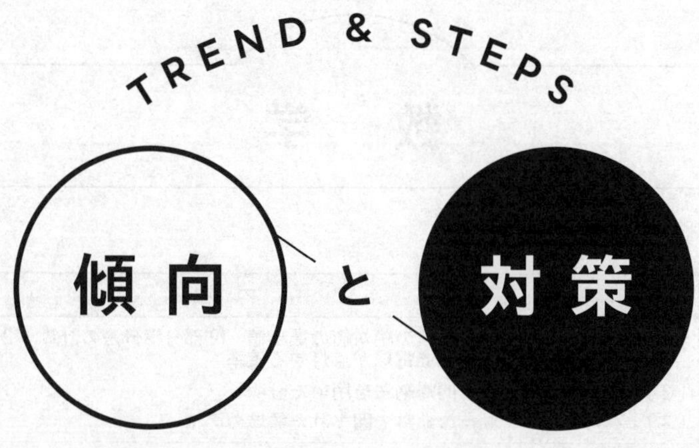

科目ごとに問題の「傾向」を分析し，具体的にどのような「対策」をすればよいか紹介しています。まずは出題内容をまとめた分析表を見て，試験の概要を把握しましょう。

注　意

「傾向と対策」で示している，出題科目・出題範囲・試験時間等については，2024 年度までに実施された入試の内容に基づいています。2025 年度入試の選抜方法については，各大学が発表する学生募集要項を必ずご確認ください。

数　学

年度	番号	項　目	内　容
2024 ◑	〔1〕	小問3問	(1)複素数の絶対値の最小値　(2)部分積分法の計算　(3)電流が流れて電球が点灯する確率
	〔2〕	数　列	数学的帰納法を用いた証明 ⊘証明
	〔3〕	ベクトル	動点の軌跡で囲まれた領域の面積
2023 ◑	〔1〕	小問3問	(1)複素数の積に関する確率　(2)条件を満たす関数　(3)正四面体の断面
	〔2〕	微・積分法	三角関数の逆関数
	〔3〕	数　列	定積分についての漸化式 ⊘証明
2022 ◑	〔1〕	小問3問	(1)命題　(2)多項定理　(3)部分積分法による定積分
	〔2〕	微・積分法	断面が三角形である立体の体積
	〔3〕	複素数平面	複素数平面における点の軌跡
	〔4〕	式と曲線	直線が通過する領域 ⊘図示

(注)　●印は全問，◑印は一部マーク式採用であることを表す。

出題範囲の変更

2025年度入試より，数学は新教育課程での実施となります。詳細については，大学から発表される募集要項等で必ずご確認ください（以下は本書編集時点の情報）。

2024年度（旧教育課程）	2025年度（新教育課程）
数学Ⅰ・Ⅱ・Ⅲ・A・B（数列，ベクトル）	数学Ⅰ・Ⅱ・Ⅲ・A・B（数列）・C（ベクトル，平面上の曲線と複素数平面）

旧教育課程履修者への経過措置

新教育課程の出題範囲と旧教育課程の出題範囲の共通範囲から出題する。

傾向　微・積分法や数列が頻出

01 出題形式は？

試験時間は 90 分。2022 年度までは大問 4 題の出題であったが，2023・2024 年度は大問 3 題になっている。解答形式はマーク式と記述式の併用で，大問のうち 1 題が記述式となっている。証明問題や図示問題も出題されている。マーク式は，「ひらがな」の欄には適切な選択肢を，「カタカナ」の欄には符号や整数をマークする形式で，慣れが必要である。

02 出題内容はどうか？

微・積分法，数列が頻出であるが，そのほかに，確率，ベクトル，複素数平面，式と曲線なども出題されている。また，空間図形に関する問題も多い。

03 難易度は？

2023 年度以降は問題量も減り，内容も標準レベルが中心で易しくなっているが，2022 年度までは基本的なレベルからやや難のレベルまでの幅広い難易度から出題されていた。かなり複雑な計算を要するものも出題されている。いずれにせよ，ただ単に公式や定理を当てはめればすむというレベルの問題だけではないので，各大問の難易度を判断し，手をつけやすいものから取りかかるようにして，最初から難しい問題に時間を取られすぎないよう注意が必要である。

01 基礎力を充実させる

苦手な分野をつくらないよう，すべての分野での基礎力の向上を図るということを普段から意識して学習に取り組もう。特に不得意な分野は，教科書傍用の問題集などでよく使われる考え方をきちんとマスターするところから始めよう。その段階まででも完璧に仕上げれば，出題されているかなりの問題をカバーすることができる。また，問題を解答していく中で，計算も正確に速く行えるように強く意識しよう。総仕上げとしては『チョイス新標準問題集』シリーズ（河合出版）がおすすめである。

02 過去問を解く

答えの数値をマークする場合，マークシートのマークの仕方に特徴があるので，問題冊子の「マークによる数値解答欄についての注意」をしっかり読み込んでおくこと。本書にも各年度のものは掲載されているが，入試当日にも熟読すること。模試や共通テストのマークの仕方とはまったくの別物であるので，本書を用いて十分に演習を積み，解答の仕方に慣れておくことが重要になってくる。慣れておくと入試当日の負担はかなり軽減されるであろう。また，マーク式のみならず，記述式問題対策も十分に行っておこう。

03 計算力を強化する

かなり複雑な計算を必要とする問題も出題されているが，マーク式での計算ミスは致命的である。普段から計算は必ず最後まで行い，しかもスピードアップを心がけて，集中力をもって計算に当たってほしい。

04 図形の問題に慣れる

空間図形に関する問題など，全般的に図形に関する出題が多い。2023年度〔1〕(3)のような立体の断面や，2024年度〔3〕(4)のような線分がちょうど2回通過する領域を考察することは決して難しくはないのだが，苦手とする受験生も多いと思われる。普段から図形に関する問題は積極的に解くことを心がけよう。問題文に図が描いてあったとしても，自分でもう一度描いてみて，図形に対する感覚を養うようにしよう。

上智大「数学」におすすめの参考書

Check!

✓『大学入試 最短でマスターする数学Ⅰ・Ⅱ・Ⅲ・A・B・C』（教学社）

✓『チョイス新標準問題集』シリーズ（河合出版）

物　理

年度	番号	項　目	内　容
2024 ◑	〔1〕	力　　学	ひもでつながれた2つのおもりと台の運動
	〔2〕	電 磁 気	磁場中の2本のレール上を移動する2本の金属棒
	〔3〕	熱 力 学	3つの部屋に区切られたシリンダー内の気体
2023 ◑	〔1〕	力　　学	なめらかな床と摩擦のある床での2つのおもりの連続衝突
	〔2〕	電 磁 気	平行板コンデンサーのエネルギーの変化
	〔3〕	熱 力 学	ピストンで仕切られたシリンダー内の気体の変化
2022 ◑	〔1〕	力　　学	滑車を通してひもでつながれた人と台の運動
	〔2〕	電 磁 気	平行板コンデンサーの形状変化とエネルギー
	〔3〕	熱 力 学	ピストンで仕切られたシリンダー内の気体

（注）●印は全問，◑印は一部マーク式採用であることを表す。

傾向　力学・電磁気中心の出題　迅速な処理能力，計算力が必要

01　出題形式は？

試験時間90分で，ここ数年，大問の出題数は3題，解答個数は50個前後である。マーク式を中心に，一部答えのみを記述する問題が出題されている。

02　出題内容はどうか？

出題範囲は「物理基礎・物理」である。

例年，力学・電磁気・熱力学から出題されている。

大問1題の中に，さまざまな知識を活用して解くような問題がちりばめられており，解法が小問ごとでまったく異なるということもある。また，煩雑な計算が必要であったり，物理現象を大きくとらえる力を要求するような問題も出題されている。

03 難易度は？

扱われている素材自体は典型的，標準的な問題であるが，長文の上，設定が次々と変わるために，難しいと感じる受験生もいるだろう。なお，途中の小問で行き詰まっても次の問題が解ける場合があるので，効率良く解いていこう。

対策

01 基本問題からまず始めよう

合否の分かれ目になるのは，大問中にある基本的な問いの正答率であろう。基本問題は確実に得点したい。教科書と教科書傍用問題集を仕上げた上で，『大学入試 ちゃんと身につく物理』（教学社）など，解説の詳しい参考書を用いて基本事項を完全にマスターしておこう。

02 入試問題集と過去問の反復演習を

基本的な問題が解けるようになったら，入試問題集を１冊何度も解いておこう。『実戦 物理重要問題集 物理基礎・物理』（数研出版）や『名問の森 物理』シリーズ（河合出版）がお勧めである。問題を見たら解法パターンがすぐに思い浮かぶようになっていないと，限られた試験時間の中で，多くの問題をこなすのは難しい。過去問もたくさん解いておきたい。記述式の問題が一部出題されているが，大半の問題はマーク式である。特に多数の選択肢から選ぶ形式には，過去問で十分に慣れておく必要がある。

03 計算力の強化を

文字式による計算も煩雑なものが含まれ，数学的処理にも長けていなければならない。それほど長くない試験時間の中で，かなりの計算量を要求されていることが多い。迅速かつ正確な計算力は正答率アップのカギを握る。日頃から計算の手を抜くことなく，反復して練習しよう。

化　学

年度	番号	項　目	内　容
2024 ◑	〔1〕	変化・構造	N_2O_5の分解反応速度，反応速度定数，平衡定数，半減期 ⊘計算
	〔2〕	変化・構造	リチウムイオン電池の放電反応と充電反応，$LiCoO_2$ の製法 ⊘計算
	〔3〕	構造・無機	$BaCl_2$，Na_2SO_4 および $Ba(NO_3)_2$ の混合物の定量分析 ⊘計算
	〔4〕	有　機	乳酸イソプロピルの構造決定と反応，元素分析，不斉炭素原子 ⊘計算
	〔5〕	高 分 子	二糖と単糖，光合成，熱化学方程式，フルクトースの六員環と五員環の構造 ⊘計算
2023 ◑	〔1〕	状　態	混合気体の分圧，エタンおよびアセチレンと水素の付加反応 ⊘計算
	〔2〕	状　態	希薄溶液中の不揮発性物質の分子量測定，沸点上昇，浸透圧 ⊘計算
	〔3〕	変化・無機	窒素の製法，NH_3 および NO_x の反応，熱化学方程式 ⊘計算
	〔4〕	変化・無機	NaOH の潮解と CO_2 の吸収，混合物の中和滴定 ⊘計算
	〔5〕	有　機	油脂の混合物のけん化とセッケンの生成，油脂の構造決定 ⊘計算
	〔6〕	有機·高分子	$C_mH_nO_2$ からなる p 位の芳香族化合物の構造決定 ⊘計算
2022 ◑	〔1〕	状態・変化	水と二酸化炭素と純物質 X の状態図，融解熱と蒸発熱 ⊘計算・描図
	〔2〕	変　化	燃料電池，NH_3 の合成，CO_2 から CH_4 の合成 ⊘計算
	〔3〕	理論・無機	Ca 結晶の単位格子，関連化合物の性質，ClO^- の酸化還元反応 ⊘計算
	〔4〕	変　化	メチルオレンジの電離平衡，変色域，食品中のタンパク質の含有率 ⊘計算
	〔5〕	有　機	バラに含まれる成分の構造決定，アルケンの酸化開裂 ⊘計算
	〔6〕	高 分 子	アスパルテームの構造決定，スクロースの加水分解 ⊘計算

(注)　●印は全問，◑印は一部マーク式採用であることを表す。

理論中心で計算問題多出
素早く正確な判断力と計算力が必要

01　出題形式は？

試験時間は 90 分で，2024 年度は大問 5 題，2023 年度までは大問 6 題の出題。マーク式を中心に，化学式や構造式など記述式の問題や描図問題も出題されている。マーク式では，計算問題の中に結果の数値を 1 桁ずつマークするものもあり，有効数字や記入法に細心の注意が必要である。また，選択式問題であっても複数の解答が存在する問題や該当する選択肢がない問題もあるので油断できない。

02　出題内容はどうか？

出題範囲は「化学基礎・化学」である。

理論・無機・有機の各分野から幅広く出題されているが，近年は理論の比重が大きくなっている。

理論では，計算中心に出題されることが多い。電子配置，化学結合，気体の法則，蒸気圧，溶液の濃度，希薄溶液の性質，熱化学，化学平衡，中和滴定，酸・塩基，酸化還元，電気分解などが組み合わされて出題され，計算の複雑なものやかなり難しい問題も出題されている。

無機では，気体をはじめ，主な単体・化合物，イオン反応（沈殿生成・錯イオン生成反応）などが多く出題されている。2022 年度では Ca とその化合物の性質，2023 年度では窒素の製法，窒素化合物の反応，NaOH の潮解と CO_2 の吸収により生じた Na_2CO_3 との混合物の中和滴定，2024 年度では 3 種類の塩の混合物の定量分析などが出題された。

有機では，化合物の性質（官能基の性質）や合成反応などが中心となっている。構造決定や構造異性体に関する問題も出題されているので，高分子化合物も含めてよく整理し，応用力を養っておきたい。2022 年度ではバラの成分やアスパルテームの構造決定，2023 年度では油脂の混合物のけん化や $C_mH_nO_2$ の p 位の芳香族化合物の構造決定，2024 年度では乳酸イソプロピルの構造決定が出題された。

03 難易度は？

基本的・標準的な問題が多く含まれるが，不十分な理解では解答できない設問も多い。解答数や計算問題が多いこともあって，時間的余裕はないだろう。大問によって問題の難易度に幅があるので，１つの問題にとらわれすぎることなく，できる問題を確実に解答するために，試験時間を有効に使う時間配分も考えておきたい。

対策

01 問題演習の反復

問題集は標準から少しレベルの高いものに取り組みたい。解答・解説の詳しいものを選び，わからない問題はじっくりと解説を読んで自分の頭でしっかり考えることが大切である。また，マーク式は，記入法に特徴があるので，慣れが必要である。記述式は，化学式や構造式，エネルギー図の描図問題など基本的なものである。いずれにしても，出題傾向の把握から仕上げに至るまで，本書を繰り返し活用してほしい。

02 基礎を確実に

化学的概念や法則・用語の意味や定義を一つ一つ確実に理解しておくことが大切である。また，基礎理論の習得と同時に，具体的な物質の性質や反応に関する知識を豊富にすることも忘れてはならない。理論と各論を関連づける幅広い知識をしっかり身につけておこう。

03 理論（計算）

化学的思考力および理論に対する理解は計算問題を通して問われる。特に化学反応と物質量の計算はさまざまな形で出題されている。溶液の濃度，希薄溶液の性質，気体の法則，混合気体の蒸気圧，ヘンリーの法則，熱化学，中和とpH，酸化還元，電気分解，燃料電池，化学平衡の量的関係(平衡定数の応用を含む)，溶解度積，緩衝液のpH計算などは特に重要なので，十分に練習しておこう。また，半減期に対する自然対数の計算問題も確認しておこう。溶解度やpHのグラフも出題されているので，さまざまなグラフや図に対しても注意を払いたい。また，総合問題・応用問題に数多く当たって条件や変化をよく整理し，何が問われているかなどをしっかり把握することが大切である。

04 無　機

主な単体・化合物の性質と反応について整理し，理解を深めておきたい。特に気体の発生，酸化還元反応，金属イオンの沈殿・溶解反応は重要である。反応は正確に化学反応式で書けるよう，よく練習しておこう。また，実験操作・観察や身のまわりの物質などにも十分注意を払いたい。以前にはリン鉱石からのリンの製法が出題されたこともある。単体や化合物の製法もしっかりまとめておくことが大切である。

05 有　機

主な化合物の構造・性質・反応・異性体などに関する基本事項はしっかり整理して身につけておくこと。天然・合成高分子化合物の性質や反応も重要である。元素分析や構造決定の問題は，毎年必ず出題されているので，有機化合物の分離・操作などとともに，知識的な理解の確認および応用力の養成のためにも取り組んでおきたい。

生　物

年度	番号	項　目	内　容
2024 ◑	〔1〕	総　　合	DNAの複製，細胞分裂，栄養と代謝，植物の防御応答，被子植物の生殖成長，膜電位，遺伝的浮動
	〔2〕	細　胞，遺伝情報	DNAの構造とはたらき，タンパク質の構造とはたらき ⊘論述・計算
	〔3〕	体内環境	腎臓のはたらき，インスリンのはたらき ⊘論述
	〔4〕	体内環境	免疫のしくみ，ABO式血液型 ⊘計算
	〔5〕	植物の反応	植物ホルモン，光受容体 ⊘論述
2023 ◑	〔1〕	総　　合	タンパク質の機能，免疫，血液の成分とはたらき，植物細胞の構造，動物の行動，生物多様性，進化
	〔2〕	遺伝情報	一遺伝子多型，潜性遺伝病の発現，制限酵素の性質 ⊘計算
	〔3〕	生殖・発生，植物の反応	オナモミの花芽形成実験，植物の生殖，トレニア胚珠を用いた花粉管誘引実験
	〔4〕	生殖・発生	四肢動物の前肢の形成，アポトーシス，各胚葉からの器官の形成
	〔5〕	体内環境	内分泌系のはたらき，腎臓のはたらき ⊘論述
2022 ◑	〔1〕	総　　合	獲得免疫のしくみ，真核細胞の遺伝子発現，カエルの初期発生，脳のはたらき，心臓と血管，植物の生殖，生態系における物質収支
	〔2〕	体内環境	腎臓における水の再吸収，細胞の構造とはたらき，細胞分裂 ⊘論述
	〔3〕	代　　謝	呼吸の過程，チラコイド膜における反応
	〔4〕	動物の反応	静止電位と活動電位，興奮の伝導 ⊘論述
	〔5〕	進化・系統	分子系統樹の作成 ⊘描図

（注）●印は全問，◑印は一部マーク式採用であることを表す。

正確な知識が幅広く問われる

01 出題形式は？

試験時間は90分。解答形式はマーク式と記述式の併用である。マーク式は選択肢の中から適当なものをマークする形式であるが，普通に1つだけを選ばせる問題だけでなく，「全て選べ」という問題や，「正しいものがない場合は…をマークせよ」といった形の出題も多い。正文（誤文）判定問題，空所を補充する問題，グラフ・図を見て判断する問題，計算をして結果に合った数値をマークする問題など，形式は多彩である。記述式問題は，ある現象について説明させる出題，グラフを見て起きる事象を考えさせる出題，条件に適した物質名を列記させる出題と多様である。2022年度には描図問題も出題された。

02 出題内容はどうか？

出題範囲は「生物基礎・生物」である。

〔1〕が小問集合形式になっており，それにより幅広い範囲がカバーされている。例年，遺伝情報，体内環境，生殖・発生，動物の反応，代謝などからの出題が多い。光合成や植物の反応からの難しい出題が目立つのも特徴である。2022・2023年度に続けて出題された生態についても，学習は怠りなくしておきたい。

03 難易度は？

標準的な問題もあるが，教科書の本文だけでなく，コラムや図・表にもしっかり目を通しておく必要がある。単純な択一式ではない出題形式と考え合わせると，深く正確な知識が要求される点で難度は高い。

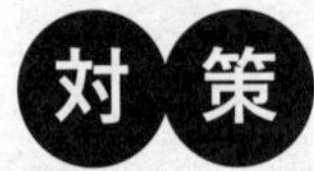

01 問題練習を徹底的に

例年出題されている正文（誤文）判定問題などは，あいまいな知識でも適当に1つを選べば偶然正解になるというような内容ではない。試験時間に余裕もないので，こういう問題で迷って時間をとられてしまうと，その後がさらに大変になる。『生物［生物基礎・生物］基礎問題精講』（旺文社）の演習問題や，『大森徹の最強問題集 159 問 生物』（文英堂）は，問題の分量・難易度の両面で上智大学の対策に適している。標準〜やや難のレベルのできるだけ問題数の多い問題集を繰り返し解き，正確で精密な広い知識を身につけておくこと。時間的にも非常に厳しいので，時間配分を身につけるために必ず過去問も解いておこう。

02 教科書の隅々までチェックする

典型的な頻出問題も当然出題されるが，2022 年度〔3〕問 17 〜問 19，〔4〕問 22 〜 問 24，2023 年 度〔3〕問 20 〜 問 22，〔4〕，2024 年 度〔2〕問 9・問 10，〔5〕のように，教科書の本文はもちろん，コラムや図・表の細部にわたるまでが出題対象になる。小問集合の〔1〕にもその傾向が強い。一覧表などはつい大ざっぱなチェックにとどまりがちだが，油断せず，サブノートなどを使用して反復練習により内容を細かく把握するようにしたい。一方で，2022 年度〔5〕のように，教科書の内容のうち，新しい知見の部分をテーマにした出題も無視できない。こういった問題はまだ問題集にも収められていないことが多いので，自分で参考書や図説を使って教科書の内容を補充する努力が必要である。参考書は内容をより深く知るために役立つが，必要に応じてインターネットを利用すれば，さらに進んだ内容を知ることができる。また，出題の幅が広いので，教科書での学習がすんだ後，図説の該当箇所を見て，周辺の知識を深めておくと役に立つだろう。数研出版，実教出版など各社から優れた図説が発売されているので利用するとよい。

2024年度

問題と解答

一般選抜：学部学科試験・共通テスト併用方式

問題編

▶試験科目・配点

試験区分	試験教科・科目		配 点
大学入学共通テスト	外国語	『英語（リーディング，リスニング）』，『ドイツ語』，『フランス語』のうちから１科目選択	80 点
	数 学	『数学Ⅰ・数学Ａ』および『数学Ⅱ・数学Ｂ』	60 点（各 30 点）
	理 科	「物理」，「化学」，「生物」のうちから１科目選択	60 点
大学独自試験	数 学	【学部共通試験】 ①数学 ※数学Ⅰ・Ⅱ・Ⅲ・Ａ・Ｂ（数列・ベクトル）を範囲とし，応用問題など思考力を問う内容とする	100 点
	理 科	【学部共通試験】 ②物理（物理基礎・物理），化学（化学基礎・化学），生物（生物基礎・生物）のうちから１科目選択	100 点

▶備　考

- 大学入学共通テストの英語の技能別の配点比率は，リーディング 100 点：リスニング 100 点（200 点満点）とする。
- 大学入学共通テストの選択科目を指定科目数以上受験した場合は，高得点の科目を合否判定に利用する。第１解答科目・第２解答科目の区別も行わない。
- 大学入学共通テストの得点は，各学科の配点に応じて換算して利用する。
- 任意で提出した CEFR レベル A2 以上の外国語外部検定試験結果は，CEFR レベルごとに得点化し，大学入学共通テストの外国語の得点（200 点満点）に加点する。ただし，加点後の得点は，大学入学共通テストの外国語の満点を上限とする。

数　学

（90 分）

マークによる数値解答欄についての注意

解答欄の各位の該当する数値の欄にマークせよ。その際，はじめの位の数が0のときも，必ずマークすること。

符号欄がもうけられている場合には，解答が負数の場合のみ − にマークせよ。（0または正数の場合は，符号欄にマークしない。）

分数は，既約分数で表し，分母は必ず正とする。また，整数を分数のかたちに表すときは，分母を1とする。根号の内は，正の整数であって，2以上の整数の平方でわりきれないものとする。

解答が所定欄で表すことができない場合，あるいは二つ以上の答が得られる場合には，各位の欄とも **Z** にマークせよ。（符号欄がもうけられている場合，− にはマークしない。）

〔解答記入例〕 ア に7， イ に −26 をマークする場合。

	符号	10の位											1の位										
	−	0	1	2	3	4	5	6	7	8	9	Z	0	1	2	3	4	5	6	7	8	9	Z
ア	○	●	○	○	○	○	○	○	○	○	○	○	○	○	○	○	○	○	○	●	○	○	○
イ	●	○	○	●	○	○	○	○	○	○	○	○	○	○	○	○	○	○	●	○	○	○	○

〔解答表示例〕

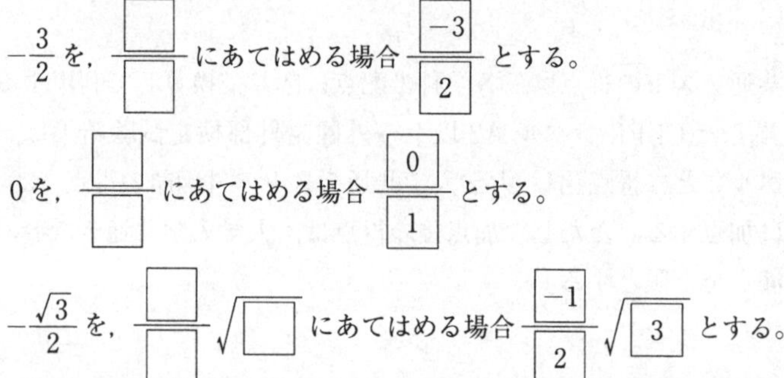

$-x^2+x$ を, $\square\, x^2 + \square\, x + \square$ にあてはめる場合

$\boxed{-1}\, x^2 + \boxed{1}\, x + \boxed{0}$ とする。

1

(1) 複素数 $z=(-3+2\cos\theta)+(4+2\sin\theta)i$ の絶対値は, $\theta=\theta_1$ のとき最小値 $\boxed{ア}$ をとる。このとき, $\sin\theta_1 = \dfrac{\boxed{イ}}{\boxed{ウ}}$ である。

(2)

$$\int_{\frac{\pi}{6}}^{\frac{\pi}{2}} \frac{2\sin x}{x^3}\,dx$$

$$= -\int_{\frac{\pi}{6}}^{\frac{\pi}{2}} \frac{\sin x}{x}\,dx + \boxed{エ}\,\pi^p + \boxed{オ}\sqrt{\boxed{カ}\,\pi^q},$$

ただし, $p=\boxed{キ}$, $q=\boxed{ク}$ である。

(3) 次の図で表される回路は, AP 間, AQ 間, PB 間, QB 間 がつながっておらず, それぞれの区間を 1 本の導線でつなぐことができる。P または Q を経由して AB 間がつながり電流が流れると電球 L が点灯する。

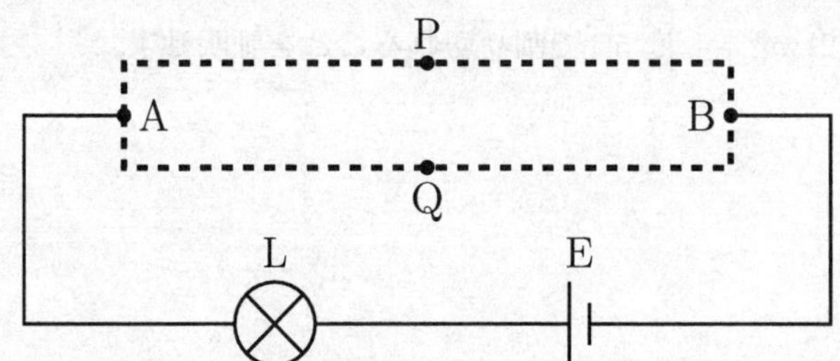

導線には, タイプ α が 2 本, タイプ β が 2 本ある。それぞれの導線に電流が流れる確率は, タイプ α が $\dfrac{2}{3}$, タイプ β が $\dfrac{1}{2}$ である。

(i) AP 間, PB 間を 2 本 のタイプ α の導線でそれぞれつなぐとき, L が点灯する確率は $\dfrac{\boxed{ケ}}{\boxed{コ}}$ である。

(ii) AP 間, AQ 間, PB 間, QB 間を 4 本の導線でそれぞれつなぐすべてのパターンを考える。L が点灯する確率が最も大きくなるときの確率は $\dfrac{\boxed{サ}}{\boxed{シ}}$ である。

(iii) PQ 間を確実に電流が流れる別の導線でつなぎ, AP 間, AQ 間, PB 間, QB 間を 4 本の導線でそれぞれつなぐすべてのパターンを考える。L が点灯する確率が最も大きくなるときの確率は $\dfrac{\boxed{ス}}{\boxed{セ}}$ である。

2 次の条件によって定められる数列 $\{a_n\}$ を考える。

$$a_1 = 2, \qquad a_{n+1} = a_n^2 + a_n + 1 \quad (n = 1, 2, 3, \ldots)$$

(1) $a_n - 2$ は 5 で割り切れることを証明せよ。

(2) $a_n^2 + 1$ は 5^n で割り切れることを証明せよ。

3 点 O を中心とし半径が 1 の円形のビリヤード台がある。台の縁の点 P_1 に大きさが無視できる球 Q を置き，半径 P_1O とのなす角が $\frac{\pi}{8}$ の方向へ球 Q を打ち出す。

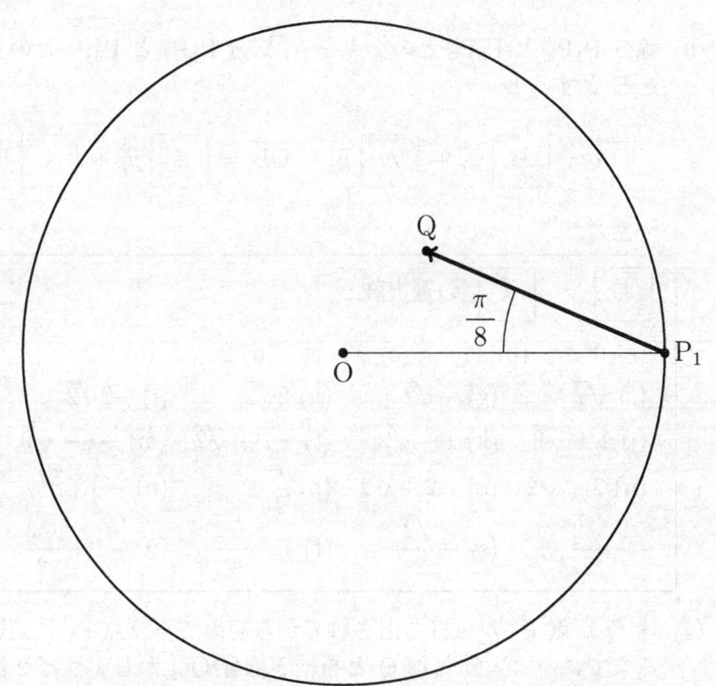

球 Q は，ビリヤード台の縁に当たると，右図のように入射角と反射角が等しくなるように反射し，一度打ち出されたら止まらないものとする。$i = 1, 2, 3, \ldots$ に対し，点 P_i の次に球 Q が縁に当たる点を P_{i+1} とし，$\overrightarrow{OP_i} = \overrightarrow{p_i}$ とする。

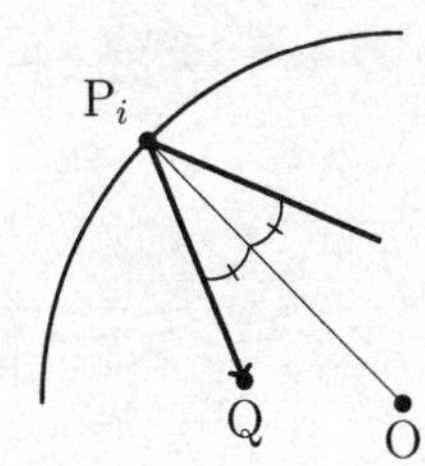

(1) $\overrightarrow{p_3} = \boxed{\text{あ}}\ \overrightarrow{p_1} + \boxed{\text{い}}\ \overrightarrow{p_2}$, $\overrightarrow{p_4} = \boxed{\text{う}}\ \overrightarrow{p_1} + \boxed{\text{え}}\ \overrightarrow{p_2}$ である。

(2) $\mathrm{P}_i = \mathrm{P}_1$ となる i のうち, $i \geqq 2$ で最小のものは $\boxed{\text{ソ}}$ である。

(3) 線分 $\mathrm{P}_1\mathrm{P}_2$ と $\mathrm{P}_3\mathrm{P}_4$ との交点を A, 線分 $\mathrm{P}_1\mathrm{P}_2$ と $\mathrm{P}_6\mathrm{P}_7$ との交点を B とすると,

$$\overrightarrow{\mathrm{OA}} = \boxed{\text{お}}\ \overrightarrow{p_1} + \boxed{\text{か}}\ \overrightarrow{p_2}, \quad \overrightarrow{\mathrm{OB}} = \boxed{\text{き}}\ \overrightarrow{p_1} + \boxed{\text{く}}\ \overrightarrow{p_2}$$

である。

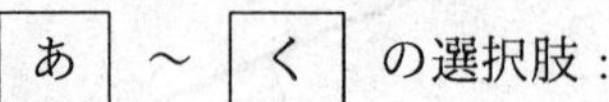

$\boxed{\text{あ}}$ ～ $\boxed{\text{く}}$ の選択肢 :

(a) 0　(b) 1　(c) -1　(d) 2　(e) -2

(f) $\sqrt{2}$　(g) $-\sqrt{2}$　(h) $2\sqrt{2}$　(i) $-2\sqrt{2}$

(j) $1+\sqrt{2}$　(k) $1-\sqrt{2}$　(ℓ) $-1+\sqrt{2}$　(m) $-1-\sqrt{2}$

(n) $2-\sqrt{2}$　(o) $-2+\sqrt{2}$　(p) $\dfrac{1}{2}$　(q) $-\dfrac{1}{2}$

(r) $\dfrac{\sqrt{2}}{2}$　(s) $-\dfrac{\sqrt{2}}{2}$　(t) $1-\dfrac{\sqrt{2}}{2}$　(u) $-1+\dfrac{\sqrt{2}}{2}$

(4) 球 Q が点 P_1 から打ち出されてから初めて再び点 P_1 に到達するまでに, 中心 O と球 Q とを結ぶ線分 OQ がちょうど 2 回通過する領域の面積は $\boxed{\text{タ}} + \boxed{\text{チ}}\sqrt{2}$ である。

物　理

（90 分）

1　図 1，2 のように水平な床の上に質量 $3m$ の直方体の台が静止しており，その上に置かれた質量 $2m$ のおもり 2 が軽くて伸びないひもと軽い滑車で質量 m のおもり 1 につながっている。おもり 1 は台の側面に取り付けられた軽いレールから離れることなく上下になめらかに動くことができる。また，重力加速度を g とする。この装置を使い，A さんと B さんがそれぞれ次の実験を行なった。なお，〔 12（記述式）〕～〔 15（記述式）〕は解答欄に解答のみを記入せよ。

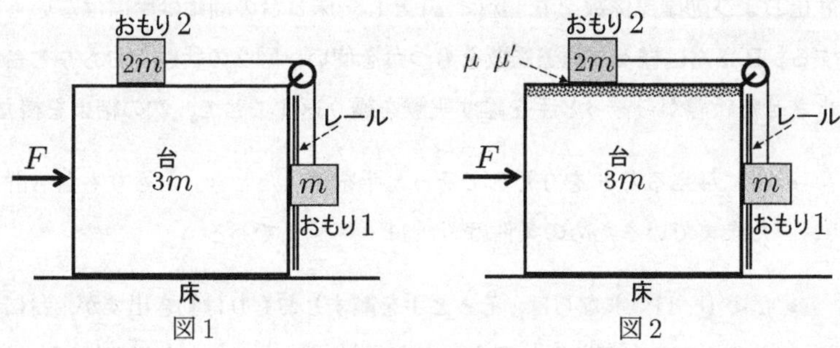

図 1　　図 2

A さん：

A さんは図 1 のように上下になめらかな面をもつ台を使い，おもりと台を静止させた状態からそっと手を離す実験を繰り返すことにより次の結果を得た。台とおもり 2，台と床との間には摩擦はないものとする。

- 図 1 のように台に水平方向右向きの力 F を与えながらそっと手を離す実験を行うと，台は静止したままで，おもりのみが動き出す。このときのひもの張力は〔　1　〕× mg であり，おもり 1 の鉛直方向の加速度の大きさは〔　2　〕× g となっている。このとき台に与えている力 F は〔　3　〕× mg である。また，台が床から受けている垂直抗力は，ひもが滑車を介して台に及ぼしている力も考慮することにより，〔　4　〕× mg であることがわかる。

- 台に与える力 F を〔 5 〕$\times mg$ としてそっと手を離す実験を行うと，おもりは台に対して静止したまま，おもりと台は一体となって加速度〔 6 〕$\times g$ で動き出す。

- 台に与える力 F を0としてそっと手を離す実験を行なうと，台が動き出すと同時におもりも台に対して動き出す。このとき，おもり1と台がレールを介して引き合っている力は〔 7 〕$\times mg$，ひもの張力は〔 8 〕$\times mg$ になっている。また，おもり1の鉛直方向の加速度の大きさは〔 9 〕$\times g$，台の床に対する加速度の大きさは〔 10 〕$\times g$ である。

Bさん：

Bさんは図2のように上の面に摩擦がある台を採用した。台とおもり2の間の静止および動摩擦係数を μ，$\mu'(<\mu)$ とし，床と台の間には摩擦はないものとする。Bさんは様々な摩擦係数をもつ台を使い，図2の状態でおもりと台を静止させた状態からそっと手を離す実験を繰り返すことで，次の結果を得た。

- 台に与える力 F を0としてそっと手を離したとき，おもりも台も静止したままでいるための条件は〔 11 〕$\leqq \mu$ である。

- $\mu <$〔 11 〕ならば，そっと手を離すとおもりは動き出すが，台に与える水平方向右向きの力 F を〔12（記述式）〕$\times mg$ としておけば台は静止したままである。このとき，おもりの加速度の大きさは〔13（記述式）〕$\times g$，ひもの張力は〔14（記述式）〕$\times mg$，台が床から受けている垂直抗力は〔15（記述式）〕$\times mg$ になっている。

〔 1 〕～〔 11 〕の選択肢

a) 1　b) 2　c) 3　d) 4　e) $\frac{1}{2}$　f) $\frac{3}{2}$　g) $\frac{5}{2}$

h) $\frac{7}{2}$　i) $\frac{1}{3}$　j) $\frac{2}{3}$　k) $\frac{4}{3}$　l) $\frac{5}{3}$　m) $\frac{7}{3}$　n) $\frac{8}{3}$

o) $\frac{13}{3}$ p) $\frac{14}{3}$ q) $\frac{16}{3}$ r) $\frac{17}{3}$ s) $\frac{1}{7}$ t) $\frac{2}{7}$ u) $\frac{3}{7}$

v) $\frac{4}{7}$ w) $\frac{5}{7}$ x) $\frac{6}{7}$ y) $\frac{9}{7}$ z) $\frac{12}{7}$

2 図のように，抵抗が無視できる２本の長い導線レールが間隔 L で水平に置かれており，その上に抵抗値 $\frac{R}{2}$ の金属棒Ⅰ，Ⅱがレールに垂直に接しながらなめらかに滑ることができるよう置かれている。また，導線レール上のPQ間にはスイッチSと抵抗値 $\frac{R}{2}$ の抵抗が接続されている。金属棒Ⅰは質量 m を持ち，質量の無視できる金属棒Ⅱは滑車を介して軽くて伸びない糸で質量 m のおもりとつながっている。実験装置全体には鉛直上向きに磁束密度 B の一様な磁場がかけられており，重力加速度を g とする。最初の状態では，２本の金属棒はPQから十分に離れた距離に静止しており，スイッチSは開いている。

最初の状態で，金属棒Ⅰを一定速度 v_0 で図の右方向に動かすと同時に金属棒Ⅱを押さえている手を離すと，金属棒Ⅱは静止したままだった。これは，このときに金属棒Ⅰに流れている電流 I_0 とおもりにかかっている重力 mg が次式で表せることを示している。

$$I_0 = \frac{v_0 BL}{R}, \quad mg = \frac{v_0 B^2 L^2}{R}$$

以上を確認した上で，Xさん，Yさんが次の実験を行なった。

Xさん：

1. Xさんは最初の状態で金属棒Ⅰを一定速度 $\frac{2}{3}v_0$ で図の右方向に手で引っ張ると同時に金属棒Ⅱを固定している手を離した。その直後には，おもりは加速度〔 1 〕× g で下降を始めており，金属棒Ⅰを流れている電流は〔 2 〕× I_0 である。その後，十分に長い時間が経過すると，おもりは一定速度〔 3 〕× v_0 で下降しており，金属棒Ⅰを流れている電流は〔 4 〕× I_0，金属棒Ⅰを右方向に一定速度 $\frac{2}{3}v_0$ で引っ張っている手の力は〔 5 〕× mg になっていた。

2. 1.の最後の状態でスイッチSを閉じた。その直後には金属棒ⅠとⅡを流れる電流はそれぞれ〔 6 〕$\times I_0$と〔 7 〕$\times I_0$であり，おもりは下向きの加速度〔 8 〕$\times g$を持つ。その後，十分に長い時間が経過すると，おもりは一定速度〔 9 〕$\times v_0$で下降しており，金属棒Iを流れている電流は〔 10 〕$\times I_0$，金属棒Iを右方向に一定速度$\frac{2}{3}v_0$で引っ張っている手の力は〔 11 〕$\times mg$になっている。

Yさん：

3. Yさんは最初の状態でスイッチSを開けたまま，図のように金属棒Iに右向きに一定の力mgをかけ，それと同時に金属棒IIを押さえている手を離した。その後，十分に長い時間が経過すると，おもりは一定速度〔 12 〕$\times v_0$で下降しており，金属棒Iは一定速度〔 13 〕$\times v_0$で右方向に進んでいた。また，その状態でスイッチSを閉じると，その直後にスイッチSに流れる電流の大きさは〔 14 〕$\times I_0$である。

4. 次にYさんは最初の状態でスイッチSを開けたまま金属棒Iに右向きにかける一定の力を$\frac{3}{2}mg$として上の3.の実験を行なった。すると，実験開始直後には，金属棒Iは〔 15 〕$\times g$の加速度で図の右方向へ，金属棒IIは〔 16 〕$\times g$の加速度で左方向へ動き出した。その後，金属棒IIは運動方向を反転させて図の右方向へ進み出し，それから十分に長い時間の後には金属棒IとIIは図の右向きの同じ加速度〔 17 〕$\times g$を持って右方向に運動していた。このとき金属棒Iを流れている電流は〔 18 〕$\times I_0$になっている。

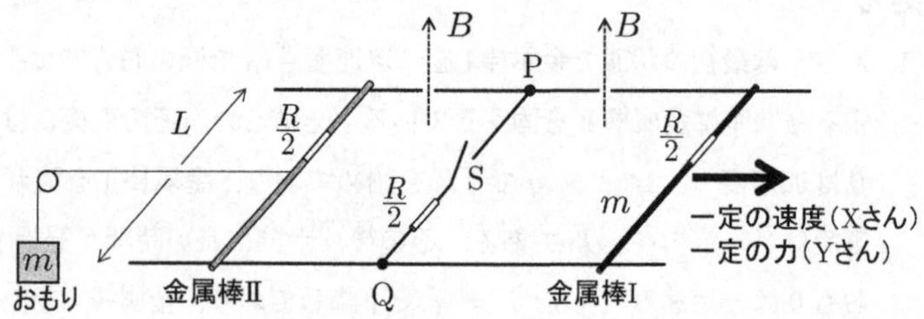

〔 1 〕～〔 18 〕の選択肢

a) 0　b) 1　c) 2　d) 3　e) $\frac{1}{2}$　f) $\frac{3}{2}$　g) $\frac{5}{2}$

h) $\frac{1}{3}$　i) $\frac{2}{3}$　j) $\frac{4}{3}$　k) $\frac{5}{3}$　l) $\frac{1}{4}$　m) $\frac{3}{4}$　n) $\frac{5}{4}$

o) $\frac{1}{6}$　p) $\frac{5}{6}$　q) $\frac{7}{6}$　r) $\frac{1}{9}$　s) $\frac{2}{9}$　t) $\frac{5}{9}$　u) $\frac{7}{9}$

v) $\frac{8}{9}$　w) $\frac{10}{9}$　x) $\frac{1}{12}$　y) $\frac{5}{12}$　z) $\frac{7}{12}$

3 図1のようにシリンダー内部に固定された壁となめらかに動く軽いピストンで区切られた3つの部屋A, B, Cがあり，ピストンはシリンダー内部の小さなストッパーにより，壁との距離が $\frac{l}{2\sqrt{2}}$ より短くはならないようになっている。3つ全ての部屋に単原子分子理想気体が1モルずつ封入されており，部屋C内には小さなヒーターが備えられている。シリンダーおよびその内部の壁とピストンは断熱材で出来ているが，部屋AとBの間，部屋BおよびCと外気の間には気体は通さずに熱のみを通す熱交換孔 S_1, S_2, S_3 が取り付けられている。これらの熱交換孔は，開けた状態では熱はゆっくりと高温部から低温部へ移動できるが，閉めた状態では熱は移動できないようになっている。気体定数を R とし，断熱過程では単原子分子理想気体の圧力 p と体積 V の関係は $pV^{\frac{5}{3}}=$ 一定（ポアソンの法則）が成り立つ。はじめの状態（図1の状態1）では全ての熱交換孔は閉じてあり，全ての部屋の温度は外気と同じ T_0 である。また，部屋BとCは共に圧力 p_0，シリンダー方向の長さは l になっている。

Xさん： Xさんは，図1の状態1から次のような実験を行なった。

1. 状態1でヒーターを使って部屋Cの気体を加熱すると，ピストンはゆっくりと動きストッパーに到達して停止した。その直後にヒーターによる加熱を止めた（図2の状態2）。この状態1 → 2の過程での部屋Bと部屋Cの気体の変化はそれぞれ p–V グラフでの曲線〔 1 〕,〔 2 〕で与えられる。状態2での部屋Bの圧力は〔 3 〕× p_0，温度は〔 4 〕× T_0 になっている。また，部屋Cの温度は〔 5 〕× T_0 である。この状態1 → 2の過程での部屋Bと部屋Cの気体の内部エネルギーの増加はそれぞれ〔 6 〕× RT_0,〔 7 〕× RT_0 であり，ヒーターが放出した熱量は〔 8 〕× RT_0 である。

2. 状態2でS_1を開けるとピストンは動かなかった。その後，十分に長い時間が経過した状態（図3の状態3）では，部屋AとBの温度は〔　9　〕$\times T_0$であり，部屋Bの圧力は〔　10　〕$\times p_0$となっている。

3. 状態3でS_1を閉じて，S_2とS_3を開けたところ，ピストンはゆっくりと状態1での位置に戻って停止した（図4の状態4）。この状態4では状態1に比べて部屋Aの気体のみが加熱されている。以上の状態$1 \to 2 \to 3 \to 4$の過程で外部に放出された熱量は〔　11　〕$\times RT_0$である。

4. 状態4でS_2とS_3を閉じ，上の操作（1.から3.）をもう一度繰り返したところ，部屋Aの温度は〔　12　〕$\times T_0$まで上昇した。

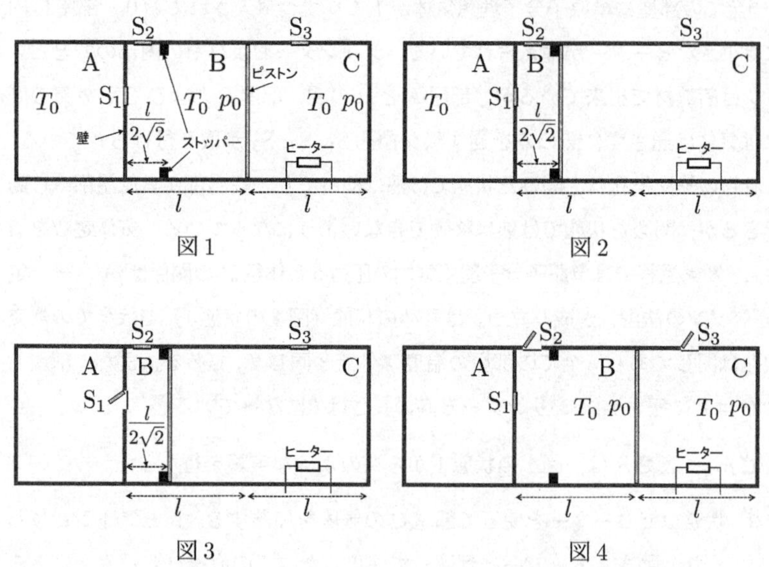

図1　図2

図3　図4

Yさん：　Yさんは，図1の状態1から次のような実験を行なった。

5. 状態1でS_2を開けた後，ヒーターで部屋Cを加熱するとピストンはゆっくりと動きストッパーに到達して停止した。その直後にヒーターによる加熱を止めた（図5の状態5）。この状態$1 \to 5$の過程での部屋Bと部屋Cの気体の変化を表すp–Vグラフでの曲線はそれぞれ〔　13　〕,〔　14　〕

で与えられる。状態5での部屋Bの圧力は〔　15　〕× p_0，部屋Cの温度は〔　16　〕× T_0 になっている。

6. 状態5で S_2 を閉じて S_3 を開けるとピストンが動き出した。その後，十分に長い時間が経過すると部屋Cの温度は外気と同じ T_0 になり，ピストンが停止した（図6の状態6）。

7. 状態6で S_1 を開けるとピストンはゆっくりと図の右方向へ移動した後に停止した。そこで S_1 を閉じて S_2 を開けると，またピストンはゆっくりと図の右方向へ移動した後に停止し，部屋BとCの温度は外気と同じ T_0 になっていた（状態7）。状態7での部屋Aの温度は T_0 と比べると〔　17　〕，状態1→5→6→7の過程では、外部に放出された熱量はヒーターが加えた熱量と比べて〔　18　〕ことがわかる。

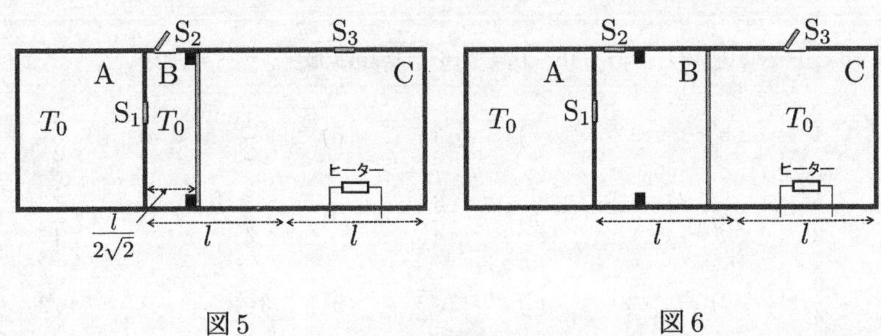

図5　　図6

〔 1 〕,〔 2 〕,〔 13 〕,〔 14 〕の選択肢

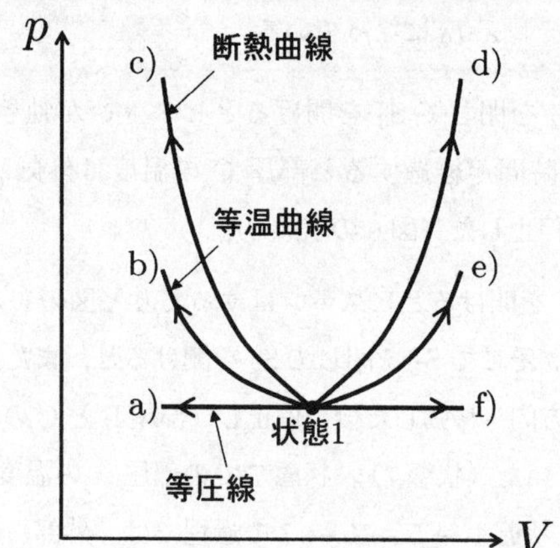

〔 3 〕～〔 12 〕,〔 15 〕,〔 16 〕の選択肢

a)	1	b)	2	c)	3	d)	$\frac{1}{2}$	e)	$\frac{3}{2}$
f)	$\frac{5}{2}$	g)	$\frac{1}{4}$	h)	$\frac{3}{4}$	i)	$\frac{5}{4}$	j)	$\frac{7}{4}$
k)	$\frac{9}{4}$	l)	$\sqrt{2}$	m)	$2\sqrt{2}$	n)	$3\sqrt{2}$	o)	$4\sqrt{2}$
p)	$4\sqrt{2}-1$	q)	$4\sqrt{2}-2$	r)	$8\sqrt{2}-2$	s)	$8\sqrt{2}-4$	t)	$12\sqrt{2}-3$
u)	$12\sqrt{2}-9$	v)	$12\sqrt{2}-\frac{9}{2}$	w)	$12\sqrt{2}-\frac{15}{2}$	x)	$12\sqrt{2}-\frac{9}{4}$	y)	$12\sqrt{2}-\frac{15}{4}$

〔 17 〕の選択肢

a) 高く　　b) 低く　　c) 同じであり

〔 18 〕の選択肢

a) 多い　　b) 少ない　　c) 同じである

化　学

（90 分）

解 答 上 の 注 意

(1) 数値による解答は，各問に指示されたように記述せよ。
答えが 0（ゼロ）の場合，特に問題文中に指示がないときは a 欄をマークせよ。
有効数字 2 桁で解答する場合，位取りは，次のように小数点の位置を決め，記入例のようにマークせよ。

$0.30 \rightarrow 3.0 \times 10^{-1}$
$1.24 \rightarrow 1.2 \times 10^{0}$
$17.5 \rightarrow 1.8 \times 10^{+1}$

記入例：3.0×10^{-1}

1 の 桁	0.1 の 桁	指 数	
ⓐ①②●④⑤⑥⑦⑧⑨	●①②③④⑤⑥⑦⑧⑨	⊕●	⓪●②③④⑤⑥⑦⑧⑨

指数が 0（ゼロ）の場合は正負の符号にはマークせず，0（ゼロ）のみマークせよ。

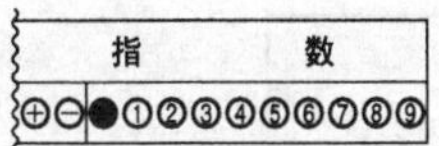

指 数	
⊕⊖	●①②③④⑤⑥⑦⑧⑨

(2) 計算を行う場合，必要ならば次の値を用いよ。

原子量　H：1.00　Li：6.9　C：12.0　N：14.0　O：16.0
　　　　Na：23.0　S：32.0　Cl：35.5　K：39.0　Cr：52.0
　　　　Fe：56.0　Co：59.0　Ag：108.0　Ba：137.0　Pt：195.0

アボガドロ定数：6.02×10^{23} /mol
0 K（絶対零度）＝ −273 ℃
気体定数：8.31×10^{3} Pa·L/(K·mol)
ファラデー定数：9.65×10^{4} C/mol

(3) 気体は，ことわりのない限り，理想気体の状態方程式に従うものとする。

(4) 0 ℃，1.01×10^{5} Pa における気体 1 mol の体積は，22.4 L とする。

(5) pH は，水素イオン指数である。

(6) 構造式は，下の例にならって示せ。＊印は不斉炭素原子を表す。

例）

$$\underset{H_3C}{}\overset{H}{C}=\overset{H}{C}-\overset{*}{C}H(-C_6H_4-OH)-\overset{O}{\overset{\|}{C}}-NH-\overset{CH_3}{\overset{|}{\overset{*}{C}H}}-O-CH_2-CH_3$$

1 次の文章を読み，問１〜問５に答えよ。ただし，文章中の反応はすべて気相におけるものとする。

五酸化二窒素 N_2O_5 は，式(1)のように，二酸化窒素 NO_2 と酸素 O_2 に分解する。

$$2N_2O_5 \longrightarrow 4NO_2 + O_2 \qquad (1)$$

いま，N_2O_5 のみを密閉容器に入れ，圧力を一定にした。この時刻を $t = 0$ 秒とする。45℃ における N_2O_5，NO_2，O_2 の濃度変化を測定すると，図１のグラフが得られた。

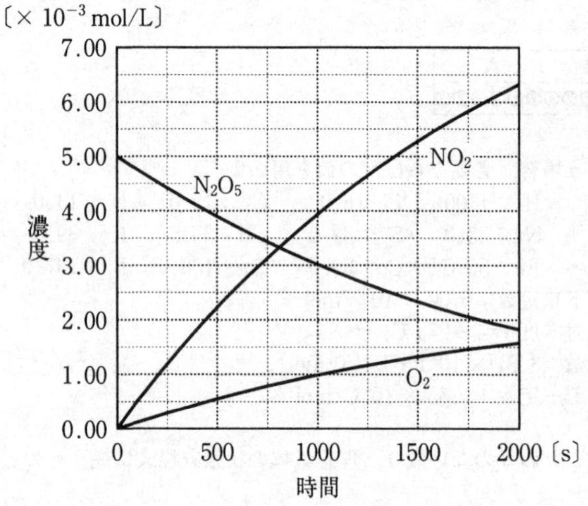

図１　N_2O_5，NO_2，O_2 の濃度の時間変化

一般に，ある時刻 t における瞬間の反応速度 v〔mol/(L·s)〕は，その時刻近傍の時間変化 Δt〔s〕と，ある物質Xのモル濃度変化 $\Delta[X]$〔mol/L〕の極限値で表

される。ここで，ある物質Xは反応物または生成物である。

$$v = \lim_{\Delta t \to 0} \frac{\Delta[\mathrm{X}]}{\Delta t} = \frac{d[\mathrm{X}]}{dt}$$

よって，速度 v は濃度の時間変化曲線における接線の傾き(微分値)と考える。

図1より，N_2O_5 では接線の傾きは負であり，NO_2 と O_2 では接線の傾きは正であることがわかる。さらに，傾きの絶対値についてみると，N_2O_5 の値は，NO_2 の値の2分の1，O_2 の値の2倍となった。よって，各物質のモル濃度を$[N_2O_5]$，$[NO_2]$，$[O_2]$と表すとき，式(1)の反応速度 v_1 は式(2)のように，いずれの物質の濃度変化からも求められる。

$$v_1 = -\frac{1}{2}\frac{d[\mathrm{N_2O_5}]}{dt} = \boxed{\text{ア}}\ \frac{d[\mathrm{NO_2}]}{dt} = \boxed{\text{イ}}\ \frac{d[\mathrm{O_2}]}{dt} \quad (2)$$

一方，ある米国研究機関の大気化学に関する報告書によると，式(1)の反応は，式(3)～(5)の反応からなる。特に，式(4)の三酸化窒素 NO_3 の分解反応において，NO_2 の存在が必要である。

$$\mathrm{N_2O_5} \underset{k_{-3}}{\overset{k_3}{\rightleftarrows}} \mathrm{NO_2} + \mathrm{NO_3} \quad (3)$$

$$\mathrm{NO_2} + \mathrm{NO_3} \xrightarrow{k_4} \mathrm{NO_2} + \mathrm{O_2} + \mathrm{NO} \quad (4)$$

$$\mathrm{NO} + \mathrm{NO_3} \xrightarrow{k_5} 2\mathrm{NO_2} \quad (5)$$

式(3)～(5)は素反応とよばれ，各反応の反応速度 v_3，v_{-3}，v_4，v_5〔mol/(L･s)〕はそれぞれの反応物質の濃度と反応速度定数 k_3，k_{-3}，k_4，k_5 の積に比例する。また，式(4)の反応速度 v_4 は他の反応速度に比べて非常に小さいので，式(4)の反応は式(1)の律速段階であり，式(1)の反応速度 $v_1 \simeq v_4$ とみなせる。

さらに，式(3)の正反応の速度 v_3 と逆反応の速度 v_{-3} の関係は $v_3 = v_{-3} \gg v_4$ とみなせ，式(3)が平衡状態にあることを示している。よって，

$$[\mathrm{NO_2}][\mathrm{NO_3}] = \boxed{\text{ウ}}\ [\mathrm{N_2O_5}] \quad (6)$$

が成り立つ。ここで，$\boxed{\text{ウ}}$ は式(3)の $\boxed{\text{エ}}$ である。式(6)を式(4)の反応速度式に代入すると，式(4)の反応速度 v_4 は，

$$v_4 = \boxed{\text{オ}}\ [\mathrm{N_2O_5}] \quad (7)$$

となる。$v_1 \simeq v_4$ より，式(1)の反応速度定数 $k_1 = \boxed{\text{オ}}$ であるから，

$$v_1 = -\frac{1}{2}\frac{d[\mathrm{N_2O_5}]}{dt} = k_1[\mathrm{N_2O_5}] \quad (8)$$

となり，式(1)は反応物質の濃度の1乗に比例する一次反応であるとわかる。よって，式(8)を満たす N_2O_5 の濃度の時間変化は，式(9)で表される。

$$[N_2O_5] = [N_2O_5]_0 e^{-2k_1 t} \quad (9)$$

ここで $[N_2O_5]_0$ は，N_2O_5 の初期濃度（時刻 $t = 0$ 秒のときの濃度）であり，e は自然対数の底とよばれる定数である。

問1 [ア] と [イ] にあてはまる最も適切な係数を，次のa)～g)からそれぞれ1つ選べ。同じ選択肢を用いてもよい。該当する選択肢がない場合は，z欄をマークせよ。

a) 1　b) 2　c) 3　d) 4　e) $\frac{1}{2}$　f) $\frac{1}{3}$　g) $\frac{1}{4}$

問2 [ウ] と [オ] にあてはまる最も適切なものを，次のa)～i)からそれぞれ1つ選べ。同じ選択肢を用いてもよい。

a) $\frac{k_3}{k_{-3}}$　b) $\frac{k_{-3}}{k_3}$　c) $\frac{k_3}{k_4}$　d) $\frac{k_4}{k_3}$　e) $\frac{k_{-3}}{k_4}$

f) $\frac{k_4}{k_{-3}}$　g) $\frac{k_3 k_{-3}}{k_4}$　h) $\frac{k_3 k_4}{k_{-3}}$　i) $\frac{k_{-3} k_4}{k_3}$

問3 [エ] にあてはまる適切な用語を記せ。

問4 次の(i)～(iv)の反応速度式の [カ] ～ [ケ] にあてはまる最も適切なものを，次のa)～h)からそれぞれ1つ選べ。同じ選択肢を何度用いてもよい。

(i) 式(3)の正反応：　$v_3 =$ [カ]

(ii) 式(3)の逆反応：　$v_{-3} =$ [キ]

(iii) 式(4)の反応：　$v_4 =$ [ク]

(iv) 式(5)の反応：　$v_5 =$ [ケ]

a) $k_3[N_2O_5]$　b) $k_{-3}[N_2O_5]$　c) $k_3[NO_2][NO_3]$

d) $k_{-3}[NO_2][NO_3]$　e) $k_4[NO_2][NO_3]$　f) $k_4[NO_2][O_2][NO]$

g) $k_5[NO][NO_3]$　h) $k_5[NO_2]^2$

問5　図1より，$[N_2O_5]$が初期濃度$[N_2O_5]_0$の半分になるまでの時間(半減期)が1386秒であった。式(8)の反応速度定数k_1は何s^{-1}か。式(9)より求め，有効数字2桁で答えよ。ただし，$\log_e 2 = 0.693$，$\log_e 3 = 1.10$ ($e = 2.718$)とする。

【参考】

米国研究機関の大気化学に関する報告書(NASA ジェット推進研究所)

"*Chemical Kinetics and Photochemical Data for Use in Atmospheric Studies*", Evaluation No. 19, JPL Publication 19-5(May 2020).

https://jpldataeval.jpl.nasa.gov

2　次の文章を読み，問6～問11に答えよ。

リチウムイオン電池は，繰り返し充電と放電が可能な二次電池の一種であり，携帯電話やノートパソコンなどに利用されている。この電池では，一般にLiC_6の化学式で表されるリチウムを含む黒鉛系炭素の電極Aと，コバルト酸リチウム$LiCoO_2$から一部のリチウムイオンLi^+が抜けた化合物$Li_{(1-x)}CoO_2$の電極Bが，リチウム塩を溶かした電解質溶液に浸されている。

電池の放電時，図1の左に示すように導線で結ばれた電極AとBでは，それぞれ式(1)および(2)のような反応がおこる。

［電極A］　$LiC_6 \longrightarrow Li_{(1-x)}C_6 + x\,Li^+ + x\,e^-$　(1)

［電極B］　$Li_{(1-x)}CoO_2 + x\,Li^+ + x\,e^- \longrightarrow LiCoO_2$　(2)

電極Aでは，式(1)のように一部のLi^+が抜けて電解質溶液へと放出されることでLiC_6が$Li_{(1-x)}C_6$へと変化し，同時に電子e^-が導線へと供給される。電極Bでは，式(2)のように$Li_{(1-x)}CoO_2$が導線から電子e^-を，電解質溶液からLi^+をそれぞれ受け取ることで$LiCoO_2$を生じる。これらの反応により生じる電流は，電子機器などの作動に使用できる。

一方，充電時には図1の右に示すように電極を直流電源に接続することで，式

(3)および(4)に示すような放電時とは逆向きの反応がおこる。

［電極A］　$Li_{(1-x)}C_6 + x\,Li^+ + x\,e^- \longrightarrow LiC_6$　(3)

［電極B］　$LiCoO_2 \longrightarrow Li_{(1-x)}CoO_2 + x\,Li^+ + x\,e^-$　(4)

式(4)の反応では，電子 e^- が一つ放出されるたびに電極Bに含まれる1つのコバルトイオンの酸化数が［ y ］から［ z ］へと変化する。

なお，式(1)〜(4)で示される x は，それぞれの化合物から抜けた Li^+ の量を比率で表したものであり，0から1.00の範囲の値をとりうる。例えば，化学式 $LiCoO_2$ で表される電極から50％の Li^+ が抜けると x の値は0.50となり，その化学式は $Li_{0.50}CoO_2$ と表される。また，$Li_{(1-x)}CoO_2$ には，酸化数が［ y ］と［ z ］のコバルトイオンが共存している。

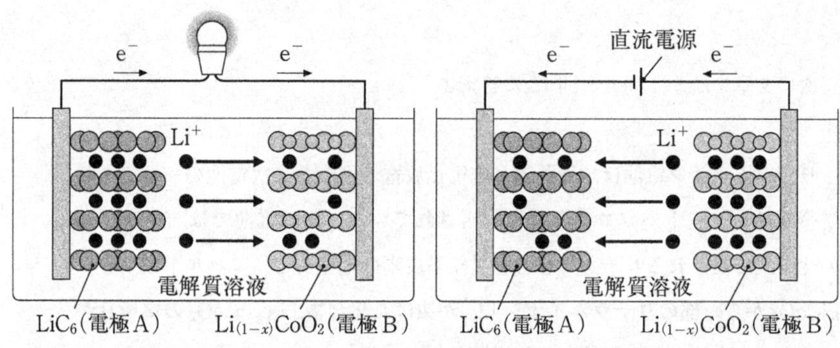

図1　リチウムイオン電池の放電(左)および充電(右)

問6　放電反応における負極活物質は何か。文章中で用いられている化学式で記せ。

問7　LiC_6 のみからなる電極A 26.3gを用いて500mAの一定電流で放電を行ったところ，電極Aに含まれるLiの50.0％が放出された。この操作のために必要な放電の時間は，何h(時間)か。有効数字2桁で答えよ。

問8　ある一定の電流で放電し続けたところ，電極Aでは図2の重量変化が生じた。このときの電流は何A(アンペア)か。有効数字2桁で答えよ。ただし，放電中に活物質がなくなることはないものとする。

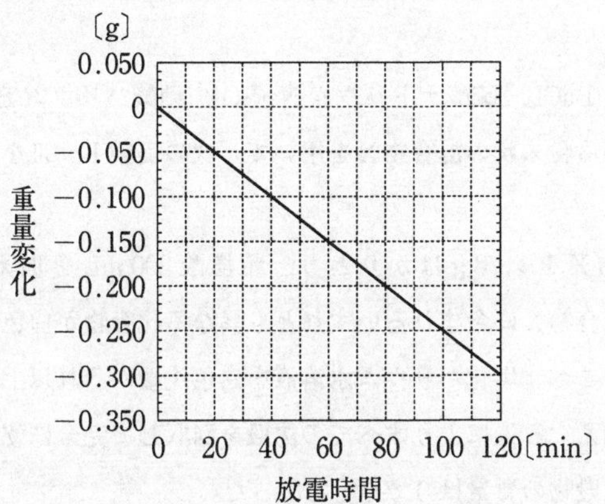

図2　電極Aの重量変化(放電時)

問9　[y] と [z] にあてはまる数値をそれぞれ整数で答えよ。解答が正の値であれば ⊕，負の値であれば ⊖ をマークし，解答の絶対値をマークせよ。数値が0ならば正負の符号にはマークせず，a欄のみをマークせよ。

問10　$LiCoO_2$ のみからなる電極B 9.79 g に対して，100 mA の一定電流で 3.86 h の充電を行った。充電後の電極Bに含まれる，酸化数 [y] と [z] のコバルトイオンの物質量をそれぞれ m_y，m_z としたとき，$\dfrac{m_z}{m_y + m_z}$ はいくらか。有効数字2桁で答えよ。ただし，充電中に活物質がなくなることはないものとする。

問11　リチウムイオン電池の電極材料として用いられる $LiCoO_2$ は，式(5)のように炭酸リチウム Li_2CO_3 と酸化コバルト(Ⅱ) CoO を酸素 O_2 中，高温で反応させることにより得られる。

$$a\,Li_2CO_3 + b\,CoO + O_2 \longrightarrow c\,LiCoO_2 + d\,CO_2 \qquad (5)$$

a から d にあてはまる係数を，それぞれ1～9の整数で答えよ。

3 次の文章を読み，問 12～問 16 に答えよ。

塩化バリウム $BaCl_2$，硫酸ナトリウム Na_2SO_4，硝酸バリウム $Ba(NO_3)_2$ の 3 つの化合物からなる粉末状の混合物Xを用いて，次の実験Ⅰ～Ⅲを行った。

実験Ⅰ　混合物Xを 1.78 g はかりとり，希塩酸 200 mL を加え溶かしたところ，混合物Xに含まれるいずれとも異なる化合物が白色沈殿として生じた。そこへ，塩化バリウム水溶液を白色沈殿がそれ以上生成しなくなるまで加え，ろ過によりすべての沈殿を回収して完全に乾燥させた。得られた沈殿物の質量は 0.699 g であった。

実験Ⅱ　混合物Xを 1.78 g はかりとり，希硝酸 200 mL を加え溶かしたところ，混合物Xに含まれるいずれとも異なる化合物が白色沈殿として生じた。そこへ，硫酸カリウム K_2SO_4 水溶液を白色沈殿がそれ以上生成しなくなるまで加え，(i)<u>ろ過によりすべての沈殿を回収して完全に乾燥させた</u>。また，ろ液もすべて回収し，水を加えて全量を正確に 250 mL にし，これを溶液Aとした。なお，溶液Aは酸性であった。

実験Ⅲ　溶液Aの 50.0 mL に，指示薬として硫酸アンモニウム鉄(Ⅲ) $FeNH_4(SO_4)_2$ 水溶液を加えた。この溶液に［ ア ］を用いて，0.120 mol/L 硝酸銀 $AgNO_3$ 水溶液 50.0 mL を加えると，水溶液中の塩化物イオンはすべて塩化銀 AgCl として沈殿した。沈殿をろ過により取り除き，ろ液をすべて回収した。次に，ろ液の全量に対し，［ イ ］を用いて 0.100 mol/L チオシアン酸アンモニウム NH_4SCN 水溶液を加える滴定を行ったところ，チオシアン酸銀 AgSCN が沈殿した。溶液が赤色に変化したところを滴定の終点とすると，終点までに加えたチオシアン酸アンモニウム水溶液の体積は 44.0 mL であった。

なお，25 ℃ における塩化銀およびチオシアン酸銀の溶解度積 K_{sp} は，それぞれ，$1.6 \times 10^{-10} (mol/L)^2$ および $1.0 \times 10^{-12} (mol/L)^2$ である。

問12 ア と イ にあてはまる適切な実験器具の名称を，それぞれ記せ。ただし， ア と イ は異なるものとする。

問13 混合物X中の硫酸ナトリウムの割合は，質量パーセントで何%か。有効数字3桁で答えよ。

問14 溶液Aの塩化物イオン濃度[Cl^-]は何 mol/L か。有効数字3桁で答えよ。

問15 混合物X中の塩化バリウムの割合は，質量パーセントで何%か。有効数字3桁で答えよ。

問16 下線部(i)で得られた沈殿物の質量は何 g か。有効数字3桁で答えよ。

4 次の文章を読み，問17～問21に答えよ。

炭素原子，水素原子，および3つの酸素原子からなる分子量132の化合物Aを完全に加水分解したところ，化合物B，Cが同じ物質量で得られた。化合物Bを二クロム酸カリウム $K_2Cr_2O_7$ の硫酸酸性水溶液でおだやかに酸化したところ，(i)フェーリング液を還元しない化合物Dが得られた。化合物D 5.80 mg を完全燃焼させたところ，水 H_2O 5.40 mg，二酸化炭素 CO_2 13.20 mg がそれぞれ生成した。(ii)不斉炭素原子をもつ化合物Cを炭酸水素ナトリウム $NaHCO_3$ 水溶液と反応させると，二酸化炭素が発生した。

問17 下線部(i)と同様の反応性を示す物質を，次のa)～f)からすべて選べ。該当する選択肢がない場合は，z欄をマークせよ。

a）テレフタル酸　b）1-プロパノール　c）アセトアルデヒド
d）フマル酸　e）ホルマリン　f）ジエチルエーテル

問18　化合物Bの性質としてあてはまるものを，次のa）～e）からすべて選べ。該当する選択肢がない場合は，z欄をマークせよ。

a）ヨードホルム反応を示す。

b）キサントプロテイン反応を示す。

c）ナトリウムを加えると，水素H_2が発生する。

d）濃硫酸に加えて加熱すると，脱水反応がおこる。

e）白金を触媒として水素H_2を加えると，付加反応がおこる。

問19　下線部(ii)と同様に不斉炭素原子をもつ化合物を，次のa）～f）からすべて選べ。該当する選択肢がない場合は，z欄をマークせよ。なお，くさび形の太い実線は紙面手前への結合を，くさび形の破線は紙面奥への結合を表す。

a）
H　H_3C　CH_3　HOOC　H　H

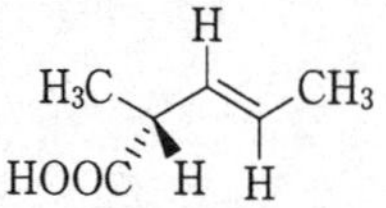

b）
H　NH_2　HOOC　H

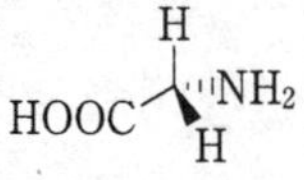

c）
H_3C　OH　H_3C　CH_3

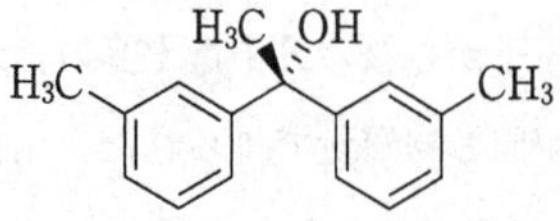

d）
H　CH_3　H_3C　CH_3　HO　H

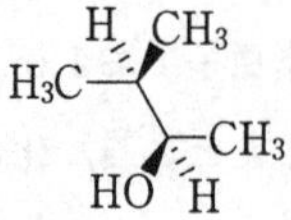

e）
H　HOH_2C　H　CH_3

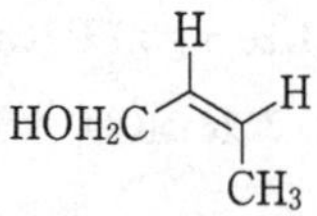

f）
CH_3　H_3C　H

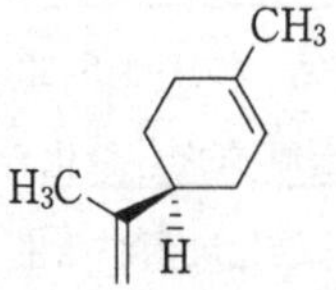

問20　化合物Dの物質名を記せ。

問21　化合物Cの構造式を示せ。ただし，不斉炭素原子には＊印を付けよ。

5 次の文章を読み，問 22〜問 27 に答えよ。以下に示した燃焼熱などの数値は，いずれも 25 ℃，1.01×10^5 Pa での値とする。

砂糖やデンプンは，お菓子作りによく用いられる。砂糖の主成分である分子量 342 の二糖Aは，単糖Bとβ-フルクトースが脱水して［ア］したものである。単糖Bとβ-フルクトースは同じ分子式で表わされる。また，デンプンは多数の単糖Bが［ア］重合して得られる高分子化合物である。

二糖Aに生体触媒であるスクラーゼという［イ］を作用させると，加水分解によって，単糖Bとβ-フルクトースが得られる。単糖Bは，酵母によって(i)エタノール C_2H_5OH と二酸化炭素 CO_2 に分解される。これはアルコール発酵のもととなる反応である。また，植物が光エネルギーを用いて，二酸化炭素と水から単糖Bやデンプンなどの糖類を生成する一連の反応は，光［ウ］と呼ばれ，(ii)吸熱反応である。

デンプンを加水分解する［イ］として，だ液に含まれる(iii)アミラーゼがあるが，アミラーゼはセルロースに作用しない。このように，決まった［エ］にしか作用しない［イ］の性質を，［エ］特異性という。

問22 ［ア］〜［エ］にあてはまる最も適切な語句を，次の a）〜 p）からそれぞれ 1 つ選べ。該当する選択肢がない場合は，z 欄をマークせよ。

a）塩基	b）活性	c）基質	d）脂質
e）吸着	f）金属	g）変性	h）合成
i）酵素	j）縮合	k）繊維	l）置換
m）乳化	n）分離	o）凝縮	p）溶質

問23 二糖A 68.4 mg を気体の酸素 O_2 を用いて完全燃焼させたところ，水 H_2O 39.6 mg，二酸化炭素 CO_2 105.6 mg が生成した。この反応で用いた気体の酸素 O_2 は，0 ℃，1.01×10^5 Pa において少なくとも何 L か。有効数字 2 桁で答えよ。

問24 下線部(i)について，1 molの固体の単糖Bから液体のエタノールと気体の二酸化炭素が生成するとき，発生する熱量は69 kJである。この反応の熱化学方程式は，次の式(1)〜(3)から導かれる。固体の単糖Bの生成熱に関する熱化学方程式 [あ] を記せ。

$$C(黒鉛) + O_2(気) = CO_2(気) + 394\ kJ \quad (1)$$

$$2C(黒鉛) + 3H_2(気) + \frac{1}{2}O_2(気) = C_2H_5OH(液) + 277\ kJ \quad (2)$$

[あ] (3)

問25 下線部(ii)について，気体の二酸化炭素と液体の水から，固体の単糖B 1.00 molと気体の酸素O_2が生成する反応において，吸収される熱量は2803 kJである。この熱量に相当するエネルギーを光エネルギーで得ることを考える。50.0 W(ワット，W = J/s)の光を照射し，単糖B 1.80 mgを得るために必要な照射時間は少なくとも何s(秒)か。有効数字2桁で答えよ。ただし，照射した光のエネルギーの5.00 %が，この反応に用いられたものとする。

問26 水溶液中のフルクトースは，以下の図に示す鎖状構造と，六員環または五員環からなる環状構造との平衡状態として存在する。これらの環は，5つまたは4つの炭素原子と，1つの酸素原子で形成されている。この酸素原子が結合している炭素原子は，どれとどれか。六員環および五員環について，該当する炭素原子を図中の番号①〜⑥からそれぞれ2つずつ選んでマークせよ。

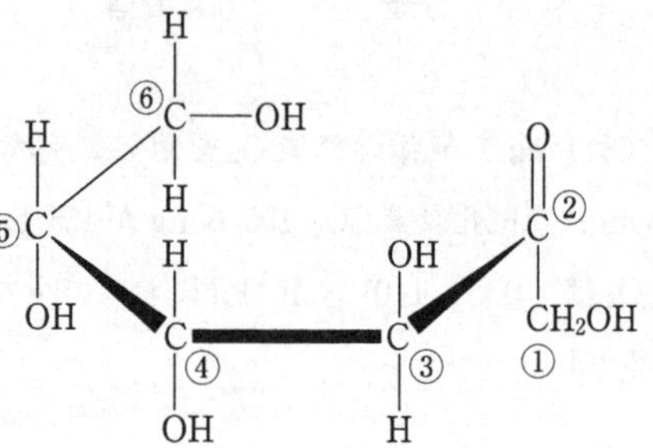

問27　下線部(iii)のようなヒトの体内で働く一般的な［　イ　］を用いた反応の速度と温度との関係として，最も適切なものを次のa）～i）から1つ選べ。

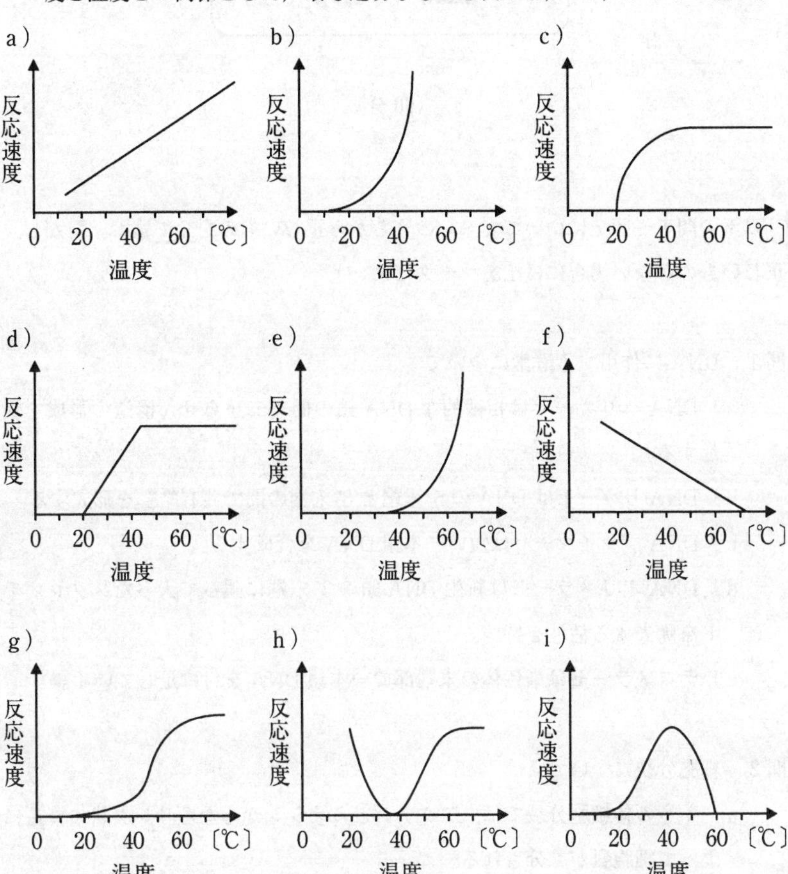

生　物

（90 分）

1 以下の問1～問7についてa～eのうちから正しいものを全て選べ。ただし，正しいものがない場合にはfをマークせよ。

問1　DNAに作用する酵素について

a）DNAヘリカーゼは相補的なDNA鎖の間で二重らせん構造の形成を促進する。

b）DNAリガーゼはDNAの5' 末端と3' 末端の間で共有結合を形成する。

c）DNAプライマーゼは短い一本鎖DNAを合成する。

d）DNAポリメラーゼは新生DNA鎖の3' 末端に誤って入ったヌクレオチドを除去する活性を持つ。

e）テロメラーゼは染色体の末端部で一本鎖DNAを付け足していく。

問2　細胞分裂について

a）イネの体細胞分裂では，アクチンとミオシンからなるリング状の構造によって細胞質が二分される。

b）雄マウスの減数第一分裂では，X染色体とY染色体は別々の娘細胞に分配される。

c）ユリの減数第一分裂では，中期に相同染色体どうしの対合が起こる。

d）マウスとイネの体細胞分裂では，どちらも中心体から紡錘糸が形成される。

e）マウスとイネの体細胞分裂では，相同染色体が細胞の両極に移動するとき，どちらも微小管の短縮が起こる。

問3　栄養と代謝について

a）呼吸は代表的な同化の例である。

b）基質レベルのリン酸化は，酵素の働きによってATPから基質にリン酸基が1つ移される反応である。

c）筋肉が弛緩しているときには，筋繊維がエネルギーを主にATPの形で蓄える。

d）食事によって摂取したタンパク質のうち，酵素はそのまま小腸から吸収されて体の中で働くことができる。

e）細胞質基質に存在する酵素群によって炭水化物がピルビン酸に分解される反応経路は，酸素を必要としない。

問4　植物の防御応答について

a）植物に病原体が感染すると，植物の感染部位の周囲で細胞死が起こり，他の細胞への感染の広がりが抑えられる。

b）植物に病原体が感染すると，病原体の増殖を防ぐ作用を持つ物質が感染部位以外でも作られ，さらなる感染が抑えられる。

c）ある植物個体が食害を受けると，近くの別の植物個体でも防御物質が合成され，食害を受けにくくなる。

d）植物が低温にさらされると，細胞内で糖やアミノ酸の量が増加し，細胞が凍結しにくくなる。

e）植物が低温にさらされると，細胞内で生体膜の流動性を高める脂質の割合が減少し，細胞が低温に耐えられるようになる。

問5　被子植物の生殖成長について

a）FTタンパク質が茎頂の他のタンパク質と一緒に働いて，花芽形成に関する遺伝子の発現を誘導する。

b）花器官を形成する3つのホメオティック遺伝子群のうち1つが欠損しても，他の遺伝子群がその機能を補い，正常な花が形成される。

c）未熟花粉の細胞が雄原細胞と花粉管細胞に分裂した後，花粉管細胞が雄原細胞の中に取り込まれて成熟した花粉ができる。

d）胚のう母細胞の減数分裂により生じた複数の胚のう細胞は，それぞれ，成熟した胚のう内で異なる細胞に分化する。

e）２つの精細胞が卵細胞と融合して核相$3n$の胚乳となる。

問６　膜電位について

a）刺激を受けていないニューロンでは細胞内外の電位差はない。

b）活動電位には興奮性のものと抑制性のものがある。

c）有髄神経繊維では活動電位は跳躍伝導する。

d）シナプス後細胞に起こる活動電位をシナプス後電位という。

e）活動電位は筋繊維にも起こる。

問７　遺伝的浮動について

a）集団内で起こった１つの突然変異が，遺伝的浮動によってその集団の全体に広がることがある。

b）集団を構成する個体数が少ないほど遺伝的浮動の影響が大きくなる。

c）遺伝的浮動によって遺伝子プールが増大する。

d）生存に有利・不利の差が対立遺伝子にない場合，遺伝的浮動は起こらない。

e）他の集団との間で個体の移入や移出が起こらない場合，遺伝的浮動は起こらない。

2　生体高分子の立体構造研究に関する次の文章を読み，以下の問8～問14に答えよ。

文章　構造生物学は生体高分子(1)の立体構造を観察して，その構造に基づく機能を解明する学問である。1926年にサムナーはナタマメという植物のウレアーゼをタンパク質として初めて結晶化することに成功し，酵素の主成分がタンパク質である(2)ことを明らかにした。1953年には，ウィルキンスとフランクリンの研究結果に基づいてワトソンらがDNAが二重らせん構造をとることを提唱した(3)。1950年代にはペルーツとケンドルーが，タンパク質としては初めて，それぞれヒトのヘモグロビンとクジラのミオグロビンの立体構造の解析に成功した。1990～2000年代に様々な生物のゲノム(4)が解読されると，それとともに構造生物学は飛躍的に進展した。これまでに解明されたタンパク質の立体構造を深層学習させることで，現在ではタンパク質のアミノ酸配列から立体構造を予測する(5)ことも可能になってきている。

問8　下線部(1)について，下の円グラフのア～エにあてはまるものとして最も適切なものをa～dのうちからそれぞれ1つずつ選べ。

a）核酸　　b）脂質　　c）炭水化物　　d）タンパク質

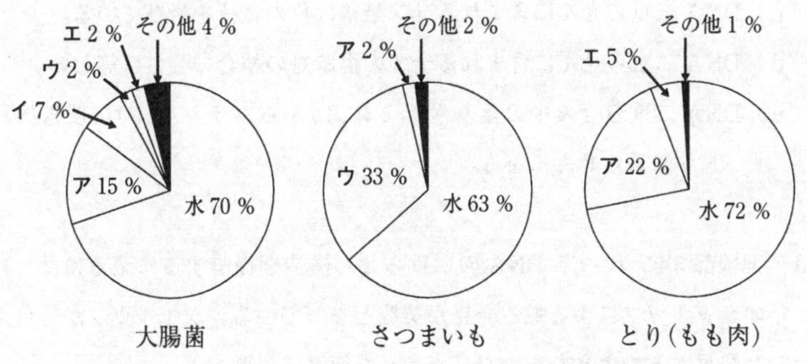

大腸菌，さつまいも，とり(もも肉)を構成する物質の質量比

問9　下線部(2)に関する記述として適切なものをa～eのうちから全て選べ。ただし，適切なものがない場合はfをマークせよ。

a）呼吸で働く脱水素酵素では，主成分であるタンパク質が基質から放出された水素を受け取る。

b）ヘモグロビンを構成するグロビン(主成分)とヘム(副成分)のうち，酸素と結合するのはヘムである。

c）酵素の副成分は，主成分であるタンパク質のアロステリック部位に結合している。

d）ロドプシンを構成するオプシン(主成分)とレチナール(副成分)は，熱に対して同程度に弱い。

e）かつては酵素の主成分がRNAである「RNAワールド」と，酵素の主成分がDNAである「DNAワールド」があったと考えられている。

問10　下線部(3)のDNA二重らせんに関する記述として適切なものをa～eのうちから全て選べ。ただし，適切なものがない場合はfをマークせよ。

a）DNA二重らせんを作る2本の鎖は，5'→3'の向きが必ず逆になって結合している。

b）DNA二重らせんを作る鎖では，糖と塩基とリン酸がこの順に結合して，それが繰り返されている。

c）DNA二重らせんに含まれるリン酸基は負の電荷を帯びている。

d）DNA二重らせんに含まれる全ての塩基対の結合の強さは等しい。

e）DNA二重らせん中の塩基がチミン(T)からウラシル(U)に置き換わるとRNA二重らせんになる。

問11　下線部(3)について，DNAの二重らせん構造を提唱するに至るには，1949年のシャルガフによるある発見が契機となっている。シャルガフが行った研究と発見がどのようなものだったのかを簡潔に説明せよ。

問12　下線部(4)について，以下の【生物Ａと生物Ｂに関する情報】をもとに，生物Ｂのゲノムに占めるタンパク質に翻訳される領域の割合(%)を求め，小数第二位を四捨五入し，下の四角にあてはまる数字をマークせよ。ただし，空欄となる四角には0をマークせよ。

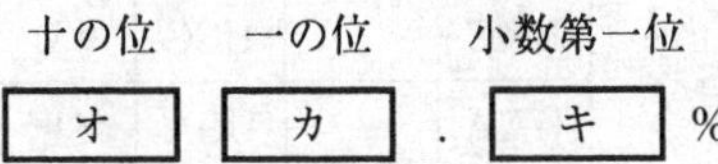

【生物Ａと生物Ｂに関する情報】

原核生物である生物Ａのゲノムは420万塩基対からなり，そのうち88％がタンパク質に翻訳される領域である。タンパク質の情報を持つ遺伝子の数は4千である。

一方，真核生物である生物Ｂのゲノムは33億塩基対からなる。タンパク質の情報を持つ遺伝子の数は2万である。また，生物Ｂが持つタンパク質の平均分子量は，生物Ａが持つタンパク質の平均分子量の2.5倍であることがわかっている。

問13　下線部(5)に関連して，次のアミノ酸配列を持つタンパク質がどのような立体構造をとり得るかを，次ページの表を参考にして考え，最も適切なものを【問13の選択肢】のａ～ｆのうちから１つ選べ。

```
1           11          21          31          41
MQIFV KTITG KFITY WVEPR DTMEN VKAKA QDEEG IPDDP NHEPQ RTRGG
```

タンパク質のアミノ酸配列

＊アミノ酸はアルファベット１文字で表されている。

＊配列の上に書かれた数字はタンパク質のアミノ末端(N末端)からの番号である。

遺伝暗号表

1番目の塩基	2番目の塩基 U		C		A		G		3番目の塩基
U	UUU	F△	UCU	S	UAU	Y△	UGU	C	U
	UUC		UCC		UAC		UGC		C
	UUA	L	UCA		UAA	終止	UGA	終止	A
	UUG		UCG		UAG		UGG	W△	G
C	CUU	L	CCU	P×	CAU	H	CGU	R	U
	CUC		CCC		CAC		CGC		C
	CUA		CCA		CAA	Q	CGA		A
	CUG		CCG		CAG		CGG		G
A	AUU	I	ACU	T	AAU	N	AGU	S	U
	AUC		ACC		AAC		AGC		C
	AUA		ACA		AAA	K	AGA	R	A
	AUG	M○	ACG		AAG		AGG		G
G	GUU	V△	GCU	A○	GAU	D	GGU	G×	U
	GUC		GCC		GAC		GGC		C
	GUA		GCA		GAA	E○	GGA		A
	GUG		GCG		GAG		GGG		G

＊アミノ酸はアルファベット1文字で表されている。

＊表中の記号(○, △, ×)はそれぞれ以下のようなアミノ酸である。

○：αヘリックスによく見られるアミノ酸

△：βシートによく見られるアミノ酸

×：二次構造を壊すアミノ酸

【問 13 の選択肢】

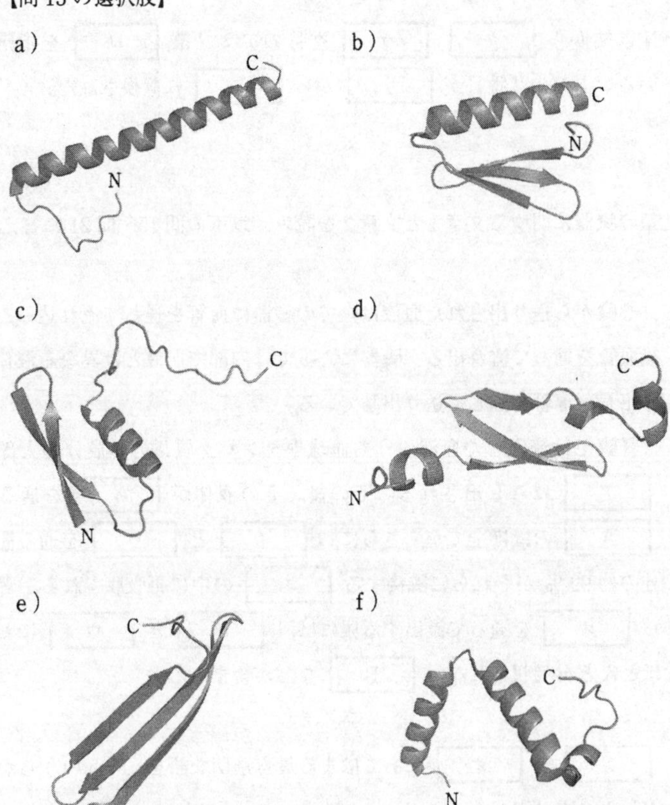

＊選択肢の図中の N と C は，それぞれタンパク質のアミノ末端（N 末端）とカルボキシ末端（C 末端）を示す。

問14　問 13 のタンパク質の情報を持つ mRNA で，あるアミノ酸を指定するコドンの 2 番目に置換が起こったことでナンセンス変異が起こり，このタンパク質の全長が合成されなくなった。N 末端から何番目のアミノ酸を指定しているコドンのどの塩基に置換が起こったと考えられるか。下の四角にあてはまる数字またはアルファベット（アミノ酸または塩基を示すアルファベット 1 文字）をマークせよ。ただし，　ク　が空欄の場合は 0 をマークせよ。

十の位　　一の位

N末端から [ク] [ケ] 番目のアミノ酸 [コ] を指定しているコドンの2番目が [サ] から [シ] に置換された。

3 ほ乳類の臓器に関する文章1と文章2を読み，以下の問15〜問21に答えよ。

文章1　心臓から送り出された血液は全ての臓器に血管を通って流れ込み，その後血管を通って流れ出る。臓器によっては内部で血液とは異なる液体を作り出し，導管を通して送り出している。

腎臓では流入した血液のうち血球やタンパク質以外の成分の大部分が [ア] にこし出される。その後，その液体が [イ] を通る間に [A] のほぼ全てが，さらに，[イ] と [ウ] を通る間に水分の約 99 % がそれらに隣接する [エ] の中に再吸収される。腎臓から [オ] を通って流出する尿には，[イ] と [ウ] においてほとんど再吸収されない [B] などが含まれる。

問15　[ア] 〜 [オ] にあてはまる最も適切な語を a〜h のうちからそれぞれ1つずつ選べ。

a）細尿管　　b）糸球体　　c）集合管　　d）腎静脈　　e）腎動脈

f）ボーマンのう　　g）毛細血管　　h）輸尿管

問16　[A] と [B] にあてはまる代表的な物質名をそれぞれ1つずつ記せ。

問17　図1のカ〜ケは臓器に流れ込む血液と，臓器から流れ出る血液，および臓器で生成された液体の流路を模式的に示したものである。臓器を円で，血液の流れを実線矢印で，生成された液体の流れを破線矢印で示している。同じ種類の液体は1本にまとめて示してある。リンパ液は省略してある。たとえば，肺には動脈血が流れ込み，そのほぼ全てが静脈血として流れ出るのでカのように示される。キ～ケの模式図はどの臓器を示したものか。最も適切な組み合わせをａ～ｆのうちから１つ選べ。

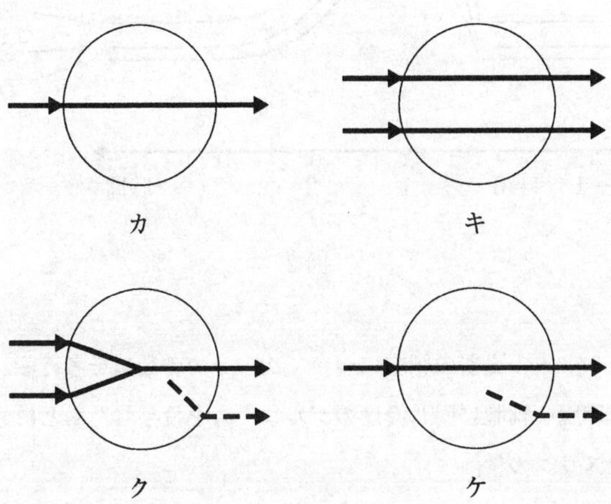

図１

	キ	ク	ケ
ａ）	肝臓	心臓	腎臓
ｂ）	肝臓	腎臓	心臓
ｃ）	心臓	肝臓	腎臓
ｄ）	心臓	腎臓	肝臓
ｅ）	腎臓	心臓	肝臓
ｆ）	腎臓	肝臓	心臓

文章２　膵臓から分泌されるインスリンは血液を介して肝臓や筋肉の細胞に働きかけ，血糖の調節をしている。平均的な生活をしているＣさんと，平均よりも強い運動を毎日行っているＤさん，肥満状態にあるＥさんの血糖値と血液中のインスリン濃度を連続的に測定しつつ，安静時に同じ食事をとってもらった。血糖値は３人の間でほとんど違いはなく，食事後も同じように変化した。一方，血液中のインスリン濃度の変化は図２のようになった。

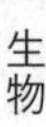

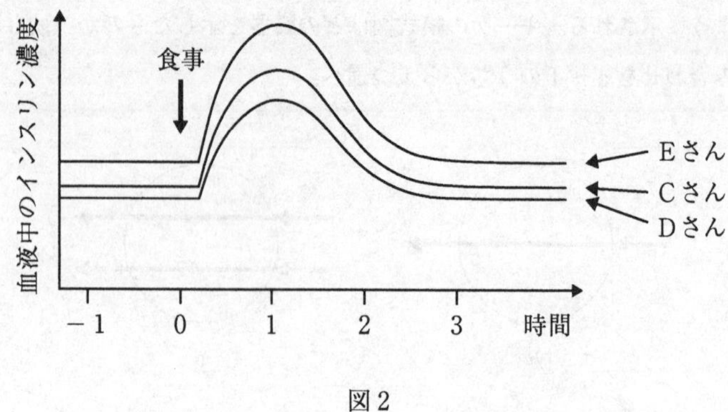

図2

問18　文章2の3人の臓器の細胞について次の2つの数値を考える。

数値1：膵臓の細胞に同じ濃度のグルコースを投与したあとに分泌されるインスリンの量。

数値2：肝臓や筋肉の細胞に同じ濃度のインスリンを投与したあとに細胞内に取り込まれるグルコースの量。

数値1を横軸に，数値2を縦軸にしたグラフ上に3人の数値をプロットすると，Cさんの数値は図3のグラフの真ん中に位置した(矢印で示した)。DさんとEさんの数値はどの位置にあると考えられるか。最も適切なものをa～hのうちからそれぞれ1つずつ選べ。ただし，ここでは血糖の調節がインスリンのみで行われているものと仮定する。

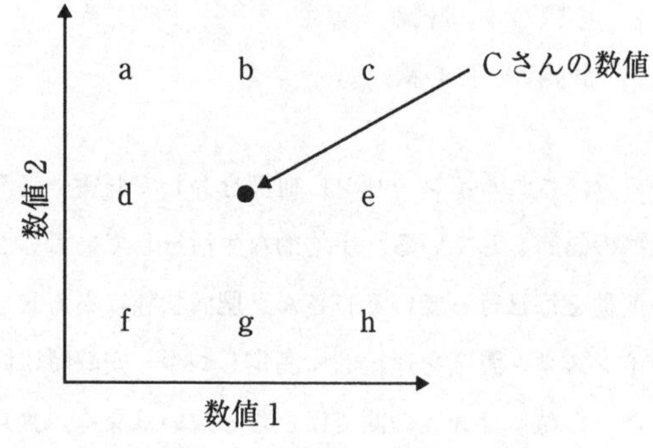

図3

問19　膵臓にはインスリン(その前駆体も含む)の合成と分泌以外に，消化酵素トリプシン(その前駆体も含む)の合成と分泌という働きもある。インスリンとトリプシンについての記述として適切なものをa～dのうちから全て選べ。ただし，適切なものがない場合はeをマークせよ。

a）インスリンもトリプシンも粗面小胞体で合成される。

b）インスリンとトリプシンは同じ細胞で合成される。

c）インスリンもトリプシンもエキソサイトーシスで細胞から放出される。

d）インスリンもトリプシンも血液中に放出される。

問20　肝臓や筋肉の細胞にインスリンが作用すると，細胞内へのグルコースの取り込みが盛んになる。そのしくみとして最も適切なものをa～dのうちから1つ選べ。

a）インスリンが細胞膜上にあるグルコース輸送体に結合し，その働きを促進する。

b）インスリンが細胞膜上の受容体に結合し，細胞内での連鎖反応の後に細胞内にあるグルコース輸送体を細胞膜に移動させる。

c）インスリンが細胞膜上の受容体に結合し，細胞内での連鎖反応の後にグルコース輸送体の遺伝子発現を促進する。

d）インスリンが細胞内の受容体に結合し，細胞内での連鎖反応の後にグルコース輸送体の遺伝子発現を促進する。

問21　空腹時や激しい運動の後でも，血糖値は一定の値に保たれる。膵臓から分泌されるグルカゴンのほか，他の組織から分泌される複数のホルモンが肝臓の細胞に作用してグルコースの生産を促すためである。この時，肝臓の細胞はグルコースをどのように作り出すのかを簡潔に説明せよ。作り出したグルコースをどのように細胞外に放出するのかは説明しなくてよい。

4 免疫と血液に関する文章1と文章2を読み，以下の問22～問27に答えよ。

文章1　ウイルスに感染した細胞はウイルス由来の様々な抗原を細胞表面に提示している。細胞性免疫は，その抗原を目印にしてウイルス感染細胞を排除する。まず，抗原を認識した樹状細胞が［A］に移動する。［A］には［B］でつくられて［C］で分化したT細胞が多数存在し，樹状細胞はT細胞に対して抗原提示をする(1)。T細胞は［A］を出て感染細胞を攻撃する。

問22　［A］～［C］にあてはまる器官名を記せ。

問23　下線部(1)の抗原提示について，下の【選択肢群1】と【選択肢群2】のa～dのうちから最も適切なものをそれぞれ1つずつ選べ。

【選択肢群1】

a）樹状細胞は取り込んだ抗原分子をエキソサイトーシスによってT細胞に向けて放出する。

b）樹状細胞は取り込んだ抗原分子を細胞内で分解し，分解した一部を細胞表面に結合させてT細胞と接触する。

c）樹状細胞は異物を認識するToll様受容体というタンパク質を持っており，抗原分子をそれに結合させてT細胞と接触する。

d）樹状細胞は異物を認識する免疫グロブリンというタンパク質を持っており，抗原分子をそれに結合させてT細胞と接触する。

【選択肢群2】

a）T細胞の表面にはT細胞受容体とよばれる受容体があり，樹状細胞から提示された抗原に応じてその受容体の形を変化させる。

b）T細胞の表面にはT細胞受容体とよばれる受容体があり，樹状細胞から提示された抗原がそれにうまく結合するとT細胞は増殖する。

c）T細胞の表面には免疫グロブリンとよばれる受容体があり，樹状細胞から提示された抗原に応じてその受容体の形を変化させる。

d）T細胞の表面には免疫グロブリンとよばれる受容体があり，樹状細胞から提示された抗原がそれにうまく結合するとT細胞は増殖する。

文章2　ヒトのABO式血液型では赤血球上の抗原Aと抗原Bの有無によって血液を4つの型に分ける。たとえば赤血球上に抗原Aと抗原Bの両方を持つ場合はAB型と分類される。ヒトの血しょうには自身の赤血球が持つ抗原に対する抗体は含まれていない(2)が，自身が持っていない抗原に対する抗体は含まれている。

血液型がAB型の父親とAB型の母親の間にできた血液型不明の2人の子供①と子供②について以下の実験を行った。まず，子供①の血液を採取して赤血球を分離し，一方で子供②の血液から血清を作製した。次に，これらの赤血球と血清を混ぜ合わせ，(3)赤血球の凝集が起こるかどうかを調べた。

問24　下線部(2)のように血液中には自己の抗原に対する抗体が含まれていないのは，免疫寛容のためである。免疫寛容が起こるしくみの記述として最も適切なものをa～eのうちから1つ選べ。

a）自己の抗原に対する抗体の遺伝子が，個体の発生の初期に除かれる。

b）自己の抗原に対する抗体を生産するリンパ球が，その成熟過程で除かれる。

c）自己の抗原に対する抗体の遺伝子が，リンパ球の成熟過程で起こるDNAの再編成によって除かれる。

d）自己の抗原に対する抗体の遺伝子が，リンパ球の成熟過程で発現抑制される。

e）自己の抗原に対する抗体が自己の抗原に結合して除かれる。

問25　血清についての記述として適切なものをａ～ｄのうちから全て選べ。ただし，適切なものがない場合はｅをマークせよ。

ａ）血清は，血液を採取後，凝固する前に遠心分離した後の上清である。

ｂ）血清は，血液をしばらく静置して凝固させたのちに，遠心分離した後の上清である。

ｃ）動脈血から作製した血清は静脈血から作製した血清よりも明るい色をしている。

ｄ）血清にはフィブリンが多く含まれる。

問26　子供①の血液型について，下の四角にあてはまる値をａ～ｇのうちからそれぞれ１つずつ選べ。答えは重複してもよい。ただし，あてはまるものがない場合はｈをマークせよ。

Ａ型である確率　［ D ］

Ｂ型である確率　［ E ］

ＡＢ型である確率　［ F ］

Ｏ型である確率　［ G ］

ａ）0　ｂ）$\frac{1}{4}$　ｃ）$\frac{1}{3}$　ｄ）$\frac{1}{2}$

ｅ）$\frac{2}{3}$　ｆ）$\frac{3}{4}$　ｇ）1

問27　下線部(3)について，凝集が起こる確率を分数で求めよ。求める過程も簡潔に説明せよ。

5 植物ホルモンおよび光受容体に関する文章1～文章3を読み，以下の問28～問35に答えよ。

文章1　植物に起こる現象は様々な植物ホルモンにより制御されている。胚乳を持つ種子の発芽はアブシシン酸とジベレリンにより制御される。成熟した種子は固い種皮を持ち，水分量が非常に少なくなっている。多くの種子は成熟した後活動を停止し，休眠することで，生育に適さない時期を乗り切ることができる。アブシシン酸は休眠を促す。一方，ジベレリンは休眠を解除し発芽を促進する(1)。また，ジベレリンは茎の伸長を促進する一方，エチレンは茎の肥大を促進する(2)。さらに，アブシシン酸は環境変化に対する応答に重要な役割を担うことも知られており，植物が乾燥状態にさらされると，アブシシン酸が合成されて葉に移動し，葉でアブシシン酸の濃度が高まる(3)。

問28　下線部(1)について，ジベレリンにより促進される発芽の過程で見られる現象として正しいものをa～eのうちから全て選べ。ただし，正しいものがない場合はfをマークせよ。

a）胚でジベレリンが合成される。

b）ジベレリンが種皮に直接作用し，種皮を柔らかくする。

c）糊粉層の細胞でアミラーゼ遺伝子の転写が促進される。

d）アミラーゼにより胚のデンプンが低分子の糖に分解される。

e）グルコースが栄養源として胚の成長に利用される。

問29　下線部(2)について，ジベレリンおよびエチレンの作用が細胞壁のセルロース繊維の並び方にどのように影響するかを，それぞれ簡潔に説明せよ。

問30　下線部(3)について，アブシシン酸の濃度が高まることにより起こる現象として正しいものをa～eのうちから全て選べ。ただし，正しいものがない場合はfをマークせよ。

a）孔辺細胞にカリウムイオンが流入する。

b）孔辺細胞の浸透圧が下がる。

c）孔辺細胞の体積が増加する。

d）蒸散が抑えられる。

e）大気から葉内への CO_2 の取り込み量が減少する。

文章2　秋になると，植物では様々な老化の現象が起こる。葉が老化すると(4)，エチレンやオーキシンの生成量が変化する。その結果，落葉が起こりエネルギーの消費が抑えられる。また，果実が老化すると成熟して甘味が増す(5)ものもある。成熟した果実は，落葉と似たしくみにより脱落する。

問31　下線部(4)について，老化した葉で起こる現象として適切なものをａ～ｄのうちから全て選べ。ただし，適切なものがない場合はｅをマークせよ。

a）タンパク質が分解され，アミノ酸が若い器官へ転流される。

b）タンパク質が分解され，アミノ酸が貯蔵器官へ転流される。

c）エチレンの働きが強くなり，葉の付け根の細胞間の結合が弱まり離層が形成される。

d）オーキシンの働きが強くなり，葉の付け根の細胞間の結合が弱まり離層が形成される。

問32　下線部(5)について，果実の甘味が増すことが植物にとってどのように有利に働くかを簡潔に説明せよ。

文章3　植物ではいくつかの光受容体が光を感知する。下図は光受容体の吸収スペクトルを示す。(A)はフィトクロムの吸収スペクトルを示している。(B)のスペクトルを示す光受容体は気孔の開口を促進することが知られている。

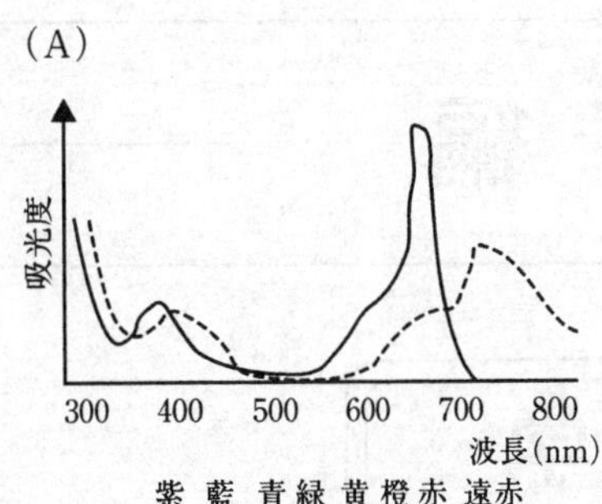

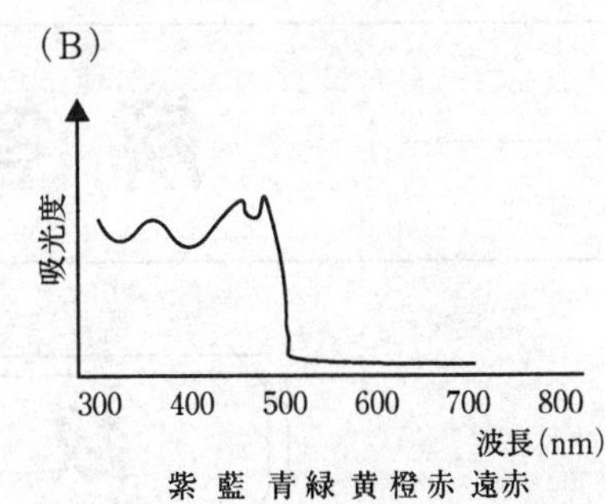

問33　フィトクロムには異なる型があり，細胞内で異なる場所に存在する。(A)の実線と破線は異なる型のスペクトルを示している。それぞれの型は細胞内のどこに存在するか。最も適切なものをａ～ｅのうちからそれぞれ１つずつ選べ。

a）核　　b）細胞質　　c）細胞膜

d）ミトコンドリア　　e）葉緑体

問34　(B)のスペクトルを示す光受容体の名称を記せ。

問35　(B)のスペクトルを示す光受容体の，気孔の開口促進以外の役割として適切なものをａ～ｅのうちから全て選べ。ただし，適切なものがない場合はｆをマークせよ。

a）光合成で光エネルギーを吸収し電子伝達を行う。

b）吸収した光エネルギーをクロロフィルに集める。

c）茎の光を受けた側と影側の間でオーキシン濃度の差を作り，光屈性を促す。

d）茎の伸長成長を抑制する。

e）光の条件に合わせて，葉緑体の細胞内での位置を調節する。

解答編

数学

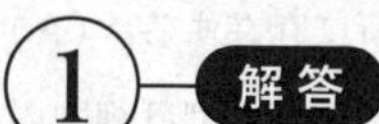

(1)ア．3　イ．-4　ウ．5

(2)エ．14　オ．3　カ．3　キ．-2　ク．-1

(3)ケ．4　コ．9　サ．7　シ．12　ス．25　セ．36

解説

《小問3問》

(1)
$$|z|=|(-3+2\cos\theta)+(4+2\sin\theta)i|$$
$$=\sqrt{(-3+2\cos\theta)^2+(4+2\sin\theta)^2}$$
$$=\sqrt{29+16\sin\theta-12\cos\theta}=\sqrt{29+4(4\sin\theta-3\cos\theta)}$$
$$=\sqrt{29+20\left\{(\sin\theta)\cdot\frac{4}{5}+(\cos\theta)\left(-\frac{3}{5}\right)\right\}}$$
$$=\sqrt{29+20(\sin\theta\cos\alpha+\cos\theta\sin\alpha)}$$
$$=\sqrt{29+20\sin(\theta+\alpha)}$$

角 α は $\cos\alpha=\frac{4}{5}$，$\sin\alpha=-\frac{3}{5}$ である $-\frac{\pi}{2}<\alpha<0$ を満たす角とする。

$|z|$ は $\theta+\alpha=\frac{3}{2}\pi$ のときに最小となる。

$$\sin\theta_1=\sin\left(\frac{3}{2}\pi-\alpha\right)=\sin\frac{3}{2}\pi\cos\alpha-\cos\frac{3}{2}\pi\sin\alpha$$
$$=-1\cdot\frac{4}{5}-0\cdot\left(-\frac{3}{5}\right)=\frac{-4}{5}$$

よって，$|z|$ は $\theta=\theta_1$ のときに最小値 3 をとる。（→ア）

このとき，$\sin\theta_1=\frac{-4}{5}$ である。（→イ・ウ）

(2)
$$\int_{\frac{\pi}{6}}^{\frac{\pi}{2}}\frac{2\sin x}{x^3}dx=\int_{\frac{\pi}{6}}^{\frac{\pi}{2}}\left(-\frac{1}{x^2}\right)'\sin x dx=\left[-\frac{1}{x^2}\sin x\right]_{\frac{\pi}{6}}^{\frac{\pi}{2}}+\int_{\frac{\pi}{6}}^{\frac{\pi}{2}}\frac{1}{x^2}\cos x dx$$
$$=\frac{14}{\pi^2}+\int_{\frac{\pi}{6}}^{\frac{\pi}{2}}\left(-\frac{1}{x}\right)'\cos x dx$$
$$=\frac{14}{\pi^2}+\left[-\frac{1}{x}\cos x\right]_{\frac{\pi}{6}}^{\frac{\pi}{2}}-\int_{\frac{\pi}{6}}^{\frac{\pi}{2}}\frac{1}{x}\sin x dx$$
$$=-\int_{\frac{\pi}{6}}^{\frac{\pi}{2}}\frac{\sin x}{x}dx+14\pi^{-2}+3\sqrt{3}\,\pi^{-1}$$ （→エ～カ）

ただし　$p=-2,\ q=-1$　（→キ・ク）

(3)(i)　Lが点灯するための条件は２本のタイプ α の導線に電流が流れることなので，Lが点灯する確率は

$\frac{2}{3}\times\frac{2}{3}=\frac{4}{9}$　（→ケ・コ）

(ii)　４本の導線をつなぐパターンには次の２つの場合がある。

(ア)　$-\!\!\left[\begin{matrix}\alpha-\alpha\\ \beta-\beta\end{matrix}\right]\!\!-$ のように，α と α，β と β をつなぐ場合

（２本のタイプ α の導線の少なくとも一方に電流が流れない確率）

$=1-$（２本のタイプ α の導線に電流が流れる確率）

$=1-\left(\frac{2}{3}\right)^2=\frac{5}{9}$

（２本のタイプ β の導線の少なくとも一方に電流が流れない確率）

$=1-$（２本のタイプ β の導線に電流が流れる確率）

$=1-\left(\frac{1}{2}\right)^2=\frac{3}{4}$

（A→P→B，A→Q→Bのどちらにも電流が流れない確率）

$=\frac{5}{9}\times\frac{3}{4}=\frac{5}{12}$

よって

（Lが点灯する確率）$=1-\frac{5}{12}=\frac{7}{12}$

(イ)　$-\!\!\left[\begin{matrix}\alpha-\beta\\ \alpha-\beta\end{matrix}\right]\!\!-$ のように，α と β をつなぐ場合（α と β の順序は問わない）

(タイプαとタイプβの導線の少なくとも一方に電流が流れない確率)

$=1-$(タイプαとタイプβの導線の両方に電流が流れる確率)

$=1-\dfrac{2}{3}\times\dfrac{1}{2}=\dfrac{2}{3}$

(A→P→B，A→Q→Bのどちらにも電流が流れない確率)

$=\left(\dfrac{2}{3}\right)^2=\dfrac{4}{9}$

よって

(Lが点灯する確率)$=1-\dfrac{4}{9}=\dfrac{5}{9}$

(ア)，(イ)において　$\dfrac{7}{12}-\dfrac{5}{9}=\dfrac{1}{36}>0$

Lが点灯する確率が最も大きくなるときの確率は

$\dfrac{7}{12}$　(→サ・シ)

(iii)　4本の導線をつなぐパターンには次の2つの場合がある。

(ウ)　α, α (I) と β, β (II) のようにつなぐ場合

Lが点灯するための条件は，Ⅰの少なくとも一方に電流が流れてかつⅡの少なくとも一方に電流が流れることである。

(Ⅰの少なくとも一方に電流が流れる確率)

$=1-$(Ⅰの両方に電流が流れない確率)

$=1-\left(1-\dfrac{2}{3}\right)^2=\dfrac{8}{9}$

(Ⅱの少なくとも一方に電流が流れる確率)

$=1-$(Ⅱの両方に電流が流れない確率)

$=1-\left(1-\dfrac{1}{2}\right)^2=\dfrac{3}{4}$

よって

(Lが点灯する確率)$=\dfrac{8}{9}\times\dfrac{3}{4}=\dfrac{2}{3}$

(エ) $-\!\!\left[\begin{smallmatrix}\alpha\\ \beta\end{smallmatrix}\right]\!\!-\!\!\left[\begin{smallmatrix}\beta\\ \alpha\end{smallmatrix}\right]\!\!-$ のようにつなぐ場合
　　Ⅰ　Ⅱ

Lが点灯するための条件は，Ⅰの少なくとも一方に電流が流れてかつⅡの少なくとも一方に電流が流れることである。

(Ⅰの少なくとも一方に電流が流れる確率)

$=1-$(Ⅰの両方に電流が流れない確率)

$=1-\left(1-\dfrac{2}{3}\right)\left(1-\dfrac{1}{2}\right)=\dfrac{5}{6}$

(Ⅱの少なくとも一方に電流が流れる確率)

$=1-$(Ⅱの両方に電流が流れない確率)

$=\dfrac{5}{6}$

よって

(Lが点灯する確率)$=\dfrac{5}{6}\times\dfrac{5}{6}=\dfrac{25}{36}$

(ウ)，(エ)において　$\dfrac{25}{36}-\dfrac{2}{3}=\dfrac{1}{36}>0$

Lが点灯する確率が最も大きくなるときの確率は

$\dfrac{25}{36}$　(→ス・セ)

2　解答　(1)　すべての自然数 n に対して

「a_n-2 は5で割り切れる」　……①

ことを数学的帰納法で証明する。

(i)　$n=1$ のとき

$a_1-2=0$ で，5で割り切れるので，①は成り立つ。

(ii)　$n=k$ のとき，①が成り立つ，つまり a_k-2 は5で割り切れると仮定する。このとき，$a_k-2=5l$（l は整数）と表せて

$$\begin{aligned}a_{k+1}-2&=(a_k{}^2+a_k+1)-2=(a_k-2)^2+4a_k-4+a_k-1\\&=(a_k-2)^2+5(a_k-1)=(5l)^2+5(5l+1)\\&=5(5l^2+5l+1)=(5\text{の倍数})\end{aligned}$$

よって，$n=k+1$ のときにも①は成り立つ。

(i), (ii)より，すべての自然数 n に対して，a_n-2 は5で割り切れる。

(証明終)

(2)　すべての自然数 n に対して

「$a_n{}^2+1$ は 5^n で割り切れる」　……②

ことを数学的帰納法で証明する。

(i)　$n=1$ のとき

$a_1{}^2+1=2^2+1=5$ で，5^1 で割り切れるので，②は成り立つ。

(ii)　$n=k$ のとき，②が成り立つ，つまり $a_k{}^2+1$ は 5^k で割り切れると仮定する。このとき，$a_k{}^2+1=5^k\cdot m$（m は整数）と表せて

$$
\begin{aligned}
a_{k+1}{}^2+1&=(a_k{}^2+a_k+1)^2+1=(5^km+a_k)^2+1\\
&=5^{2k}m^2+2\cdot5^kma_k+a_k{}^2+1=5^{2k}m^2+2\cdot5^kma_k+5^km\\
&=5^km(5^km+2a_k+1)=5^km\{5^km+2(a_k-2)+5\}\\
&=5^km(5^km+2\cdot5l+5)\\
&\qquad(\because\ (1)\text{より，}a_k-2\text{ は5で割り切れるから})\\
&=5^{k+1}m(5^{k-1}m+2l+1)=(5^{k+1}\text{ の倍数})
\end{aligned}
$$

よって，$n=k+1$ のときにも②は成り立つ。

(i), (ii)より，すべての自然数 n に対して，$a_n{}^2+1$ は 5^n で割り切れる。

(証明終)

解説

《数学的帰納法を用いた証明》

(1)・(2)とも〔解答〕と同じことではあるが，(1)では「a_n は5で割ると2余る数」であること，(2)では「$a_n{}^2$ は 5^n で割ると4余る数」であることを示してもよい。数学的帰納法で証明すればよく，特に詰まるところはないだろう。(2)の終盤では(1)で証明したことを利用することに気づくこと。

3　解答

(1)あ―(c)　**い**―(g)　**う**―(f)　**え**―(b)

(2)ソ.　9

(3)お―(r)　**か**―(t)　**き**―(n)　**く**―(ℓ)

(4)タ.　20　**チ.**　−14

解説

《動点の軌跡で囲まれた領域の面積》

(1)　点O，P_1 の座標をそれぞれ(0, 0)，(1, 0)とおくと，点 P_2 の座標は，

複素数平面における回転移動を考えて

$$1\cdot\left(\cos\frac{3}{4}\pi+i\sin\frac{3}{4}\pi\right)$$

$$=-\frac{\sqrt{2}}{2}+\frac{\sqrt{2}}{2}i$$

となることから，$\left(-\frac{\sqrt{2}}{2},\ \frac{\sqrt{2}}{2}\right)$ となる。

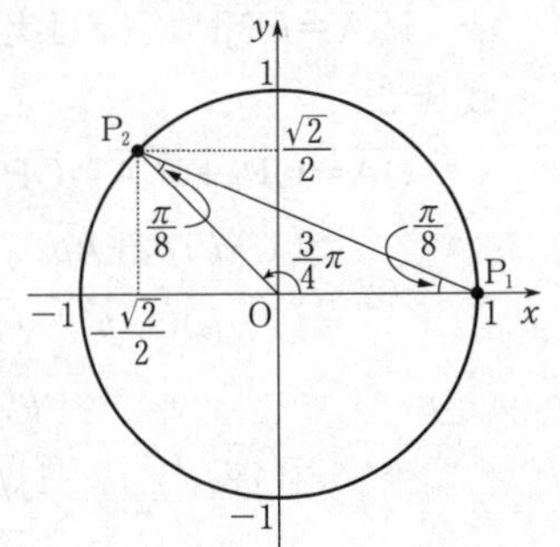

点 P_3 を表す複素数は，偏角が $\frac{3}{2}\pi$ となることから，xy 平面では $(0,\ -1)$ となり y 軸上の点である。

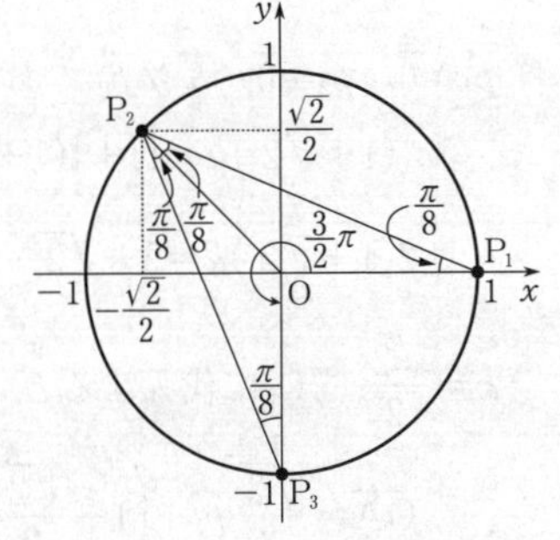

$$\overrightarrow{p_3}=a\overrightarrow{p_1}+b\overrightarrow{p_2}\quad (a,\ b \text{ は実数})$$

とおく。

$$(0,\ -1)=a(1,\ 0)+b\left(-\frac{\sqrt{2}}{2},\ \frac{\sqrt{2}}{2}\right)$$

$$\begin{cases} a-\dfrac{\sqrt{2}}{2}b=0 \\ \dfrac{\sqrt{2}}{2}b=-1 \end{cases} \quad \text{より} \quad \begin{cases} a=-1 \\ b=-\sqrt{2} \end{cases}$$

よって

$$\overrightarrow{p_3}=-\overrightarrow{p_1}-\sqrt{2}\,\overrightarrow{p_2}\quad (\to\text{あ・い})$$

したがって，規則性より

$$\overrightarrow{p_4}=-\overrightarrow{p_2}-\sqrt{2}\,\overrightarrow{p_3}$$

と表せて

$$\overrightarrow{p_4}=-\overrightarrow{p_2}-\sqrt{2}\,(-\overrightarrow{p_1}-\sqrt{2}\,\overrightarrow{p_2})=\sqrt{2}\,\overrightarrow{p_1}+\overrightarrow{p_2}\quad (\to\text{う・え})$$

(2)　$\angle P_iOP_{i+1}=\frac{3}{4}\pi$ $(i=1,\ 2,\ 3,\ \cdots)$ であるから

$$\frac{3}{4}\pi\times m=2n\pi\quad (m,\ n \text{ は自然数})$$

を満たす最小の m とそのときの n の組は

$$(m,\ n)=(8,\ 3)$$

よって，$P_i=P_1$ となる i のうち，$i\geqq 2$ で最小のものは　9　(→ソ)

(3)　点 A は直線 P_3P_4 上の点なので

$\overrightarrow{P_3A}=k\overrightarrow{P_3P_4}$　(k は実数)

と表せて

$$\overrightarrow{OA}=\overrightarrow{OP_3}+\overrightarrow{P_3A}=\overrightarrow{OP_3}+k\overrightarrow{P_3P_4}$$
$$=(1-k)\overrightarrow{p_3}+k\overrightarrow{p_4}$$
$$=(1-k)(-\overrightarrow{p_1}-\sqrt{2}\,\overrightarrow{p_2})+k(\sqrt{2}\,\overrightarrow{p_1}+\overrightarrow{p_2})$$
$$=\{(1+\sqrt{2})k-1\}\overrightarrow{p_1}+\{(1+\sqrt{2})k-\sqrt{2}\}\overrightarrow{p_2} \quad \cdots\cdots①$$

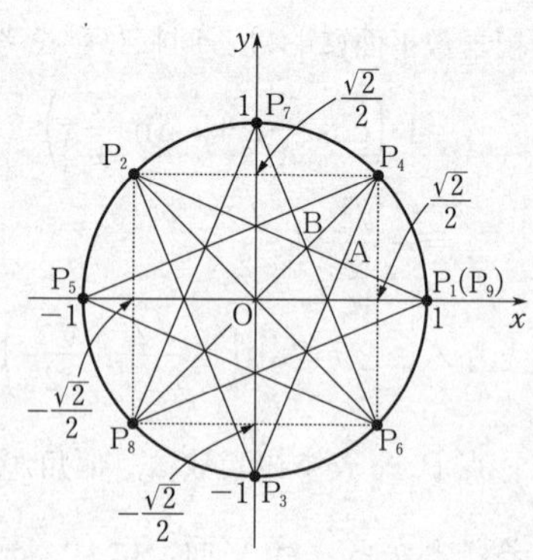

$\overrightarrow{p_1}\neq\vec{0}$, $\overrightarrow{p_2}\neq\vec{0}$, $\overrightarrow{p_1}\not\parallel\overrightarrow{p_2}$ である。点Aは直線 P_1P_2 上の点なので，①より

$$\{(1+\sqrt{2})k-1\}+\{(1+\sqrt{2})k-\sqrt{2}\}=1$$
$$2(1+\sqrt{2})k=2+\sqrt{2} \qquad k=\frac{\sqrt{2}}{2}$$

$k=\dfrac{\sqrt{2}}{2}$ を①に代入すると

$$\overrightarrow{OA}=\frac{\sqrt{2}}{2}\overrightarrow{p_1}+\left(1-\frac{\sqrt{2}}{2}\right)\overrightarrow{p_2} \quad (\to お・か)$$

点Bは線分 P_1P_2 と P_6P_7 の交点であり，OP_4 上の点でもあるから

$$\overrightarrow{OB}=l\overrightarrow{OP_4} \quad (l \text{ は実数}) \quad \cdots\cdots②$$

と表せて

$$\overrightarrow{OB}=l\overrightarrow{p_4}=\sqrt{2}\,l\overrightarrow{p_1}+l\overrightarrow{p_2} \quad \cdots\cdots③$$

$\overrightarrow{p_1}\neq\vec{0}$, $\overrightarrow{p_2}\neq\vec{0}$, $\overrightarrow{p_1}\not\parallel\overrightarrow{p_2}$ である。点Bは直線 P_1P_2 上の点なので，③より

$$\sqrt{2}\,l+l=1 \qquad l=-1+\sqrt{2}$$

$l=\sqrt{2}-1$ を③に代入すると

$$\overrightarrow{OB}=(2-\sqrt{2})\overrightarrow{p_1}+(-1+\sqrt{2})\overrightarrow{p_2} \quad (\to き・く)$$

参考　直線 P_1P_2 の方程式：$y=(1-\sqrt{2})x+(-1+\sqrt{2})$

直線 P_3P_4 の方程式：$y=(1+\sqrt{2})x-1$

この2直線の交点 $\left(\dfrac{1}{2},\ -\dfrac{1}{2}+\dfrac{\sqrt{2}}{2}\right)$ が点Aであるから

$$\overrightarrow{OA}=c\overrightarrow{p_1}+d\overrightarrow{p_2}$$
$$\left(\frac{1}{2},\ -\frac{1}{2}+\frac{\sqrt{2}}{2}\right)=c(1,\ 0)+d\left(-\frac{\sqrt{2}}{2},\ \frac{\sqrt{2}}{2}\right)$$

よって

$$\begin{cases} 2c-\sqrt{2}\,d=1 \\ \sqrt{2}\,d=-1+\sqrt{2} \end{cases} \quad \text{より} \quad \begin{cases} c=\dfrac{\sqrt{2}}{2} \\ d=1-\dfrac{\sqrt{2}}{2} \end{cases}$$

したがって

$$\overrightarrow{\mathrm{OA}}=\frac{\sqrt{2}}{2}\overrightarrow{p_1}+\left(1-\frac{\sqrt{2}}{2}\right)\overrightarrow{p_2}$$

のように成分の計算に持ち込んでもよい。$\overrightarrow{\mathrm{OB}}$ についても同様である。

(4)

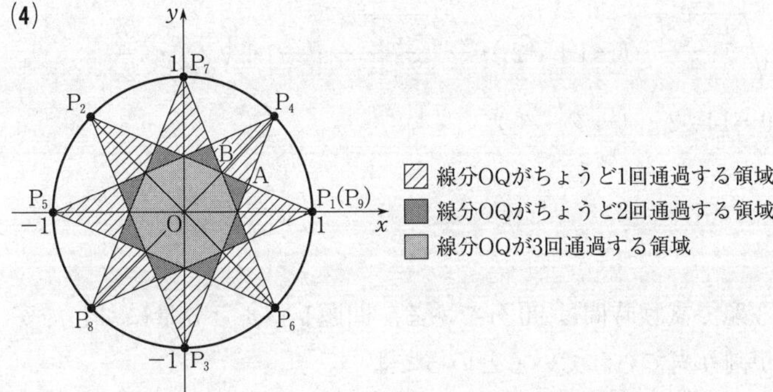

求める面積を S とすると

$$S=\left(\triangle_{\mathrm{OAB}} + \triangle_{\mathrm{OA}} - \triangle_{\mathrm{OB}} \right)\times 8$$

$$=\left(\frac{1}{2}|\overrightarrow{\mathrm{OA}}||\overrightarrow{\mathrm{OB}}|\sin\frac{\pi}{8}\times 2-\frac{1}{2}|\overrightarrow{\mathrm{OB}}|^2\sin\frac{\pi}{4}\right)\times 8$$

$$=8|\overrightarrow{\mathrm{OA}}||\overrightarrow{\mathrm{OB}}|\sin\frac{\pi}{8}-4|\overrightarrow{\mathrm{OB}}|^2\sin\frac{\pi}{4} \quad \cdots\cdots ④$$

$$|\overrightarrow{\mathrm{OA}}|^2=\left|\frac{\sqrt{2}}{2}\overrightarrow{p_1}+\left(1-\frac{\sqrt{2}}{2}\right)\overrightarrow{p_2}\right|^2$$

$$=\frac{1}{2}|\overrightarrow{p_1}|^2+\left(\frac{3}{2}-\sqrt{2}\right)|\overrightarrow{p_2}|^2+2\cdot\frac{\sqrt{2}}{2}\left(1-\frac{\sqrt{2}}{2}\right)\overrightarrow{p_1}\cdot\overrightarrow{p_2}$$

$$=\frac{1}{2}\cdot 1^2+\left(\frac{3}{2}-\sqrt{2}\right)\cdot 1^2+2\cdot\frac{\sqrt{2}}{2}\left(1-\frac{\sqrt{2}}{2}\right)\cdot 1\cdot 1\cdot\cos\frac{3}{4}\pi$$

$$=1-\frac{\sqrt{2}}{2}=\frac{2-\sqrt{2}}{2}$$

$$|\overrightarrow{\mathrm{OA}}|=\sqrt{\frac{2-\sqrt{2}}{2}}\quad\cdots\cdots⑤$$

②に $l=-1+\sqrt{2}$ を代入すると

$$\overrightarrow{\mathrm{OB}}=(-1+\sqrt{2})\overrightarrow{\mathrm{OP}_4}=(-1+\sqrt{2})\overrightarrow{p_4}$$

$$|\overrightarrow{\mathrm{OB}}|=-1+\sqrt{2}\quad\cdots\cdots⑥$$

$$\sin\frac{\pi}{8}=\sqrt{\frac{1-\cos\frac{\pi}{4}}{2}}=\sqrt{\frac{1-\frac{\sqrt{2}}{2}}{2}}=\frac{\sqrt{2-\sqrt{2}}}{2}\quad\cdots\cdots⑦$$

⑤～⑦を④に代入すると

$$S=8\sqrt{\frac{2-\sqrt{2}}{2}}\cdot(-1+\sqrt{2})\cdot\frac{\sqrt{2-\sqrt{2}}}{2}-4(-1+\sqrt{2})^2\cdot\frac{\sqrt{2}}{2}$$

$$=20-14\sqrt{2}\quad(\rightarrow タ・チ)$$

講評

大問が3題で試験時間は90分である。問題レベルと分量に対して妥当な時間が割り当てられているといってよい。

1　独立した小問3問で構成されているマーク式の問題である。(1)複素数の絶対値の最小値。(2)部分積分法の計算。(3)電流が流れて電球が点灯する確率。(1), (2)は易しめの問題で, (3)は勘違いが生じるところを若干含む標準レベルの問題である。

2　整数問題についての数学的帰納法を用いた証明問題である。やや易しめの問題である。

3　動点の軌跡で囲まれた領域の面積を求める問題であり, 複素数平面での原点を中心とする回転移動と xy 平面での考察とをうまく融合するところがポイントである。標準レベルの問題であるが, 3題の中では3が最も難しい。

物　理

1 解答

1－j）　**2**－i）　**3**－j）　**4**－r）　**5**－c）
6－e）　**7**－s）　**8**－v）　**9**－u）　**10**－s）
11－e）　**12.** $\dfrac{2(1-2\mu')}{3}$　**13.** $\dfrac{1-2\mu'}{3}$　**14.** $\dfrac{2(1+\mu')}{3}$　**15.** $\dfrac{17+2\mu'}{3}$

解説

《ひもでつながれた2つのおもりと台の運動》

1～4．ひもの張力をT，おもり1の鉛直方向の加速度の大きさをa，台が床から受けている垂直抗力をNとする。おもり1とおもり2の運動方程式は，それぞれ

$$\begin{cases} ma=mg-T \\ 2ma=T \end{cases}$$

2式を解いて

$$T=\frac{2}{3}\times mg,\ \ a=\frac{1}{3}\times g$$

台が受ける水平方向の力のつりあいより

$$F=T=\frac{2}{3}\times mg$$

鉛直方向の力のつりあいより

$$N=2mg+3mg+T=\frac{17}{3}\times mg$$

5・6．おもりと台が一体となって動きだす加速度を改めてa，ひもの張力をTとする。おもり1が受ける力の鉛直成分はつりあっているので

$$T=mg$$

おもり2の運動方程式は

$$2ma=T$$

台，おもり1とおもり2を一体としたときの運動方程式は

$$6ma=F$$

3式を解いて

$$T=1\times mg,\ \ a=\frac{1}{2}\times g,\ \ F=3\times mg$$

参考　おもり1と台がレールを介して押し合っている力は，おもり1の運動方程式より

$$ma=\frac{1}{2}\times mg$$

7～10. 右図において，水平方向は右向きを，鉛直方向は下向きを正にとる。床に対するおもり2の加速度をα，台の加速度をβ（<0）とする。台に対するおもり2の相対加速度は$\alpha-\beta$であるので，おもり1の鉛直方向の加速度は$\alpha-\beta$である。ひもの張力を改めてT，おもり1と台がレールを介して引き合う力をfとする。

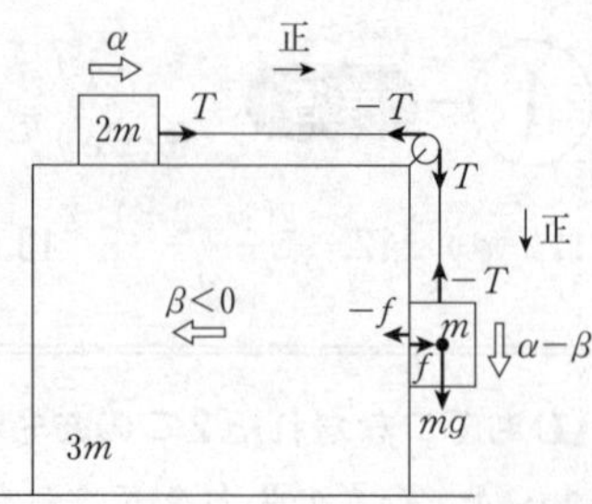

おもり2と台の運動方程式は，それぞれ

$$\begin{cases} 2m\cdot\alpha=T \\ 3m\cdot\beta=-T+f \end{cases}$$

おもり1の運動方程式は，水平方向と鉛直方向について，それぞれ

$$\begin{cases} m\cdot\beta=-f \\ m\cdot(\alpha-\beta)=mg-T \end{cases}$$

4式を解いて

$$f=\frac{1}{7}\times mg,\ \ T=\frac{4}{7}\times mg,\ \ \alpha=\frac{2}{7}\times g,\ \ \beta=-\frac{1}{7}\times g$$

11. おもりも台も静止しているとき，おもり2が受ける張力はmgである。最大摩擦力がmg以上であればよいので

$$mg\leqq\mu\cdot 2mg$$

$$\frac{1}{2}\leqq\mu$$

12～14. おもりの加速度の大きさを改めてa，ひもの張力をTとする。おもり1とおもり2の運動方程式は，それぞれ

$$\begin{cases} ma=mg-T \\ 2ma=T-\mu'\cdot 2mg \end{cases}$$

2式を解いて

$$a=\frac{1-2\mu'}{3}\times g,\ \ T=\frac{2(1+\mu')}{3}\times mg$$

台が受ける水平方向の力のつりあいより

$$F+\mu'\cdot 2mg=T$$

T を消去して

$$F=\frac{2(1-2\mu')}{3}\times mg$$

15. 垂直抗力を改めて N とする。台が受けている鉛直方向の力のつりあいより

$$N=5mg+T$$

T を消去して

$$N=\frac{17+2\mu'}{3}\times mg$$

2 解答

1―h）　**2**―i）　**3**―h）　**4**―b）　**5**―b）
6―w）　**7**―v）　**8**―r）　**9**―y）　**10**―q）
11―q）　**12**―e）　**13**―e）　**14**―a）　**15**―f）　**16**―b）　**17**―l）
18―n）

解説

《磁場中の2本のレール上を移動する2本の金属棒》

1・2. おもりの加速度を a，金属棒ⅠとⅡの回路に流れている電流を I とする。金属棒Ⅰに生じている誘導起電力の大きさ $\frac{2}{3}v_0BL$ より

$$I\left(\frac{R}{2}+\frac{R}{2}\right)=\frac{2}{3}v_0BL$$

$$\therefore \quad I=\frac{2}{3}\cdot\frac{v_0BL}{R}=\frac{2}{3}\times I_0$$

金属棒Ⅱが磁場から右方向に

$$IBL=\frac{2}{3}\times I_0BL=\frac{2}{3}\times mg$$

の力を受けるので，おもりの運動方程式は

$$ma=mg-\frac{2}{3}\times mg \qquad \therefore \quad a=\frac{1}{3}\times g$$

3～5. おもりの一定速度を v，金属棒ⅠとⅡの回路に流れている電流を I' とする。おもりが一定速度なので，おもりの重力の大きさと金属棒Ⅱ

が磁場から受ける力の大きさが等しい。よって

$$mg = I'BL \qquad \therefore \quad I' = \frac{mg}{BL} = 1 \times I_0$$

金属棒IとIIに生じている誘導起電力の大きさと電流の関係は

$$I_0\left(\frac{R}{2} + \frac{R}{2}\right) = \frac{2}{3}v_0BL + vBL$$

$$\therefore \quad v = \frac{I_0R}{BL} - \frac{2}{3}v_0 = v_0 - \frac{2}{3}v_0 = \frac{1}{3} \times v_0$$

金属棒Iを引く手の力は，金属棒Iが磁場から受ける力とつりあうので

$$I_0BL = 1 \times mg$$

6～8． スイッチを閉じた直後の金属棒IとIIを流れる電流を I_1，I_2，おもりの加速度を a' とする。PQ を流れる電流はQ→P向きに $(I_1 - I_2)$ である。

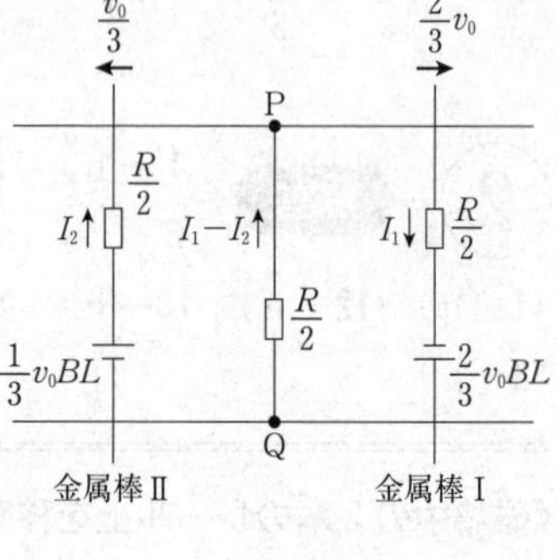

金属棒IとIIの回路についての誘導起電力の大きさと電流の関係は

$$I_1\frac{R}{2} + I_2\frac{R}{2} = \frac{2}{3}v_0BL + \frac{1}{3}v_0BL \qquad \cdots\cdots①$$

金属棒IとPQの回路についての誘導起電力の大きさと電流の関係は

$$I_1\frac{R}{2} + (I_1 - I_2)\frac{R}{2} = \frac{2}{3}v_0BL \qquad \cdots\cdots②$$

①と②より I_2 を消去して I_1 を求めると

$$I_1 = \frac{10}{9} \times \frac{v_0BL}{R} = \frac{10}{9} \times I_0$$

①に I_1 の答えを代入して I_2 を求めると

$$I_2 = \frac{8}{9} \times \frac{v_0BL}{R} = \frac{8}{9} \times I_0$$

金属棒IIが磁場から右方向に

$$I_2BL = \frac{8}{9} \times I_0BL = \frac{8}{9} \times mg$$

の力を受けるので，おもりの運動方程式は

$$ma' = mg - \frac{8}{9} \times mg \qquad \therefore \quad a' = \frac{1}{9} \times g$$

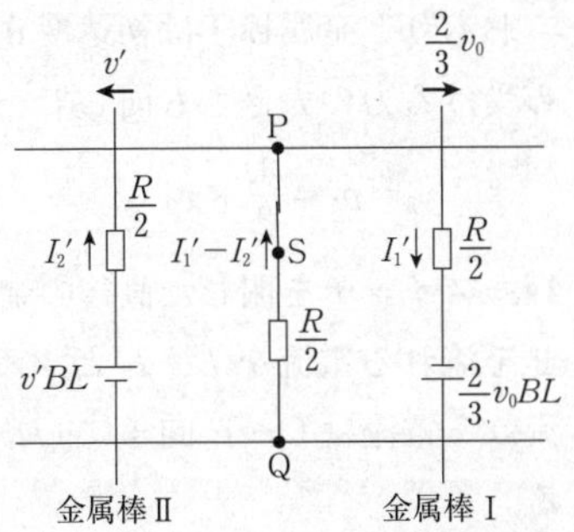

9～11. おもりの一定速度を v'，金属棒ⅠとⅡを流れる電流を I_1'，I_2' とする。おもりが一定速度なので，おもりの重力の大きさと金属棒Ⅱが磁場から受ける力の大きさが等しい。よって

$$mg=I_2'BL$$

$$\therefore\quad I_2'=\frac{mg}{BL}=I_0$$

金属棒ⅠとPQの回路についての誘導起電力の大きさと電流の関係は

$$I_1'\frac{R}{2}+(I_1'-I_2')\frac{R}{2}=\frac{2}{3}v_0BL\quad\cdots\cdots③$$

③に I_2' の答えを代入して I_1' を求めると

$$I_1'=\frac{1}{2}I_0+\frac{2}{3}\times\frac{v_0BL}{R}=\frac{1}{2}I_0+\frac{2}{3}I_0=\frac{7}{6}\times I_0$$

金属棒ⅠとⅡの回路についての誘導起電力の大きさと電流の関係は

$$I_1'\frac{R}{2}+I_2'\frac{R}{2}=\frac{2}{3}v_0BL+v'BL\quad\cdots\cdots④$$

④に I_1' と I_2' の答えを代入して v' を求めると

$$v'=\frac{7}{12}\times\frac{I_0R}{BL}+\frac{1}{2}\times\frac{I_0R}{BL}-\frac{2}{3}v_0=\frac{5}{12}\times v_0$$

金属棒Ⅰを引く手の力は，金属棒Ⅰが磁場から受ける力とつりあうので

$$I_1'BL=\frac{7}{6}I_0BL=\frac{7}{6}\times mg$$

12・13. おもりと金属棒Ⅰの一定速度をそれぞれ v_3，v_4，一定速度のときの金属棒ⅠとⅡに流れている電流を I_3 とする。一定速度なので，おもりの重力の大きさと金属棒Ⅱが磁場から受ける力の大きさが等しい。よって

$$mg=I_3BL\qquad\therefore\quad I_3=\frac{mg}{BL}=I_0$$

(金属棒Ⅰの受ける力のつりあいからも $I_3=I_0$ となる)

金属棒ⅠとⅡの回路についての誘導起電力の大きさと電流の関係は

$$I_0\frac{R}{2}+I_0\frac{R}{2}=v_3BL+v_4BL\quad\cdots\cdots⑤$$

⑤より

$$v_3+v_4=v_0$$

おもりと金属棒Ⅰは初速度0から，同じ一定の力 mg がかかり，磁場から受ける力の大きさも同じで一定速度となるので，$v_3=v_4$ である。

$$\therefore \quad v_3=v_4=\frac{1}{2}\times v_0$$

14. スイッチを閉じた直後の金属棒ⅠとⅡを流れる電流を I_4，I_5 とする。PQ を流れる電流は Q→P 向きに (I_4-I_5) である。

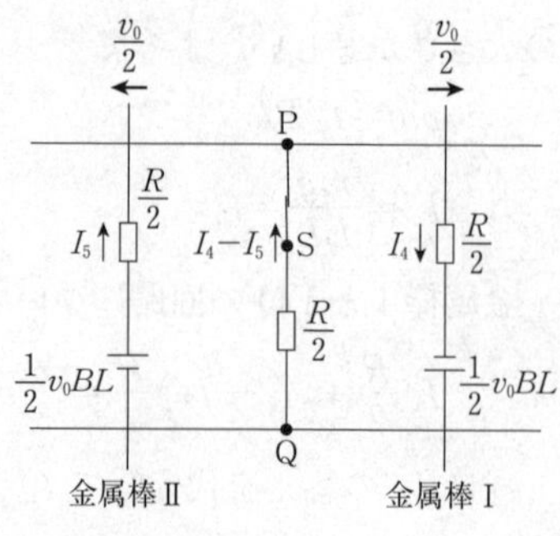

金属棒ⅠとⅡの回路についての誘導起電力の大きさと電流の関係は

$$I_4\frac{R}{2}+I_5\frac{R}{2}=\frac{1}{2}v_0BL+\frac{1}{2}v_0BL \quad \cdots\cdots⑥$$

金属棒ⅠとPQの回路についての誘導起電力の大きさと電流の関係は

$$I_4\frac{R}{2}+(I_4-I_5)\frac{R}{2}=\frac{1}{2}v_0BL \quad \cdots\cdots⑦$$

⑥と⑦より I_5 を消去して I_4 を求めると

$$I_4=\frac{v_0BL}{R} \quad (=I_0)$$

⑥に I_4 の答えを代入して I_5 を求めると

$$I_5=\frac{v_0BL}{R} \quad (=I_0)$$

直後にスイッチSに流れる電流の大きさは

$$I_4-I_5=0\times I_0$$

15・16. 実験開始直後の金属棒ⅠとⅡの加速度をそれぞれ a_1，a_2 とする。実験開始直後のそれぞれの速さは0であるので，誘導起電力は0である。誘導電流も0であり，磁場から力を受けない。金属棒Ⅰとおもりの運動方程式は，それぞれ

$$\begin{cases} ma_1=\dfrac{3}{2}mg \\ ma_2=mg \end{cases}$$

したがって

$$a_1=\frac{3}{2}\times g,\ a_2=1\times g$$

17・18. 十分に長い時間の後の金属棒ⅠとⅡの加速度を a_3，金属棒Ⅰを流れている電流を I_6 とする。金属棒Ⅰとおもりの運動方程式は，それぞれ

$$\begin{cases} ma_3=\dfrac{3}{2}mg-I_6BL \\ ma_3=I_6BL-mg \end{cases}$$

2式を解いて，与式を用いると

$$a_3=\frac{1}{4}\times g,\ I_6=\frac{5mg}{4BL}=\frac{5}{4}\times I_0$$

3 解答

1—c）　**2**—d）　**3**—o）　**4**—b）　**5**—r）
6—e）　**7**—v）　**8**—t）　**9**—e）　**10**—n）
11—y）　**12**—j）　**13**—b）　**14**—e）　**15**—m）　**16**—p）　**17**—b）
18—a）

解説

《3つの部屋に区切られたシリンダー内の気体》

1． 状態1→2の部屋Bの気体の変化は断熱変化であるのでグラフはc）。

2． 状態1→2の過程では，ピストンはなめらかなので部屋Bと部屋Cの気体の圧力はつねに等しい。また，部屋Bの気体の体積の減少分と部屋Cの気体の体積の増加分は等しい。よって，部屋Cの気体のグラフはd）。

3． シリンダーの断面積を A，部屋Bの気体の圧力を p_B とする。ポアソンの法則より

$$p_0(Al)^{\frac{5}{3}}=p_B\left(A\cdot\frac{l}{2\sqrt{2}}\right)^{\frac{5}{3}}$$

$$p_B=4\sqrt{2}\times p_0$$

4． 部屋Bの気体の温度を T_B とする。状態1と状態2の状態方程式は，3の結果を用いて

$$\begin{cases} p_0(Al)=RT_0 \\ 4\sqrt{2}\,p_0\left(A\cdot\dfrac{l}{2\sqrt{2}}\right)=RT_B \end{cases}$$

2式を解いて

$$T_B=2\times T_0$$

5．部屋Cの気体の温度を T_C とする。同様にして

$$4\sqrt{2}\,p_0\cdot A\left(2l-\frac{l}{2\sqrt{2}}\right)=RT_C$$

$$T_C=(8\sqrt{2}-2)\times T_0$$

6．部屋Bの気体の内部エネルギーの増加を $\varDelta U_B$ とすると

$$\varDelta U_B=\frac{3}{2}R(2T_0-T_0)=\frac{3}{2}\times RT_0$$

7．部屋Cの気体の内部エネルギーの増加を $\varDelta U_C$ とすると

$$\varDelta U_C=\frac{3}{2}R\{(8\sqrt{2}-2)T_0-T_0\}=\left(12\sqrt{2}-\frac{9}{2}\right)\times RT_0$$

8．ヒーターが放出した熱量を Q とする。部屋Cの気体のした仕事は部屋Bの気体がされた仕事に等しく，部屋Bの気体の内部エネルギーの増加 $\varDelta U_B$ に等しい。部屋Cの気体に熱力学第一法則を適用すると

$$Q=\varDelta U_C+\varDelta U_B=\left(12\sqrt{2}-\frac{9}{2}\right)RT_0+\frac{3}{2}RT_0$$

$$=(12\sqrt{2}-3)\times RT_0$$

9．状態3の部屋Aと部屋Bの温度を T とする。部屋Aと部屋Bの体積は一定なので，部屋Bの気体から部屋Aの気体に移動した熱量は，部屋Aの気体の内部エネルギーの増加に等しく，部屋Bの気体の内部エネルギーの減少にも等しい。4の結果より

$$\frac{3}{2}R(T-T_0)=\frac{3}{2}R(2T_0-T)$$

$$\therefore\quad T=\frac{3}{2}\times T_0$$

10. 部屋Bの気体の圧力を p_B' とする。状態1と状態3の状態方程式は

$$\begin{cases} p_0(Al)=RT_0 \\ p_B'\left(A\cdot\dfrac{l}{2\sqrt{2}}\right)=R\cdot\dfrac{3}{2}T_0 \end{cases}$$

2式を解いて

$$p_B'=3\sqrt{2}\times p_0$$

11. 状態1→2→3→4の過程で外部に放出された熱量を Q' とする。状態4で部屋Bと部屋Cの気体の温度は外気の温度 T_0 と等しくなり，部屋Bと部屋Cの気体の内部エネルギーは状態1にもどる。状態3→4で

部屋Bの気体のした仕事は部屋Cの気体がされた仕事に等しい。よって，外部に放出された熱量はヒーターが放出した熱量から部屋Aの気体に移動した熱量を引いた熱量である。

部屋Aの気体に移動した熱量は状態2→3での部屋Aの気体の内部エネルギーの増加に等しい。8と9の結果より

$$Q' = Q - \frac{3}{2}R\left(\frac{3}{2}T_0 - T_0\right) = (12\sqrt{2}-3)\times RT_0 - \frac{3}{4}RT_0$$
$$= \left(12\sqrt{2} - \frac{15}{4}\right)\times RT_0$$

12. 部屋Aの温度がT_Aまで上昇したとする。9と同様に部屋Bの気体から部屋Aの気体に移動した熱量は，部屋Aの気体の内部エネルギーの増加となり，部屋Bの気体の内部エネルギーの減少に等しい。2度目の操作2→3の前の部屋Aの気体の温度は$\frac{3}{2}T_0$，部屋Bの気体の温度は$2T_0$なので

$$\frac{3}{2}R\left(T_A - \frac{3}{2}T_0\right) = \frac{3}{2}R(2T_0 - T_A)$$

$$\therefore \quad T_A = \frac{7}{4}\times T_0$$

13. S_2が開いており，ピストンはゆっくり動くので部屋Bの気体は温度T_0の等温変化をする。よって，部屋Bの気体のグラフはb)。

14. 状態1→5の過程では，ピストンはなめらかなので部屋Bと部屋Cの気体の圧力はつねに等しい。また，部屋Bの気体の体積の減少分と部屋Cの気体の体積の増加分は等しい。よって，部屋Cの気体のグラフはe)。

15. 状態5の部屋Bの気体の圧力をp_{B_5}とする。状態1と状態5の状態方程式は

$$\begin{cases} p_0(Al) = RT_0 \\ p_{B_5}\left(A\cdot\dfrac{l}{2\sqrt{2}}\right) = RT_0 \end{cases}$$

2式を解いて

$$p_{B_5} = 2\sqrt{2}\times p_0$$

16. 部屋Cの気体の温度をT_C'とする。状態1と状態5の状態方程式は

2024年度　一般選抜　物理

$$\begin{cases} p_0(Al)=RT_0 \\ 2\sqrt{2}\,p_0\cdot A\left(2l-\dfrac{l}{2\sqrt{2}}\right)=RT_C' \end{cases}$$

2式を解いて

$$T_C'=(4\sqrt{2}-1)\times T_0$$

17. 状態5 →6で部屋Bの気体は断熱膨張するので，温度は T_0 より低くなっている。状態6で S_1 を開けると，部屋Aの気体の温度は T_0 なので熱が部屋Aの気体から部屋Bの気体に移動する。

よって，部屋Aの気体の温度は T_0 より低くなる。

18. 状態1と状態7の部屋Bと部屋Cの気体の内部エネルギーは同じで，部屋Aの気体の内部エネルギーは減少している。

よって，外部に放出された熱量はヒーターが加えた熱量より多い。

講評

例年通り，長文の大問3題の出題である。次々と変わる設定をひとつひとつきっちりとおさえて立式し，計算する力が要求されている。

1　ひもの張力，台に与えている力，おもり1と台が引き合っている力，相対加速度を正しく図示し運動方程式を解き進める。

2　誘導起電力の向きに注意して，問題文の指示通りに式を立て解いていく。Xさんの問題で計算に時間がかかりそうなときは，Yさんの問題に移る方が得策である。与えられた2式をうまく利用する。

3　熱のみを通す熱交換孔の開閉で条件を順次変化させる。状態方程式，内部エネルギーの式，ポアソンの法則を適宜用いて計算を進めるのだが，いろいろな要素を見落とさないようにしたい。断面積を適当に決めておくとよい。

化学

1 解答

問1．ア－g）　**イ**－a）　**問2．ウ**－a）　**オ**－h）
問3． 平衡定数
問4．カ－a）　**キ**－d）　**ク**－e）　**ケ**－g）　**問5．** 2.5×10^{-4}

解説

《N_2O_5 の分解反応速度，反応速度定数，平衡定数，半減期》

問1～問4．ア・イ． 濃度の時間変化曲線における接線の傾きは，反応物では減少するので負に，生成物では増加するので正となる。接線の傾きである変化率の絶対値の比は，反応式の係数比に等しい。

$$2N_2O_5 \longrightarrow 4NO_2+O_2$$

したがって

$$-\frac{d[N_2O_5]}{dt}:\frac{d[NO_2]}{dt}=2:4=1:2$$

$$-2\cdot\frac{d[N_2O_5]}{dt}=\frac{d[NO_2]}{dt}$$

ゆえに

$$v_1=-\frac{1}{2}\cdot\frac{d[N_2O_5]}{dt}=\frac{1}{4}\cdot\frac{d[NO_2]}{dt}$$

同様に

$$-\frac{d[N_2O_5]}{dt}:\frac{d[O_2]}{dt}=2:1$$

$$-\frac{d[N_2O_5]}{dt}=2\cdot\frac{d[O_2]}{dt}$$

ゆえに

$$v_1=-\frac{1}{2}\cdot\frac{d[N_2O_5]}{dt}=\frac{d[O_2]}{dt}$$

カ・キ． 式(3)より，正反応速度 v_3 と逆反応速度 v_{-3} の反応速度式は次のように表される。

$$v_3=k_3[N_2O_5]$$

$$v_{-3}=k_{-3}[NO_2][NO_3]$$

ウ・エ． 平衡状態では，$v_3=v_{-3}$ より

$$k_3[N_2O_5]=k_{-3}[NO_2][NO_3]$$

よって

$$[NO_2][NO_3]=\frac{k_3}{k_{-3}}[N_2O_5] \quad \cdots\cdots(6)$$

また，式(3)の平衡定数 K_c は

$$K_c=\frac{[NO_2][NO_3]}{[N_2O_5]}=\frac{k_3}{k_{-3}}$$

ク． 式(4)の反応速度式は，次のように表される。

$$v_4=k_4[NO_2][NO_3] \quad \cdots\cdots(4)'$$

オ． 式(6)を式(4)′ に代入すると

$$v_4=k_4\times\frac{k_3}{k_{-3}}[N_2O_5]$$

式(4)の反応は反応速度 v_4 がほかの反応速度に比べて非常に小さく，律速段階なので，$v_1\fallingdotseq v_4$ とみなして

$$v_1=k_1[N_2O_5]=k_4\times\frac{k_3}{k_{-3}}[N_2O_5]$$

より

$$k_1=\frac{k_3k_4}{k_{-3}}$$

ケ． 式(5)の反応速度式は

$$v_5=k_5[NO][NO_3]$$

問5． 式(1)の $2N_2O_5 \longrightarrow 4NO_2+O_2$ における反応速度式は次のような一次反応になる。

$$v_1=-\frac{1}{2}\cdot\frac{d[N_2O_5]}{dt}=k_1[N_2O_5]$$

この式を満たす N_2O_5 の濃度の時間変化は次のようになる。

$$[N_2O_5]=[N_2O_5]_0e^{-2k_1t}$$

ゆえに，$[N_2O_5]_0$ に対する $[N_2O_5]$ の割合が半分となる時間を t 秒とすると

$$\frac{[N_2O_5]}{[N_2O_5]_0}=e^{-2k_1t}=\frac{1}{2}=2^{-1}$$

両辺に自然対数をとると

$$\log_e e^{-2k_1t}=\log_e 2^{-1}$$

$$-2k_1t=-\log_e 2=-0.693$$

さらに，半減期 t は 1386 秒より

$$k_1=\frac{0.693}{2\times 1386}=2.5\times 10^{-4}\,[\mathrm{s^{-1}}]$$

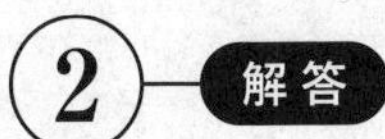

問6．LiC_6　問7．8.9×10^0　問8．5.8×10^{-1}

問9．y．+3　z．+4　問10．1.4×10^{-1}

問11．a．2　b．4　c．4　d．2

解説

《リチウムイオン電池の放電反応と充電反応，$LiCoO_2$ の製法》

問6．放電時における負極は，e^- を放出して酸化される反応である式(1)の電極Aであり，正極は e^- を受け取って還元される反応である式(2)の電極Bである。したがって，黒鉛系炭素の層間に含まれる一部の Li が酸化されて Li^+ となるので，負極活物質は LiC_6 となる。また，$Li_{(1-x)}CoO_2$ の中の一部の酸化数 +4 のコバルトイオンが還元されて +3 になるので，正極活物質は $Li_{(1-x)}CoO_2$ となる。

［電極A］$\underline{Li}C_6 \longrightarrow Li_{(1-x)}C_6+x\underline{Li}^++xe^-$　……(1)

（$\underline{Li}C_6$ の Li：酸化数0，$x\underline{Li}^+$ の Li：酸化数+1）

［電極B］$Li_{(1-x)}\underline{Co}O_2+xLi^++xe^- \longrightarrow Li\underline{Co}O_2$　……(2)

（$Li_{(1-x)}\underline{Co}O_2$ の Co：酸化数 $+(3+x)$，$Li\underline{Co}O_2$ の Co：酸化数+3）

問7．電極Aの LiC_6（式量：78.9）26.3 g を用いて 500 mA の電流で放電させたところ，電極Aに含まれる Li の 50.0% が放出されたので，式(1)で $x=0.50$ として考える。

$$LiC_6 \longrightarrow Li_{0.50}C_6+0.50Li^++0.50e^-$$

（LiC_6：26.3 g $=\frac{1}{3}$ mol，$0.50e^-$：$\frac{1}{6}$ mol）

よって，必要な放電の時間を t 時間とすると，流れた電気量より

$$\frac{1}{6}\times 9.65\times 10^4=0.500\times t\times 3600$$

$\therefore\ t=8.93\fallingdotseq 8.9$ 時間

問8. 電極Aでは，放電により x〔mol〕の e^- を放出させると，1 mol の LiC_6 が 1 mol の $Li_{(1-x)}C_6$ となり，$6.9x$〔g〕減少する。

$$LiC_6 \longrightarrow Li_{(1-x)}C_6 + xLi^+ + xe^-$$

図2より，放電時間が 20 分で考えると 0.050 g 減少しているので，放出された e^- の物質量を n〔mol〕とすると

$$x : 6.9x = n : 0.050$$

$$\therefore \quad n = 7.24\times10^{-3}\text{〔mol〕}$$

よって，電流を I〔A〕とすると，流れた電気量より

$$7.24\times10^{-3}\times9.65\times10^4 = I\times20\times60$$

$$\therefore \quad I = 0.582 \fallingdotseq 0.58\text{〔A〕}$$

問9. ［電極B］$Li\underline{Co}O_2 \longrightarrow Li_{(1-x)}\underline{Co}O_2 + xLi^+ + xe^-$ ……(4)

酸化数＋3　　酸化数 $+(3+x)$

式(4)の反応で，e^- が1つ放出されるたびに $x=1$ として考えると，電極Bに含まれるコバルトイオンの酸化数は +3 から +4 へと変化する。

問10. 電極Bの $LiCoO_2$（式量：97.9）9.79 g は 0.100 mol で，この電極に対して 100 mA の電流で 3.86 時間の充電を行ったので，流れた電気量 Q〔C〕は

$$Q = 0.100\times3.86\times3600 = 1389.6\text{〔C〕}$$

ゆえに，充電の際に放出された e^- の物質量 n〔mol〕は

$$n = \frac{1389.6}{9.65\times10^4} = 0.0144 = 1.44\times10^{-2}\text{〔mol〕}$$

問題文より，式(4)の反応では，e^- が1つ放出されるたびに電極Bに含まれる1つのコバルトイオンの酸化数が +3 から +4 へと変化するので，e^- が 1.44×10^{-2} mol では，0.100 mol の中の 1.44×10^{-2} mol のコバルトイオンが +3 から +4 へと変化する。ゆえに

$$m_y + m_z = 0.100\text{〔mol〕},\quad m_z = 1.44\times10^{-2}\text{〔mol〕}$$

より

$$\frac{m_z}{m_y+m_z} = \frac{1.44\times10^{-2}}{0.100} = 1.44\times10^{-1} \fallingdotseq 1.4\times10^{-1}$$

問11. 未定係数法で求める。

$$aLi_2CO_3 + bCoO + O_2 \longrightarrow cLiCoO_2 + dCO_2$$

Li原子については　$2a=c$　……①

C原子については　$a=d$　……②

Co原子については　$b=c$　……③

O原子については　$3a+b+2=2c+2d$　……④

①〜③を④に代入すると

$3a+2a+2=4a+2a$

$a=2$

ゆえに

$b=4,\ c=4,\ d=2$

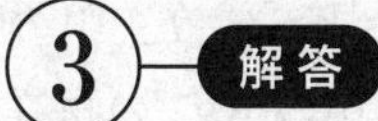

問12. **ア.** ホールピペット　**イ.** ビュレット

問13. $2.39\times10^{+1}$　**問14.** 3.20×10^{-2}

問15. $4.67\times10^{+1}$　**問16.** 1.40×10^{0}

解説

《$BaCl_2$，Na_2SO_4 および $Ba(NO_3)_2$ の混合物の定量分析》

問13. 〈実験Ⅰ〉におけるすべての化合物の電離を示す。

$$\text{混合物X}\begin{cases} BaCl_2 \longrightarrow \underline{Ba^{2+}}+2Cl^- \\ Na_2SO_4 \longrightarrow 2Na^+ + \underline{SO_4{}^{2-}} \\ Ba(NO_3)_2 \longrightarrow \underline{Ba^{2+}}+2NO_3{}^- \end{cases}$$

$$HCl \longrightarrow H^+ + Cl^-$$

混合物Xに希 HCl を 200 mL 加えて溶かすと，$\underline{BaSO_4}$ の白色沈殿が生成した。さらに，$BaCl_2$ 水溶液を加え，すべての $SO_4{}^{2-}$ を反応させて $BaSO_4$ として沈殿させ回収した。

沈殿した $BaSO_4$（式量：233）の質量は 0.699 g で，その物質量は

$$\frac{0.699}{233}=3.00\times10^{-3}\ \text{〔mol〕}$$

したがって，Na_2SO_4 に含まれる $SO_4{}^{2-}$ の物質量も 3.00×10^{-3} mol となり，Na_2SO_4（式量：142）の質量は

$$3.00\times10^{-3}\times142=0.426\ \text{〔g〕}$$

これより，混合物X中の Na_2SO_4 の質量パーセントは

$$\frac{0.426}{1.78}\times100=23.93\fallingdotseq23.9\ \text{〔\%〕}$$

問14. 〈実験Ⅱ〉におけるすべての化合物の電離を示す。

$$\text{混合物X}\begin{cases} BaCl_2 \longrightarrow \underline{Ba^{2+}}+2Cl^- \\ Na_2SO_4 \longrightarrow 2Na^+ + \underline{SO_4{}^{2-}} \\ Ba(NO_3)_2 \longrightarrow \underline{Ba^{2+}}+2NO_3{}^- \end{cases}$$

$$HNO_3 \longrightarrow H^+ + NO_3{}^-$$

混合物Xに希 HNO_3 を 200 mL 加えて溶かすと，〈実験Ⅰ〉と同様に $\underline{BaSO_4}$ の白色沈殿が生成した。さらに，K_2SO_4 水溶液を加え，すべての Ba^{2+} を反応させて $BaSO_4$ として沈殿させ回収した。その後，ろ液に水を加えて，酸性の溶液Aを 250 mL とした。〈実験Ⅲ〉より，50.0 mL の溶液Aに，指示薬として $FeNH_4(SO_4)_2$ 水溶液を加え，ホールピペットを用いて 0.120 mol/L の $AgNO_3$ 水溶液 50.0 mL を加えると，溶液A中の Cl^- はすべて AgCl として沈殿した。加えた $AgNO_3$ の中の Ag^+ の物質量は 6.00×10^{-3} mol である。さらに，ろ液にビュレットを用いて 0.100 mol/L の NH_4SCN 水溶液で滴定すると，残っていた Ag^+ と SCN^- が反応して AgSCN が沈殿した。44.0 mL 加えてすべて沈殿した後，Fe^{3+} と SCN^- が反応して錯イオンを形成して溶液が赤色に変化したので，滴定の終点とした。

$$AgNO_3 + NH_4SCN \longrightarrow AgSCN + NH_4NO_3$$

滴定で加えた NH_4SCN の物質量は 4.40×10^{-3} mol である。したがって，滴定で反応した $AgNO_3$ の物質量も 4.40×10^{-3} mol なので，AgCl として沈殿した Ag^+ の物質量は 1.60×10^{-3} mol となり，溶液Aの 50.0 mL 中の Cl^- の物質量も 1.60×10^{-3} mol となる。ゆえに，溶液Aの $[Cl^-]$ は

$$[Cl^-]=\frac{1.60\times10^{-3}}{0.050}=3.20\times10^{-2}\ \text{〔mol/L〕}$$

問15. 溶液Aの 250 mL 中の Cl^- の物質量は 8.00×10^{-3} mol となるので，混合物X中に含まれる $BaCl_2$（式量：208）の物質量は 4.00×10^{-3} mol となり，質量は

$$4.00\times10^{-3}\times208=0.832\ \text{〔g〕}$$

ゆえに，混合物X中の $BaCl_2$ の質量パーセントは

$$\frac{0.832}{1.78}\times100=46.74\fallingdotseq46.7\ \text{〔\%〕}$$

問16. 混合物X中に含まれる $Ba(NO_3)_2$（式量：261）の質量は 0.522 g となり，物質量は 2.00×10^{-3} mol となる。

〈実験Ⅱ〉の下線部(i)で得られた $BaSO_4$ の物質量は，混合物Xに含まれる 4.00×10^{-3} mol の $BaCl_2$ から生じた Ba^{2+} の物質量の 4.00×10^{-3} mol と，2.00×10^{-3} mol の $Ba(NO_3)_2$ から生じた Ba^{2+} の物質量の 2.00×10^{-3} mol の和の 6.00×10^{-3} mol となる。ゆえに，$BaSO_4$ の質量は

$$6.00\times10^{-3}\times233=1.398\fallingdotseq1.40\ \text{[g]}$$

4 解答

問17. a)・b)・d)・f)　**問18.** a)・c)・d)

問19. a)・d)・f)　**問20.** アセトン

問21.

$$\mathrm{HO-\overset{\overset{\large CH_3}{|}}{C}{}^{*}H-\overset{\overset{\large O}{\|}}{C}-OH}$$

解説

《乳酸イソプロピルの構造決定と反応，元素分析，不斉炭素原子》

問17. フェーリング液を還元しない化合物は $-CHO$ をもたない。

a) $HOOC-C_6H_4-COOH$

b) $CH_3CH_2CH_2-OH$

c) CH_3-CHO

d) $\mathrm{HOOC\diagdown C{=}C \diagup H}$，$\mathrm{H\diagup \quad \diagdown COOH}$（HOOC と H が C=C の対角位置，H と COOH が反対側）

e) $H-CHO$

f) $CH_3CH_2-O-CH_2CH_3$

問18. 化合物Dの組成式を $C_xH_yO_z$ とする。化合物D 5.80 mg を完全燃焼すると，H_2O 5.40 mg，CO_2 13.20 mg が生成した。

$$\text{Cの質量}=13.20\times\frac{12}{44}=3.60\ \text{[mg]}$$

$$\text{Hの質量}=5.40\times\frac{2}{18}=0.60\ \text{[mg]}$$

$$\text{Oの質量}=5.80-(3.60+0.60)=1.60\ \text{[mg]}$$

ゆえに

$$x:y:z=\frac{3.60}{12}:\frac{0.60}{1}:\frac{1.60}{16}=3:6:1$$

となり，化合物Dの組成式はC_3H_6Oとなる。また，化合物Cは$NaHCO_3$水溶液と反応してCO_2を発生させるのでカルボン酸と考えられるため，化合物Bはアルコールと考えられる。したがって，化合物Bを酸化して得られる還元性のない化合物DはケトンのアセトンCH_3COCH_3となり，化合物Bは第二級アルコールの2-プロパノール$CH_3CH(OH)CH_3$となる。

a）適切。$CH_3CH(OH)-$の構造をもつのでヨードホルム反応を示す。

b）不適。ベンゼン環をもたないのでキサントプロテイン反応を示さない。

c）適切。$2Na+2CH_3CH(OH)CH_3 \longrightarrow 2CH_3CH(ONa)CH_3+H_2$がおこり，$H_2$が発生する。

d）適切。$CH_3CH(OH)CH_3 \longrightarrow CH_2=CHCH_3+H_2O$の分子内脱水反応をおこす。

e）不適。不飽和結合をもたないので付加反応をおこさない。

問19.　a)　d)　f)

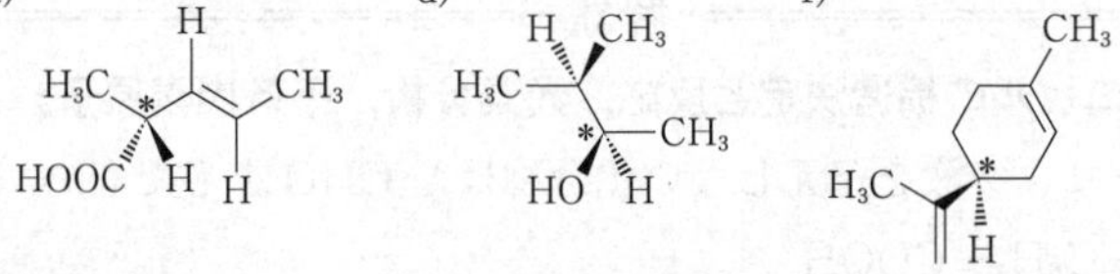

a) H_3C, $HOOC$, H, *, H, CH_3, H

d) H, CH_3, H_3C, *, CH_3, HO, H

f) CH_3, H_3C, *, H

（図中の＊は，不斉炭素原子C^*の位置を示す）

問21.　化合物A＋$H_2O \longrightarrow CH_3CH(OH)CH_3$＋化合物C

化合物Cは不斉炭素原子C^*をもつカルボン酸なので

$$\begin{array}{c} CH_3 \\ | \\ X-C^*H-COOH \end{array}$$

とする。

化合物A（分子量：132）は

$$\begin{array}{ccc} CH_3 & & CH_3 \\ | & & | \\ X-C^*H-CO-O-CH-CH_3 \end{array}$$

となるので，Xは$-OH$とわかり，化合物Cの構造式は，次のようになる。

$$\begin{array}{c} CH_3 \\ | \\ HO-C^*H-COOH \end{array}$$

5　解答

問22. ア－ j ）　イ－ i ）　ウ－ h ）　エ－ c ）

問23. 5.4×10^{-2}

問24. 6C（黒鉛）$+6H_2$（気）$+3O_2$（気）$=C_6H_{12}O_6$（固）+1273 kJ

問25. $1.1\times10^{+1}$　**問26.** **六員環**：②・⑥　**五員環**：②・⑤

問27. i ）

解説

《二糖と単糖，光合成，熱化学方程式，フルクトースの六員環と五員環の構造》

問22. 砂糖の主成分の二糖のスクロース $C_{12}H_{22}O_{11}$ は，単糖のグルコース $C_6H_{12}O_6$ と β-フルクトース $C_6H_{12}O_6$ の五員環が脱水縮合した化合物である。

問23. スクロース $C_{12}H_{22}O_{11}$（分子量：342）68.4 mg の物質量は，2.0×10^{-4} mol である。スクロースの完全燃焼の化学反応式を示す。

$$C_{12}H_{22}O_{11}+12O_2 \longrightarrow 12CO_2+11H_2O$$

係数の関係から，2.0×10^{-4} mol のスクロースの完全燃焼に必要な酸素は標準状態で

$$2.4\times10^{-3}\times22.4=53.7\times10^{-3}\fallingdotseq5.4\times10^{-2}\ \text{[L]}$$

問24. 1 mol の固体の $C_6H_{12}O_6$ から液体の C_2H_5OH と気体の CO_2 が生成するとき，69 kJ の熱量が発生したので，熱化学方程式は式(4)のようになる。

$C_6H_{12}O_6$（固）$=2C_2H_5OH$（液）$+2CO_2$（気）+69 kJ　……(4)

固体のグルコース $C_6H_{12}O_6$ の生成熱を x〔kJ/mol〕とすると，熱化学方程式は式(3)のようになる。

6C（黒鉛）$+6H_2$（気）$+3O_2$（気）$=C_6H_{12}O_6$（固）$+x$ kJ　……(3)

また，問題文より

C (黒鉛) $+O_2$ (気) $=CO_2$ (気) $+394$ kJ ……(1)

2C (黒鉛) $+3H_2$ (気) $+\frac{1}{2}O_2$ (気) $=C_2H_5OH$ (液) $+277$ kJ ……(2)

式(4)の反応熱は，式(1)～(3)の生成熱を用いて，次の関係式より

反応熱＝(生成物の生成熱の総和)－(反応物の生成熱の総和)

$69=(2\times277+2\times394)-x$

$\therefore$ $x=1273$〔kJ〕

問25. 気体の CO_2 と液体の H_2O から，固体の $C_6H_{12}O_6$ 1.00 mol と気体の O_2 が生成する際に吸収する熱量は 2803 kJ より，熱化学方程式で表すと次のようになる。

$6CO_2$ (気) $+6H_2O$ (液) $=C_6H_{12}O_6$ (固) $+6O_2$ (気) -2803 kJ

50.0 W の光を x 秒照射し $C_6H_{12}O_6$ を 1.80 mg 得るとする。50.0 W の光を x 秒照射すると光エネルギーは $50.0x$〔J〕となる。このエネルギーの 5.00% が反応に用いられたので $2.50x$〔J〕となる。$C_6H_{12}O_6$（分子量：180）1.80 mg の物質量は 1.00×10^{-5} mol より，吸収される熱量は 28.03 J。

したがって

$28.03=2.50x$

$\therefore$ $x=11.2\fallingdotseq11$ 秒

問26. フルクトースの平衡状態を示す。

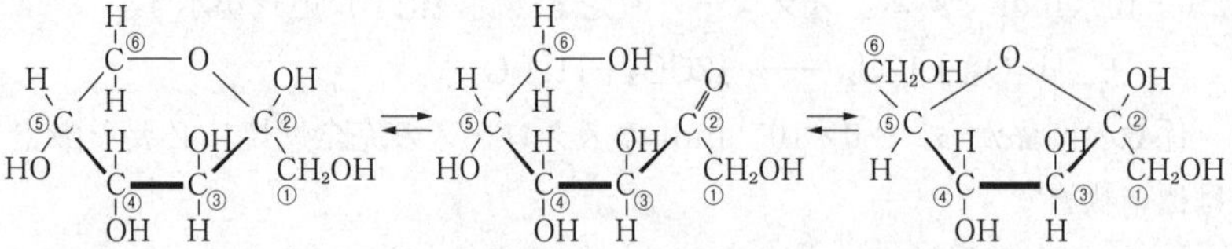

左の六員環構造では，中央の鎖状構造の⑥の C 原子に結合している －OH の H 原子が②の C 原子と二重結合している O 原子に結合して －OH となり，②と⑥で環状構造を形成する。一方，右の五員環構造では，中央の鎖状構造の⑤の C 原子に結合している －OH の H 原子が②の C 原子と二重結合している O 原子に結合して －OH となり，②と⑤で環状構造を形成する。

問27. ヒトの体内で働く一般的な酵素は，体温付近の 40℃で最も酵素活性が大きく反応速度が最大となり，60℃以上では失活して酵素活性を失い

働かなくなるので反応速度は0となる。

講評

1　「N_2O_5 の分解反応速度，反応速度定数，平衡定数，半減期」に関する出題。問2は，N_2O_5 の分解反応は3つの素反応が相次いで起こる多段階反応であることから考察する内容であり，従来の反応速度式を理解していれば解答しやすい。問5は，半減期の意味を正確に捉えて自然対数の計算ができれば問題なく解答できる。

2　「リチウムイオン電池の放電反応と充電反応，$LiCoO_2$ の製法」に関する出題。全体的に，リチウムイオン電池の放電時と充電時の両電極における酸化還元反応を正確に理解できたかがポイントである。その際，未知数 x を含む不定比化合物に対する酸化数の取り扱いに注意して計算する必要がある。

3　「$BaCl_2$，Na_2SO_4 および $Ba(NO_3)_2$ の混合物の定量分析」に関する出題。3つの実験操作の内容と起こっている化学反応の理解ができたかが重要である。実験Ⅰから SO_4^{2-} の物質量，実験ⅡとⅢの滴定から Cl^- の物質量が求められたかがポイントである。

4　「乳酸イソプロピルの構造決定と反応，元素分析，不斉炭素原子」に関する出題。出題条件から化合物Aがエステルであることを素早く見つけることができれば問題はない。不斉炭素原子をもつカルボン酸という限定条件があるので構造式も見つけやすい。

5　「二糖と単糖，光合成，熱化学方程式，フルクトースの六員環と五員環の構造」に関する出題。専門用語や熱化学方程式，光合成に対するエネルギー計算，フルクトースの六員環や五員環の構造などバランスのとれた出題で，教科書の内容を理解していれば標準的である。

生物

1 解答

問1．b)・d)・e)　問2．b)・e)　問3．e)
問4．a)・b)・c)・d)
問5．a)　問6．c)・e)　問7．a)・b)

解説

《小問集合》

問1． a) 誤り。DNA ヘリカーゼは二重らせん構造の形成を促進するのではなく，二重らせんをほぐして一重らせんにする酵素である。

c) 誤り。DNA プライマーゼではなく RNA プライマーゼであり，DNA が複製されるときには最初にこの酵素で複製される DNA 鎖に相補的な一本鎖が作られる。DNA ポリメラーゼは新規に DNA を合成することはできないが，すでにある DNA や RNA の先に DNA を伸ばしていくことができる。

d) 正しい。3' 末端ということは付けたばかりのヌクレオチドであるということ。DNA ポリメラーゼは付けたばかりのヌクレオチドであれば取り外して新たに付け直すことができる。

e) 正しい。ラギング鎖側の末端部はプライマーが外された後で複製されずに残るため，テロメラーゼのはたらきで最後にこの部分が継ぎ足される。

問2． a) 誤り。このリング状の構造は収縮環とよばれるもので，動物の細胞質分裂のときに見られるものである。植物では細胞板によって仕切られる。

b) 正しい。ふつう X 染色体と Y 染色体は減数分裂のときに対合し，乗換えも行われる。

c) 誤り。相同染色体どうしの対合は，中期でなく前期に始まっている。

d) 誤り。植物では紡錘体には中心体が見られない。

e) 正しい。動原体にはモータータンパク質があって，これが紡錘糸（微小管）に付着して動いていく。動原体が移動した後の部分は先端から壊れていく。

問3． a) 誤り。呼吸は同化ではなく異化の例である。

b）誤り。基質レベルのリン酸化は，基質からADPにリン酸が移ってATPができる反応である。

c）誤り。筋肉ではクレアチンにリン酸が付与された形のクレアチンリン酸が蓄えられていて，運動が継続してATPが不足したときに使用される。なお，筋繊維（筋原繊維とは別）は骨格筋の筋細胞のこと。

d）誤り。タンパク質は胃液に含まれるペプシンや，すい液に含まれるトリプシンなどのタンパク質分解酵素によってアミノ酸にまで分解される。酵素タンパク質を主成分とする酵素も同じである。

e）正しい。この反応系は解糖系とよばれ，酸素を必要としない。

問4． a）正しい。このように感染していない細胞まで死んでしまう反応は過敏感反応とよばれ，周囲の細胞への病原体の感染を防いでいる。

b）正しい。感染部位の周辺でできたエチレンが移動し，別の場所での抗菌物質の合成を誘導する。

c）正しい。食害を受けた個体がジャスモン酸に由来する物質を飛散させる。それを受け取った別の個体も防御物質をつくり始める。

d）正しい。細胞内の溶質が増えることで凝固点降下が起き，凍結しにくくなる。

e）誤り。逆に細胞膜でのリン脂質の割合が増えて細胞膜の流動性を高める。

問5． a）正しい。茎頂ではFT-FD複合体（FDは転写因子）がつくられていくつかの遺伝子の発現が誘導される。

b）誤り。ABCの各グループの遺伝子が正常に発現しない限り正常な花は形成されない。

c）誤り。未熟花粉は分裂して大小2つの細胞に分かれ，小さい細胞（雄原細胞）が大きい細胞（花粉管細胞）に取り込まれる。

d）誤り。胚のう母細胞の減数分裂によってできた4つの娘細胞のうち，1つだけが胚のう細胞になる。

e）誤り。2つの精細胞のうち，卵細胞と受精しなかった方が中央細胞と融合する。中央細胞には極核が2つあるため，精細胞の精核と合わせて$3n$になる。受精した中央細胞は胚乳細胞とよばれ，やがて胚乳になっていく。

問6． a）誤り。静止電位という細胞内の方が負になっている電位差が存在する。

b）誤り。抑制性シナプス後電位（IPSP）が起きた場合は，シナプス後細胞では活動電位が発生しにくくなる。活動電位が起きやすくなるか起きにくくなるかということで，興奮方向と抑制方向の伝達が起きる。

c）正しい。ランビエ絞輪の部分で活動電位が発生する。

d）誤り。抑制性シナプス後電位では過分極が起き，活動電位は発生しない。

e）正しい。筋繊維（骨格筋の筋細胞）のような効果器の細胞に起きる電位変化も活動電位ということが多い。ニューロンどうしのシナプスと同様に，ニューロンの末端から効果器の細胞に向けて神経伝達物質が放出されることで発生する。

問7． a）正しい。自由な交配の結果，次世代で遺伝子プール内における各対立遺伝子の頻度が変化する現象を遺伝的浮動という。生じた突然変異が生存に有利かまたは中立的な場合は次世代以降に広まる可能性がある。

c）誤り。遺伝子プールとは，ある集団内にある遺伝子（対立遺伝子を含む）の総体のことをいう。遺伝的浮動の結果，ある対立遺伝子が消滅して遺伝子プールが小さくなることはあるが，突然変異で新しい対立遺伝子が生まれる場合や別の集団から新しい対立遺伝子を持った個体が流入する場合でしか遺伝子プールは大きくならない。

d）誤り。遺伝的浮動は自由な交配による偶然の結果なので，対立遺伝子に生存に有利・不利の差がない場合は遺伝的浮動は起きやすい。

e）誤り。他の集団との間で個体の移入や移出が起こらなくても，集団内の遺伝子頻度が世代間で偶然によって変化することで，遺伝的浮動は起こる。

2 解答

問8． **ア**－d） **イ**－a） **ウ**－c） **エ**－b）

問9． b） **問10．** a）・c）

問11． いろいろな生物のいろいろな組織からDNAを抽出して含まれている塩基の数を調べたところ，どのDNAでもアデニンとチミンは数が同じで，グアニンとシトシンも数が同じであった。

問12． **オ．** 0 **カ．** 1 **キ．** 4

問13． c）

問14．ク． 1　**ケ．** 6　**コ．** W　**サ．** G　**シ．** A

解説

《DNA の構造とはたらき，タンパク質の構造とはたらき》

問8． 以下に，どのような順番で解答を絞り込めるか記載する。

ウ． 植物では細胞壁があるため，炭水化物の比率が大きくなる。

エ． 生体膜で覆われた細胞小器官をもたない原核生物では脂質の比率が少なくなる。

イ． 原核生物では細胞のサイズが小さいため核酸の比率が真核生物に比べて大きくなる。

ア． 原核生物や動物のからだを構成する成分として，水の次に多く含まれるのはタンパク質である。

問9． a）誤り。水素を受け取るのはタンパク質（アポ酵素）ではなく補酵素（NAD または FAD）の方である。

c）誤り。補酵素などの補助因子はアロステリック部位ではなく活性部位（活性中心）に結合している。

d）誤り。タンパク質であるオプシンと比較すると，低分子であるレチナールの方が熱に強いと考えられる。

e）誤り。「RNA ワールド」はあったと考えられているが，その後現在のようにタンパク質が酵素としてはたらくようになったと考えられている。

問10． b）誤り。糖とリン酸が交互に結合し，塩基がはみ出ている構造になっている。

c）正しい。電気泳動はこの性質を利用して＋極の方向に DNA を流している。

d）誤り。G−C 間の結合の方が A−T 間の結合より強い。塩基の間の水素結合の数が G−C 間では 3 つであるのに対し，A−T 間では 2 つであるのが原因である。

e）誤り。RNA ではチミンのかわりにウラシルが使われるが，RNA はらせん構造をとらない。

問11． これはシャルガフの規則（シャルガフの経験則）とよばれている。DNA の中に各塩基がランダムに含まれているわけではないことを示すと同時に，アデニンとチミン，グアニンとシトシンが対を作っていることを示唆するものであった。

問12. タンパク質を作る全てのアミノ酸の分子量は同じであるとして考える。これによってあるタンパク質に比べて分子量が2.5倍のタンパク質があった場合，そのもとになるDNAの長さも2.5倍であるとすることができる。

生物Aのゲノムのうちタンパク質に翻訳される領域は

$420\times10^4\times0.88$（塩基対）

ここから4000のタンパク質ができるので，タンパク質1つ分の領域は

$420\times10^4\times0.88\div4000$（塩基対）

生物Bのタンパク質の平均分子量は生物Aの2.5倍なので，タンパク質1つ分の領域は

$420\times10^4\times0.88\div4000\times2.5$（塩基対）

遺伝子が2万あるので，すべてのタンパク質のもとになる領域は

$420\times10^4\times0.88\div4000\times2.5\times20000$（塩基対）

したがって，求める数値は

$420\times10^4\times0.88\div4000\times2.5\times20000\div(33\times10^8)=0.014=1.4$〔%〕

割合が生物Aと比べて非常に少ないが，これは真核生物ではDNAのうち遺伝子でない領域が大きいほかに，遺伝子の中にアミノ酸を指定しないイントロンが大きな割合で含まれていることによる。

問13. タンパク質はN末端→C末端の方向に合成される。したがって問題の中のアミノ酸に付された数字はポリペプチド鎖の先頭からの順番を示している。

アミノ酸配列の下に記号を当てはめると次のようになる。

MQIFV　KTITG　KFITY　WVEPR　DTMEN　VKAKA
○　△△　　×　△　△　△△○×　　○○　△　○　○

QDEEG　IPDDP　NHEPQ　RTRGG
　○○×　×　×　○×　　××

○が続く部分ではαヘリックス，△が続く部分ではβシートになっていると推測できる。αヘリックスとβシートが両方あると推測できるのでa)，e)，f)は除かれる。b)，c)，d)について，N末端側にβシートが集まり，C末端側にαヘリックスが集まっていると推測できることと，C末端側にはっきりした二次構造がない部分が比較的長く存在して

いると推測できることから，最も適切な選択肢はc）である。

問14. 題意より，２番目の塩基の置換によってUAA，UGA，UAGのどれかができたということになる。UAAとUGAのもとになるコドンはUUAかUCAであるが，アミノ酸LとSはどちらもこのアミノ酸鎖に含まれていない。UAGのもとになるコドンはUUG，UCG，UGGであり，このうちLとSはこのアミノ酸鎖には含まれないがWは１つ含まれている。したがって，N末端側から16番目のWを指定するUGGがUAGに変わったことになる。

3　解答

問15. **ア**―f）　**イ**―a）　**ウ**―c）　**エ**―g）　**オ**―h）

問16. **A**：グルコース，アミノ酸のいずれか。

B：クレアチニン，尿酸，尿素などから１つ。

問17. c）　**問18.** **Dさん**：a　**Eさん**：h

問19. a）・c）　**問20.** b）

問21. 肝細胞のなかに貯蔵されているグリコーゲンを分解する。

解説

《腎臓のはたらき，インスリンのはたらき》

問15. 糸球体からボーマンのうにこし出された液体は原尿である。

問16. **B.** 全く再吸収をされない物質としてよく知られているのはイヌリンだが，イヌリンはほ乳類の体内で合成される物質ではないため，クレアチンの代謝産物であるクレアチニンが挙げられることが多い。

問17. 心臓は，大静脈→右心房→右心室→肺動脈と，肺静脈→左心房→左心室→大動脈で２系統ある。肝臓は肝動脈と肝門脈の２つの入り口があり，肝静脈として出ていくほか，胆汁が含まれる胆管が出ている。腎臓は腎動脈→毛細血管→腎静脈の経路の他に尿が含まれる輸尿管が出ていく。

問18. 同じ食事をとったときのインスリンの濃度がEさん＞Cさん＞Dさんなのに，血糖値の変化が３人ともほぼ同じなのは組織の細胞のインスリンに対する反応がEさんは鈍く，Dさんは強めで，Cさんはその間であることを示している。

数値１は，Eさん＞Cさん＞Dさん，になると推測できる。

数値２は，Eさん＜Cさん＜Dさん，になると推測できる。

よって，Dさんの数値はa，Eさんの数値はhの位置になる。

問19. a）正しい。どちらも細胞外に分泌されるタンパク質なので粗面小胞体上のリボソームで合成される。

b）誤り。トリプシンはすい臓のランゲルハンス島でない部分の細胞で合成される。インスリンはすい臓のランゲルハンス島のB細胞で合成される。

c）正しい。分泌とエキソサイトーシスはほぼ同じ意味だが，ホルモンや消化酵素のときは分泌という表現がよく使われる。

d）誤り。トリプシンはすい液に前駆体の形で放出され十二指腸で完成する。インスリンは血液中に放出される。

問20. インスリンは水溶性のホルモンなので受容体は細胞膜の膜タンパク質である。b）のように，グルコース輸送体は細胞内の小胞の膜にあり，インスリンが受容体に結合すると小胞ごと移動して細胞膜と融合することで細胞膜に移動してグルコースの受動輸送を行う。その結果グルコースの吸収速度が上がる。

問21. タンパク質からのグルコースの合成について記述してもよい。

4 解答

問22. **A**：リンパ節　**B**：骨髄　**C**：胸腺

問23. **選択肢群 1**：b）　**選択肢群 2**：b）

問24. b）　**問25.** b）

問26. **D**－b）　**E**－b）　**F**－d）　**G**－a）

問27. $\frac{3}{8}$

説明：赤血球の表面にある凝集原と血清にある凝集素が反応したときに凝集が起きるので，凝集が起きるのはA型の赤血球＋B型の血清，B型の赤血球＋A型の血清，AB型の赤血球＋A型の血清，AB型の赤血球＋B型の血清で混ぜ合わせた場合である。

したがって，求める確率は

$$\frac{1}{4}\times\frac{1}{4}+\frac{1}{4}\times\frac{1}{4}+\frac{1}{2}\times\frac{1}{4}+\frac{1}{2}\times\frac{1}{4}=\frac{3}{8}$$

解説

《免疫のしくみ，ABO式血液型》

問22. Bは学習上盲点になりやすい。T細胞が成熟するのは胸腺に移動してからだが，もともとB細胞と同じく骨髄で作られる。B細胞は骨髄またはひ臓で成熟する。

問23.【選択肢群 1】

抗原分子はエキソサイトーシスで放出されるのではなくMHCという膜タンパク質に結合して提示される。なお，実際にはb）にある通り抗原分子を樹状細胞内部で分解してできた断片を提示する。この断片に免疫系に認識される抗原決定基（エピトープ）がある。したがって，必ずしも抗原分子が丸ごと提示されるわけではない。

a）はエキソサイトーシス，c）はToll様受容体，d）は免疫グロブリンがそれぞれ誤りである。

【選択肢群 2】

a）誤り。T細胞受容体の可変部の形はT細胞が完成したときに決まっていてその後変化しない。

c）誤り。免疫グロブリンではなくT細胞受容体である。なお免疫グロブリンでも可変部の形はB細胞が完成したときに決まっていてその後変化しない。

d）誤り。免疫グロブリンではなくT細胞受容体である。

問24. B細胞やT細胞では成熟の過程でそれぞれ免疫グロブリン遺伝子とT細胞受容体遺伝子の再編成が行われ，いろいろな受容体の可変部をもった細胞ができてくる。そのうち自己抗原に反応する可変部をもつ細胞がその後の過程で選択され死滅する。a），c），d），e）では細胞そのものが除かれるとは記されていないので，最も適切な選択肢はb）である。

問25. a）誤り。血清はb）のように，血液が凝固して血ぺいができたときの上清である。

c）誤り。血液の赤色のもとは赤血球の中のヘモグロビンである。赤血球は血ぺいのなかに絡めとられているので血清の中にはない。

d）誤り。フィブリンは水に溶けないためすべて沈殿し，血清には含まれない。

問26.

母由来の配偶子＼父由来の配偶子	A	B
A	AA	AB
B	AB	BB

したがって，A型の子供が $\frac{1}{4}$，AB型の子供が $\frac{1}{2}$，B型の子供が $\frac{1}{4}$ の割合で生まれてくる。

問27. A型のヒトの赤血球にはA型の凝集原のみ存在する。

B型のヒトの赤血球にはB型の凝集原のみ存在する。

AB型のヒトの赤血球にはA型の凝集原とB型の凝集原が両方ある。

A型のヒトの血清には抗原Bの凝集素（β）のみ存在する。

B型のヒトの血清には抗原Aの凝集素（α）のみ存在する。

AB型のヒトの血清には抗原Aの凝集素（α）も抗原Bの凝集素（β）も存在しない。

なおO型のヒトの赤血球にはどちらの凝集原もなく，血清には両方の凝集素が存在するが，本問ではO型はいないので関係がない。

したがって，凝集が起きる確率は

A型の赤血球 ＋ B型の血清：$\frac{1}{4}\times\frac{1}{4}=\frac{1}{16}$

B型の赤血球 ＋ A型の血清：$\frac{1}{4}\times\frac{1}{4}=\frac{1}{16}$

AB型の赤血球 ＋ A型の血清：$\frac{1}{2}\times\frac{1}{4}=\frac{1}{8}$

AB型の赤血球 ＋ B型の血清：$\frac{1}{2}\times\frac{1}{4}=\frac{1}{8}$

したがって，求める確率は

$$\frac{1}{16}+\frac{1}{16}+\frac{1}{8}+\frac{1}{8}=\frac{3}{8}$$

なお，輸血の場合は輸血される血液の赤血球が免疫反応を受けることが問題になる。O型のヒトの赤血球には凝集原がないので，O型のヒトの血液は少量であればどの血液型のヒトにも輸血ができるとされている。

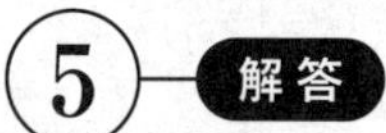

問28. a）・c）・e）

問29. ジベレリン：セルロース繊維を植物の伸長方向に対して垂直に並べる。

エチレン：セルロース繊維を植物の伸長方向に対して平行に並べる。

問30. b）・d）・e）

問31. a）・b）・c）
問32. 動物に食べられやすくなることで，果実の中にある種子が動物のフンに混じって散布されるのを助ける。
問33. **実線の型**：b）　**破線の型**：a）
問34. フォトトロピン　**問35.** c）・e）

解説

《植物ホルモン，光受容体》

問28. b）誤り。ジベレリンは糊粉層でのアミラーゼの合成を誘導する。
c）正しい。上記のように，アミラーゼは糊粉層で作られる。
d）誤り。胚ではなく胚乳のデンプンが分解されて胚の成長に利用される。
e）正しい。アミラーゼはデンプンがグルコースへと分解される反応の触媒となる。

問29. セルロース繊維は丈夫なので並んでいる方向には伸びにくくなる。したがって，ジベレリンは植物体を伸長させるはたらきがあり，エチレンは植物体を肥大させるはたらきがある。

問30. a）誤り。アブシシン酸がはたらくと，カリウムイオンではなくカルシウムイオンが流入する。次に塩化物イオンが流出して膜が脱分極を起こし，それによってカリウムイオンが細胞外に流出する。
b）正しい。カリウムイオンの流出によって細胞内の物質の濃度が低下し，浸透圧が下がる。
c）誤り。細胞内の浸透圧が下がると，浸透圧が相対的に高い外側に水が流出して細胞の体積が減少する。
d）正しい。孔辺細胞の体積が減少すると気孔は閉じるので蒸散が抑えられる。
e）正しい。気孔が閉じると二酸化炭素の取り込みも制限される。

問31. a）・b）正しい。老化した葉でタンパク質が分解されてできたアミノ酸は若い器官で再利用されることもあれば，貯蔵器官で蓄えられることもある。
c）正しい。エチレンは離層の形成を促進するホルモンであり，アブシシン酸によって活性化される。
d）誤り。オーキシンは葉柄にある細胞のエチレンへの感受性を弱める効果があるので，オーキシンのはたらきが強いときにはエチレンの作用すなわち離層の形成が抑えられる。

問32. 甘味が増すと同時に果肉が柔らかくなってより食べやすくなるものも多い。

問33. 赤色光を吸収するPr型（実線）と，遠赤色光を吸収するPfr型（破線）との相互変換は細胞質基質で行われる。Pfr型は核内に入ってPIFという転写因子の分解を促進することでいろいろな遺伝子の発現に関わる。したがって，Pr型は細胞質基質だけにあって，Pfr型は細胞質基質と核にある。題意に従って，実線の型（Pr型）はb），破線の型（Pfr型）はa）となる。

問34. フォトトロピンは青色光を感知すると細胞膜のプロトンポンプを活性化するといわれており，プロトンポンプによる水素イオンの流出，膜電位の増大によるカリウムイオンの流入，それによる細胞の浸透圧の増大を経て，孔辺細胞への水の流入からの気孔の開口をもたらす。

問35. フォトトロピンは細胞膜にあって，そのはたらきは以下のとおりである。

・気孔の開口の促進に関わる。

・オーキシンを排出する膜タンパク質PINの配列を変えることで光屈性に関わる。

・弱光下では葉緑体を光が当たる細胞の表面に並べ，強光下では葉緑体を細胞の側面に並べて光を避けさせ強光による障害を防ぐ。

したがって，正しいのはc）とe）である。

講評

2024年度も，例年通りマーク式と記述式の併用で大問5題の出題である。教科書の細部にいたるまで正確に記憶・理解している必要がある出題も多く，対応するには大量かつ正確な知識が必要になる。また，なかには高い考察力を要求される出題もある。

1　例年通りの小問集合である。内容が細かいうえに，「正しいものを全て選べ」という形式なので，選んだ選択肢が多すぎても少なすぎても減点される可能性があり，点を得ることがかなり難しい。教科書本文の細かな記述から参考・コラムにまたがるような内容からの出題であり，解答形式の面からみても簡単に得点できる問題ではない。教科書をかなり読み込んでいる必要があり，あいまいな知識では太刀打ちできず，わずかな知識量の違いから得点差が大きく開いてしまう非常に厳しい問題である。2024 年度については，すべての問いに判断に悩む選択肢が含まれていて，どの問いも同程度に難しかった。

2　生物体を構成する物質に関する出題である。問 9 は d）の判断が難しい。問 8・問 10・問 11 は問題演習をよく行っていれば接したことがあるはずの内容である。問 12～問 14 も落ち着いて計算，推論をすれば実力がある受験生なら解答に到達できるだろう。問 9 以外で確実な得点を目指したい。

3　腎臓のはたらき，インスリンのはたらきなどに関する出題である。問 20 は難しい。問 18 は題意を読み取りつつ適切に推測していけば対処できるだろう。問 15 は基本的。残りの問題は平易ではないが頻出分野なので対応できてほしい。問 20 以外での確実な得点を目指したい。

4　免疫のしくみと血液型に関する出題である。問 23 は【選択肢群 1】の方でやや悩む。【選択肢群 2】の方は上智大学の受験生なら正解してほしい問題である。問 24 と問 25 は紛らわしい選択肢が配置されているが，問われている内容はこの単元のポイントにあたるところであり，確実に正解したい。問 26 は基本的だがここで間違えると問 27 も間違いになるので注意深く解くこと。問 27 は凝集原と凝集素の反応について学習していれば確実に解答できるので落ち着いて計算しよう。

5　植物ホルモンと植物の光受容体に関する出題である。それぞれの物質が関わる反応や現象について細かな知識が要求されており，全体的にかなり難しい。問 29・問 32・問 34 の 3 問はできてほしい。問 33 は細かい出題で厳しい。残りの出題は正しいものをすべて選ぶ形式であり，教科書の本文と図表の内容が完全に頭に入っていないと完答するのは困難であろう。

例年，1 の小問集合が難しい。そして，2～5 の大問にも 1 と同様な形式の選択問題が多く含まれるので，さらに厳しくなっている。残りの設問はほぼ標準的だが，難しいものが少し含まれている。また，提示された実験結果の分析に時間を取られる出題がある。このような構成は毎年ほぼ同じである。

2024 年度はよく出題される分野からの問題が比較的多かったが，2023 年度のようにそうではない年度もあるので，頻出でない分野の準備も怠らないようにすることが大事である。それは 2023 年度の 2 や 2024 年度の 2 のように分析に手間のかかる出題に対して，落ち着いて取り組めるだけの時間と気持ちの余裕を残しておけることにつながる。なお上智大学では 2023 年度の 3 や 2024 年度の 5 のように，植物の発生や反応に関する大問が頻出である。これも念頭に置き，まず基礎問題（教科書の細部，グラフ，図表の再確認につながる），その後は標準～やや難のレベルの問題を地道にかつ徹底的に反復練習をしておきたい。

////////////////////// · memo · //////////////////////

////////////////////// · memo · //////////////////////

////////////////////// · memo · //////////////////////

////////////////////// · memo · //////////////////////

/////////////////// · memo · //////////////////

/////////////////// · memo · ///////////////////

2023年度

問題と解答

■一般選抜：学部学科試験・共通テスト併用方式

問題編

▶試験科目・配点

試験区分		試験教科・科目	配　点
大学入学共通テスト	外国語	『英語（リーディング，リスニング）』，『ドイツ語』，『フランス語』のうちから１科目選択	80 点
	数　学	『数学Ⅰ・数学A』および『数学Ⅱ・数学B』	60 点（各 30 点）
	理　科	「物理」，「化学」，「生物」のうちから１科目選択	60 点
大学独自試験	数　学	【学部共通試験】 ①数学 ※数学Ⅰ・Ⅱ・Ⅲ・A・B（数列・ベクトル）を範囲とし，応用問題など思考力を問う内容とする	100 点
	理　科	【学部共通試験】 ②物理（物理基礎・物理），化学（化学基礎・化学），生物（生物基礎・生物）のうちから１科目選択	100 点

▶備　考

- 大学入学共通テストの英語の技能別の配点比率は，リーディング 100 点：リスニング 100 点（200 点満点）とする。
- 大学入学共通テストの選択科目を指定科目数以上受験した場合は，高得点の科目を合否判定に利用する。第１解答科目・第２解答科目の区別も行わない。
- 大学入学共通テストの得点は，各学科の配点に応じて換算して利用する。
- 任意で提出した外国語外部検定試験結果は，CEFR レベル（A2 以上）ごとに得点化し，大学入学共通テストの外国語の得点（200 点満点）に上限付きで加点される。

数学

（90 分）

マークによる数値解答欄についての注意

解答欄の各位の該当する数値の欄にマークせよ。その際，はじめの位の数が 0 のときも，必ずマークすること。

符号欄がもうけられている場合には，解答が負数の場合のみ － にマークせよ。（0 または正数の場合は，符号欄にマークしない。）

分数は，既約分数で表し，分母は必ず正とする。また，整数を分数のかたちに表すときは，分母を 1 とする。根号の内は，正の整数であって，2 以上の整数の平方でわりきれないものとする。

解答が所定欄で表すことができない場合，あるいは二つ以上の答が得られる場合には，各位の欄とも Z にマークせよ。（符号欄がもうけられている場合，－ にはマークしない。）

〔解答記入例〕 ア に 7， イ に －26 をマークする場合。

	符号	10 の位											1 の位										
		0	1	2	3	4	5	6	7	8	9	Z	0	1	2	3	4	5	6	7	8	9	Z
ア	○	●	○	○	○	○	○	○	○	○	○	○	○	○	○	○	○	○	○	●	○	○	○
イ	●	○	○	●	○	○	○	○	○	○	○	○	○	○	○	○	○	○	●	○	○	○	○

〔解答表示例〕

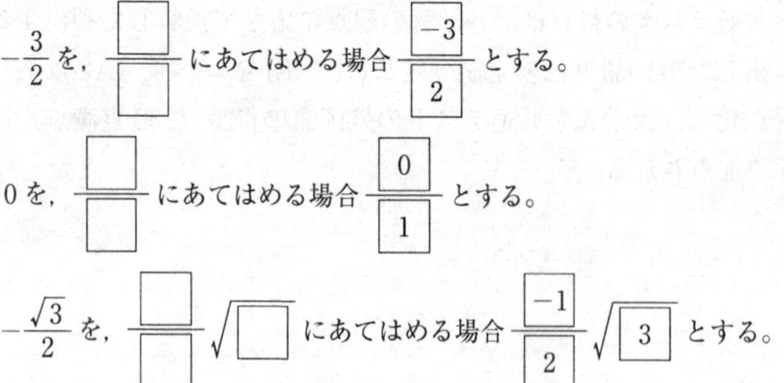

$-\dfrac{3}{2}$ を，$\dfrac{\square}{\square}$ にあてはめる場合 $\dfrac{\boxed{-3}}{\boxed{2}}$ とする。

0 を，$\dfrac{\square}{\square}$ にあてはめる場合 $\dfrac{\boxed{0}}{\boxed{1}}$ とする。

$-\dfrac{\sqrt{3}}{2}$ を，$\dfrac{\square}{\square}\sqrt{\square}$ にあてはめる場合 $\dfrac{\boxed{-1}}{\boxed{2}}\sqrt{\boxed{3}}$ とする。

$-x^2+x$ を, $\boxed{}\,x^2+\boxed{}\,x+\boxed{}$ にあてはめる場合

$\boxed{-1}\,x^2+\boxed{1}\,x+\boxed{0}$ とする。

1 (1) 次の 6 つの複素数が 1 つずつ書かれた 6 枚のカードがある。

$$\frac{1}{2},\ \ 1,\ \ 2,\ \ \cos\frac{\pi}{6}+i\sin\frac{\pi}{6},\ \ \cos\frac{\pi}{3}+i\sin\frac{\pi}{3},\ \ \cos\frac{\pi}{2}+i\sin\frac{\pi}{2}$$

これらから無作為に 3 枚選び, カードに書かれた 3 つの複素数を掛けた値に対応する複素数平面上の点を P とする。

(i) 点 P が虚軸上にある確率は $\dfrac{\boxed{\text{ア}}}{\boxed{\text{イ}}}$ である。

(ii) 点 P の原点からの距離が 1 である確率は $\dfrac{\boxed{\text{ウ}}}{\boxed{\text{エ}}}$ である。

(2) $\{x\,|\,x>0\}$ を定義域とする関数 $f(x)$ の集合 A に対する以下の 3 つの条件を考える。

(P) 関数 $f(x)$ と $g(x)$ が共に A の要素ならば, 関数 $f(x)+g(x)$ も A の要素である

(Q) 関数 $f(x)$ と $g(x)$ が共に A の要素ならば, 関数 $f(x)g(x)$ も A の要素である

(R) α が 0 でない定数で関数 $f(x)$ が A の要素ならば, 関数 $\alpha f(x)$ も A の要素である

A を以下の (i) ~ (iv) の集合とするとき, 条件 (P), (Q), (R) のうち成り立つものをすべて解答欄にマークせよ。ただし, 成り立つものが一つもないときには, 解答欄の z をマークせよ。

(i) $f(1)=0$ を満たす関数 $f(x)$ 全体の集合

(ii) $f(a)=0$ となる正の実数 a が存在する関数 $f(x)$ 全体の集合

(iii) 全ての正の実数 x に対して $f(x) > 0$ が成り立つ関数 $f(x)$ 全体の集合

(iv) 定義域 $\{x \mid x > 0\}$ のどこかで連続でない関数 $f(x)$ 全体の集合

(3) 一辺の長さが 2 である正四面体 OABC において, 辺 OA の中点を M, 辺 BC の中点を N とする。

(i) 線分 MN の長さは [あ] である。

(ii) $0 < s < 1$ とし, 線分 MN を $s : (1-s)$ に内分する点を P とする。P を通り MN に垂直な平面で正四面体 OABC を切った断面は [い] であり, その面積は [う] である。

[あ] の選択肢：

(a) 1　(b) $\sqrt{2}$　(c) $\sqrt{3}$　(d) 2　(e) $\dfrac{1+\sqrt{5}}{2}$　(f) $\dfrac{\sqrt{6}}{2}$

[い] の選択肢：

(a) 正三角形　(b) 正三角形でない二等辺三角形

(c) 二等辺三角形でない三角形　(d) 長方形

(e) 長方形でない平行四辺形　(f) 平行四辺形でない四角形

[う] の選択肢：

(a) s^2　(b) $(1-s)^2$　(c) $s(1-s)$　(d) $s\sqrt{1-s^2}$

(e) $2s^2$　(f) $2(1-s)^2$　(g) $2s(1-s)$　(h) $2s\sqrt{1-s^2}$

(i) $4s^2$　(j) $4(1-s)^2$　(k) $4s(1-s)$　(ℓ) $4s\sqrt{1-s^2}$

2 関数 $f(x)=\sin x\quad\left(0\leqq x\leqq\dfrac{\pi}{2}\right)$ の逆関数を $g(x)$ とする。

(1) 関数 $g(x)$ の定義域は $\boxed{\text{え}}$ である。

$\boxed{\text{え}}$ の選択肢：

(a) $x\geqq 0$　(b) $x\geqq 1$　(c) $x\geqq\dfrac{2}{\pi}$

(d) $0\leqq x\leqq 1$　(e) $-1\leqq x\leqq 1$　(f) $0\leqq x\leqq\dfrac{2}{\pi}$

(g) $0\leqq x\leqq\dfrac{\pi}{2}$　(h) $-\dfrac{\pi}{2}\leqq x\leqq 0$　(i) $-\dfrac{\pi}{2}\leqq x\leqq\dfrac{\pi}{2}$

(2) $y=g(x)$ の $x=\dfrac{4}{5}$ における接線の傾きは $\dfrac{\boxed{\text{オ}}}{\boxed{\text{カ}}}$ である。

(3)

$$\int_0^{\frac{1}{2}} g(x)dx=\frac{\pi}{\boxed{\text{キ}}}+\boxed{\text{ク}}+\frac{\boxed{\text{ケ}}}{\boxed{\text{コ}}}\sqrt{\boxed{\text{サ}}}$$

である。

(4) $y=g(x)$ のグラフと $x=1$ および x 軸で囲まれた図形を x 軸のまわりに 1 回転させてできる立体の体積は

$$\frac{\pi^a}{\boxed{\text{シ}}}+\boxed{\text{ス}}\pi,\qquad \text{ただし } a=\boxed{\text{セ}}$$

である。

3　e を自然対数の底とする。自然数 n に対して，

$$S_n = \int_1^e (\log x)^n dx$$

とする。

(1) S_1 の値を求めよ。

(2) すべての自然数 n に対して，

$$S_n = a_n e + b_n, \quad \text{ただし } a_n, b_n \text{ はいずれも整数}$$

と表せることを証明せよ。

物理

（90 分）

1　図 1 のように，水平な床の上で質量 m と M の小さなおもりを衝突させる。2 つのおもりの衝突は弾性衝突であるとし，右方向（x 軸正方向）の速度を正とする。また，2 つのおもりの質量比を $k=\dfrac{m}{M}$ とする。なお，〔 3（記述式）〕，〔 6（記述式）〕，〔 7（記述式）〕は解答欄に解答のみを記入せよ。

質量 m と M のおもりの衝突直前の速度を図 1 のように v と V，衝突直後の速度を v' と V' とすると，それらの間の関係は次のように表される。

$$v'=-\frac{1-k}{1+k}\times v+\frac{2}{1+k}\times V \quad \cdots ①$$

$$V'=〔\ 1\ 〕\times v+〔\ 2\ 〕\times V \quad \cdots ②$$

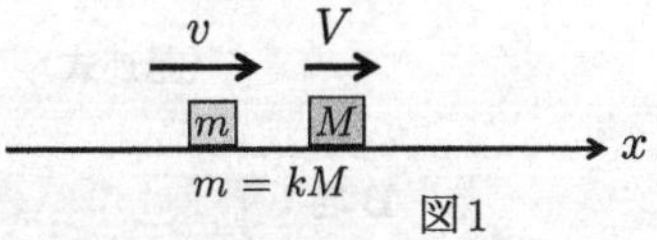

v　V

m　M　x

$m=kM$

図 1

これらのおもりを使い，A 君と B 君がそれぞれ次の実験を行なった。

A 君：

図 2 のように，$x=0$ に鉛直な壁を立てた水平な床の上で，質量 m のおもりが $x=l$ に静止している。A 君は右から質量 M のおもりを速さ V_0 で質量 m のおもりに衝突させ，質量比 $k=\dfrac{m}{M}$ の値を推定した。床はなめらかであり，2 つのおもりの衝突，壁とおもりとの衝突は弾性衝突であるとする。

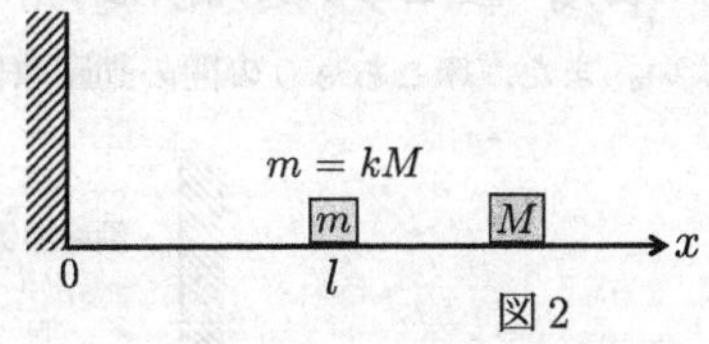

図 2

- 2 つのおもりが最初に衝突した直後，質量 M のおもりの速度は式②の右辺に $v=0, V=-V_0$ を代入したものである。これから，$k<$〔 3（記述式）〕ならば質量 M のおもりは衝突直後に図の左方向に進み，〔 3（記述式）〕$<k$ ならば右方向に進むことがわかる。実験では質量 M のおもりは図の左方向に進んでいたので，A 君は $k<$〔 3（記述式）〕と結論した。

- その後，質量 m のおもりは壁と衝突してはね返り，質量 M のおもりと2回目の衝突を行う。その直後の質量 m と M のおもりの速度はそれぞれ〔 4 〕× V_0,〔 5 〕× V_0 と表せる。これは2回目の衝突後，質量 m のおもりは左方向に進むが，質量 M のおもりは $k<$〔6（記述式）〕ならば左方向に,〔6（記述式）〕$<k<$〔3（記述式）〕ならば右方向に進むことを示している。実験では質量 M のおもりは図の右方向に進んでいたので，A君は〔6（記述式）〕$<k<$〔3（記述式）〕と結論した。
- その後，質量 m のおもりは再び壁と衝突してはね返った。はね返り後の質量 m のおもりは,〔6（記述式）〕$<k<$〔7（記述式）〕ならば質量 M のおもりに追いついて3回目の衝突を行い,〔7（記述式）〕$<k<$〔3（記述式）〕ならば質量 M のおもりには追いつかないことがわかる。実験では3回目の衝突が起こったので，A君は〔6（記述式）〕$<k<$〔7（記述式）〕と結論した。

B君：

B君は，A君の実験装置（図2）の床を摩擦のある床に取り換え（図3），A君と同じように $x=l$ に静止している質量 m のおもりに右から質量 M のおもりを速さ V_0 で衝突させる実験を行なった。すると，その衝突直後にはA君の実験と同様に，質量 m と M のおもりは図の左方向に進んだ。B君は衝突時の速さ V_0 を変化させながらこの実験を繰り返し，2つのおもりの1回目の衝突後の運動を，V_0 が小さいほうから以下の (i)〜(iv) の4通りに分類した。2つのおもりの衝突，壁とおもりとの衝突は摩擦の影響を受けず，弾性衝突であるとしてよい。また，床とおもりの間の動摩擦係数を μ'，重力加速度を g とする。

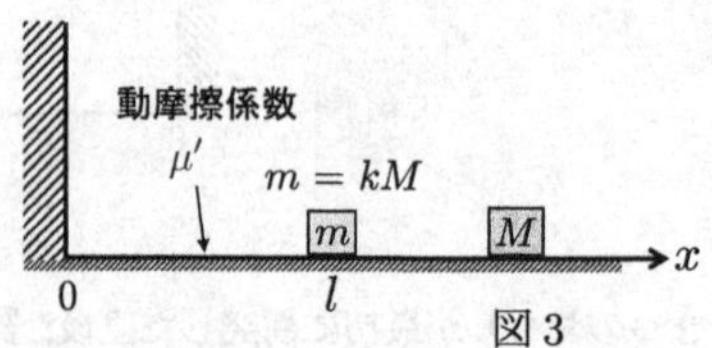

図3

(i) $\dfrac{V_0^2}{\mu' g l}<$〔 8 〕

この場合，まず質量 M のおもりが止まり，次いで質量 m のおもりも壁に到達する前に止まる。

(ii)　〔　8　〕$< \dfrac{V_0^2}{\mu' g l} <$〔　9　〕

この場合，質量 m のおもりは壁に到達してはね返るが，すでに止まっている質量 M のおもりに衝突する前に止まる。

(iii)　〔　9　〕$< \dfrac{V_0^2}{\mu' g l} <$〔　10　〕

この場合，質量 m のおもりは壁に到達してはね返った後，すでに止まっている質量 M のおもりと 2 回目の衝突を行う。このとき，おもりどうしの 1 回目の衝突から 2 回目の衝突までの間に 2 つのおもりが失った運動エネルギーは〔　11　〕$\times \mu' M g l +$〔　12　〕$\times M V_0^2$ である。

(iv)　〔　10　〕$< \dfrac{V_0^2}{\mu' g l}$

この場合，質量 m のおもりが壁に到達してはね返った後，質量 m と M のおもりは共に動いている状態で 2 回目の衝突を行う。

〔　1　〕,〔　2　〕,〔　4　〕,〔　5　〕,〔　8　〕～〔　12　〕の選択肢

a)	k	b)	$2k$	c)	$(1+k)^2$	d)	$\dfrac{(1+k)^2}{2}$
e)	$2(1+k)^2$	f)	$\dfrac{1}{1+k}$	g)	$\dfrac{2}{1+k}$	h)	$\dfrac{k}{1+k}$
i)	$\dfrac{2k}{1+k}$	j)	$\dfrac{1-k}{1+k}$	k)	$\dfrac{-1+k}{1+k}$	l)	$\dfrac{(1+k)^2}{1-k}$
m)	$\dfrac{(1+k)^2}{2(1-k)}$	n)	$\dfrac{2(1+k)^2}{1-k}$	o)	$\dfrac{-4(1-k)}{(1+k)^2}$	p)	$\dfrac{-2(1-k)}{(1+k)^2}$
q)	$\dfrac{(1-k)^2}{(1+k)^2}$	r)	$\dfrac{(1-k)^2}{2(1+k)^2}$	s)	$\dfrac{2(1-k)^2}{(1+k)^2}$	t)	$\dfrac{-1+4k-k^2}{(1+k)^2}$
u)	$\dfrac{-1+6k-k^2}{(1+k)^2}$	v)	$\dfrac{(1-k)^3}{(1+k)^2}$	w)	$\dfrac{(1-k)^3}{2(1+k)^2}$	x)	$\dfrac{2(1-k)^3}{(1+k)^2}$
y)	$\dfrac{2(1+k)^2}{5-2k+k^2}$	z)	$\dfrac{4(1+k)^2}{5-2k+k^2}$				

2　図1のように，同じ形の極板A，Bからなる平行板コンデンサーに電圧 V_0 の電池，スイッチSおよび抵抗を接続した回路がある。極板Bは接地されており，その電位は0である。最初の状態ではスイッチSは開いており，コンデンサーの極板に電荷はなく，極板の間隔は d になっている。以下の実験においては極板間は真空とみなしてよく，電場は極板間にのみ存在し，重力の効果は無視できる。なお，〔2（記述式）〕と〔9（記述式）〕は解答欄に解答のみ記入せよ。

まず，スイッチSを閉じて十分に長い時間が経過した後にSを開いた（状態1）。この状態1においてコンデンサーの極板Aに蓄えられた電荷を Q_0 とする。状態1でコンデンサーに蓄えられている静電エネルギーは〔　1　〕× Q_0V_0 であり，極板Aに働いている力の大きさは〔2（記述式）〕である。

状態1でスイッチSを開いたまま，極板と同じ面積で厚さ $\frac{d}{3}$，比誘電率2の誘電体を，図2のように極板Bから $\frac{d}{6}$ だけ離して横からそっと極板間に差し込んだ（状態2）。この状態2における電場の強さは，極板Aと誘電体の間では〔　3　〕× $\frac{V_0}{d}$，誘電体内部では〔　4　〕× $\frac{V_0}{d}$，誘電体と極板Bの間では〔　5　〕× $\frac{V_0}{d}$ となっている。これから，誘電体の極板B側表面の電位は〔　6　〕× V_0，A側表面の電位は〔　7　〕× V_0 である。また，コンデンサーに蓄えられている静電エネルギーは〔　8　〕× Q_0V_0 であり，極板Aに働いている力の大きさは〔9（記述式）〕である。

この状態2から，X君とY君がそれぞれ以下の実験を行った。

X君：

- 状態2でスイッチSを開いたまま，極板Aを手で支えながらゆっくりと $\frac{d}{2}$ だけ下げて，図3のように誘電体に密着させた。その結果，コンデンサーに蓄えられている静電エネルギーは〔　10　〕× Q_0V_0 になっており，この過程で極板Aを支えていた手になされた仕事は〔　11　〕× Q_0V_0 である。

- 次にスイッチSを閉じて十分に長い時間が経過した。この状態では，コンデンサーの極板Aに蓄えられている電荷は〔　12　〕× Q_0，コンデンサーに蓄えられている静電エネルギーは〔　13　〕× Q_0V_0 となっている。スイッチSを閉じてから電池が放出したエネルギーは〔　14　〕$\times Q_0V_0$であり，そのうち〔　15　〕$\times Q_0V_0$がコンデンサーに蓄えられ，残りは抵抗で熱に変換された。

Y君：

- 状態2でまずスイッチSを閉じて十分に長い時間が経過した。その間に電池が放出したエネルギーは〔　16　〕$\times Q_0V_0$であり，そのうち〔　17　〕$\times Q_0V_0$がコンデンサーに蓄えられ，残りは抵抗で熱に変換された。
- 次にスイッチSを閉じたまま，極板Aを手で支えながらゆっくりと$\frac{d}{2}$だけ下げて，図3のように誘電体に密着させた。この過程で電池が放出したエネルギーは〔　18　〕$\times Q_0V_0$であり，極板Aを支えていた手になされた仕事は〔　19　〕$\times Q_0V_0$である。

X君とY君の実験は，最初の状態（状態2）も最後の状態も同じであるが，途中の状態は異なっている。この2名の実験結果を比較すると，抵抗で熱として消費されるエネルギーは〔　20　〕ということがわかる。

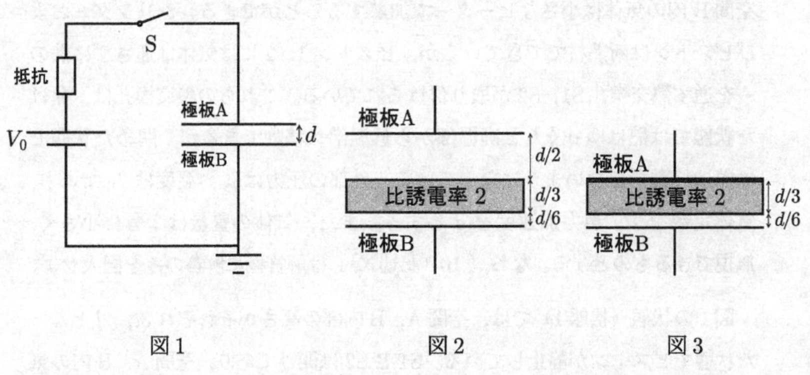

図1　　　図2　　　図3

〔　1　〕，〔　3　〕～〔　8　〕，〔　10　〕～〔　19　〕の選択肢

a)　0　　b)　1　　c)　2　　d)　3　　e)　$\frac{1}{2}$　　f)　$\frac{3}{2}$　　g)　$\frac{5}{2}$

h)　$\frac{1}{3}$　　i)　$\frac{2}{3}$　　j)　$\frac{4}{3}$　　k)　$\frac{5}{3}$　　l)　$\frac{1}{4}$　　m)　$\frac{3}{4}$　　n)　$\frac{1}{5}$

o) $\frac{6}{5}$　p) $\frac{9}{5}$　q) $\frac{12}{5}$　r) $\frac{1}{6}$　s) $\frac{5}{6}$　t) $\frac{1}{10}$　u) $\frac{9}{10}$

v) $\frac{11}{10}$　w) $\frac{1}{12}$　x) $\frac{5}{12}$　y) $\frac{1}{60}$　z) $\frac{11}{60}$

〔 20 〕の選択肢

a) X君の実験での方が少ない

b) Y君の実験での方が少ない

c) X君の実験でもY君の実験でも同じ

3　図1のように，水平な床の上に鉛直に立てられたシリンダーがあり，その内部では，なめらかに動く質量 M の薄いピストン1と2が空間A，Bを仕切っている。空間A，B内には単原子分子理想気体が1モルずつ封入されており，空間B内の気体は小さなヒーターで加熱することができる。シリンダーおよびピストンは断熱材でできているが，ピストン1，2には気体は通さずに熱のみを通す熱交換孔S1，S2が取り付けられている。これらの熱交換孔は，開けた状態では熱はゆっくりと高温部から低温部へ移動できるが，閉めた状態では熱は移動できないようになっている。外部の圧力は p_0，温度は T_0 であり，気体定数を R，重力加速度を g とする。また，気体の質量は十分に小さく，無視できるものとする。なお，〔10（記述式）〕は解答欄に解答のみを記入せよ。

図1の状態（状態1）では，空間A，B内部の高さがそれぞれ $3l$，$2l$ となった状態でピストンが静止している。S1とS2は開けてあり，空間A，B内の気体の温度は共に外気温に等しく T_0 であった。これから $Mgl=\frac{RT_0}{6}$ となっていることがわかる。

次に状態1でピストン1の上に質量 M のおもりをそっと置き，その後十分に長い時間が経過すると図2の状態（状態2）になっていた。その状態2では，空間A，B内の気体の温度は共に T_0，空間A内の気体の圧力は $3p_0$ であった。このとき空間A，B内部の高さは，それぞれ図1の $3l$ と $2l$ から〔 1 〕$\times l$

と〔 2 〕$\times l$ に変化している。

状態2においてS2を閉じた後，ヒーターで気体をゆっくりと加熱し，図3のようにピストン1の床からの高さを状態1と同じ $5l$ まで戻した。図3の状態（状態3）での空間B内の気体の温度は〔 3 〕$\times T_0$ であり，空間B内部の高さは〔 4 〕$\times l$ になっている。状態変化2→3の過程で空間B内の気体が行った仕事は〔 5 〕$\times RT_0$ である。また，この仕事は，この過程でピストンとおもりの位置エネルギーの増加〔 6 〕$\times RT_0$ と外気に対してなされた仕事〔 7 〕$\times RT_0$ の和に等しい。状態変化2→3において空間B内の気体の内部エネルギーの増加は〔 8 〕$\times RT_0$ なので，この過程でヒーターが放出した熱量は〔 9 〕$\times RT_0$ である。

状態3でピストン1のみを固定し，S1を閉じてS2を開けると，図4のようにピストン2がゆっくりと下降を始めた。ここからX君とY君はそれぞれ次のような実験を行なった。

X君： X君はピストン2が状態3から $\frac{l}{2}$ だけ下がったところでピストン2を止めて固定した。その後十分に長い時間が経過した状態では，空間A，B内の気体の温度は共に〔 10（記述式）〕$\times T_0$ であり，その圧力はそれぞれ，〔 11 〕$\times p_0$ と〔 12 〕$\times p_0$ になっていた。

Y君： Y君はピストン2がゆっくりと下がるのをそのまま観察し続けた。すると十分に長い時間が経過した後には，ピストン2は状態3に比べて〔 13 〕$\times l$ だけ下がった位置で静止していた。

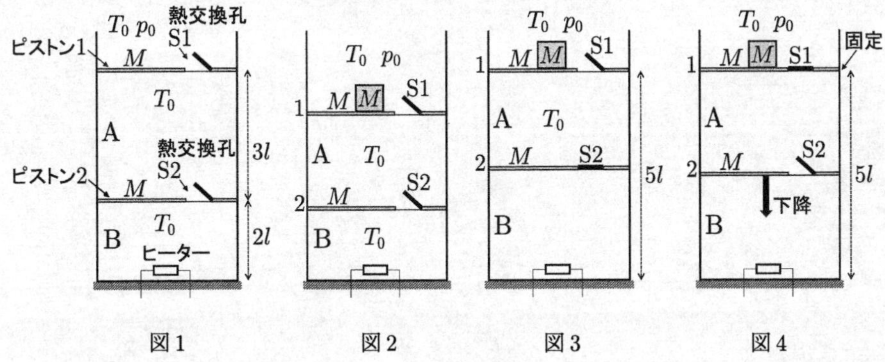

図1　図2　図3　図4

〔 1 〕～〔 9 〕,〔 11 〕,〔 12 〕の選択肢

a) 1　b) 2　c) 3　d) 4　e) $\frac{1}{2}$　f) $\frac{3}{2}$　g) $\frac{5}{2}$

h) $\frac{7}{2}$　i) $\frac{1}{3}$　j) $\frac{2}{3}$　k) $\frac{5}{3}$　l) $\frac{8}{3}$　m) $\frac{11}{3}$　n) $\frac{1}{4}$

o) $\frac{3}{4}$　p) $\frac{5}{4}$　q) $\frac{9}{4}$　r) $\frac{11}{4}$　s) $\frac{1}{5}$　t) $\frac{3}{5}$　u) $\frac{6}{5}$

v) $\frac{9}{5}$　w) $\frac{11}{5}$　x) $\frac{1}{6}$　y) $\frac{5}{6}$　z) $\frac{11}{6}$

〔 13 〕の選択肢

a) 1　b) $-4+\sqrt{26}$　c) $-4+3\sqrt{3}$

d) $-4+2\sqrt{7}$　e) $-4+\sqrt{29}$　f) $-4+\sqrt{30}$

g) $-5+\sqrt{33}$　h) $-5+\sqrt{34}$　i) $-5+\sqrt{35}$

j) $-5+\sqrt{37}$　k) $-5+\sqrt{38}$

化学

（90分）

解答上の注意

(1)　数値による解答は，各問に指示されたように記述せよ。
答えが0（ゼロ）の場合，特に問題文中に指示がないときはa欄をマークせよ。
有効数字2桁で解答する場合，位取りは，次のように小数点の位置を決め，記入例のようにマークせよ。

$0.30 \rightarrow 3.0 \times 10^{-1}$
$1.24 \rightarrow 1.2 \times 10^{0}$
$17.5 \rightarrow 1.8 \times 10^{+1}$

記入例：3.0×10^{-1}

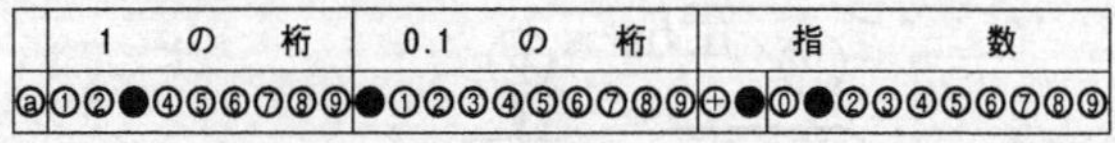

指数が0（ゼロ）の場合は正負の符号にはマークせず，0（ゼロ）のみマークせよ。

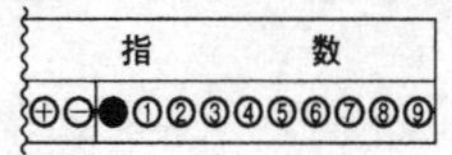

(2)　計算を行う場合，必要ならば次の値を用いよ。

原子量　H：1.00　C：12.0　N：14.0　O：16.0　Na：23.0
Cl：35.5　Ar：40.0　Fe：56.0　Cu：63.5　Ag：108
Pt：195

アボガドロ定数：6.02×10^{23}/mol
0 K（絶対零度）＝ −273 ℃
気体定数：8.31×10^{3} Pa·L/(K·mol)
ファラデー定数：9.65×10^{4} C/mol

(3)　気体は，ことわりのない限り，理想気体の状態方程式に従うものとする。

(4)　0 ℃，1.01×10^{5} Pa における気体1 mol の体積は，22.4 L とする。

(5)　pH は，水素イオン指数である。

(6)　構造式は，下の例にならって示せ。＊印は不斉炭素原子を表す。

例）

```
   H       H    O          CH3
    \     /     ‖           |
     C = C      ‖           |
    /     \ *   ‖           *
 H3C       CH - C - NH - CH - O - CH2 - CH3
           |
        (benzene ring)
           OH
```

1　次の文章を読み，問１～問５に答えよ。

図１のように，仕切板で容積5.00 LのＡ室と容積1.00 LのＢ室に仕切った実験容器がある。この容器を用いて，温度を100 ℃で一定に保ったまま，次の実験Ⅰ～Ⅲを別々に行った。

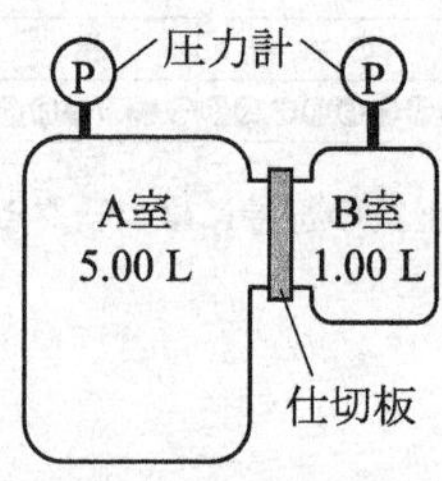

図１　実験容器

実験Ⅰ　容器内の気体をすべて除いてから，Ａ室にエタンC_2H_6を圧力が4.00×10^3 Paとなるように入れ，Ｂ室にアルゴンArを圧力が1.00×10^4 Paとなるように入れた。次に，仕切板を開いて気体が均一に混合するまで静置した。このとき，エタンとアルゴンは反応しなかった。

実験Ⅱ　容器内に適切な触媒を入れてから気体をすべて除き，Ａ室にエチレンC_2H_4を圧力が1.00×10^5 Paとなるように入れ，Ｂ室に水素H_2を圧力が1.00×10^5 Paとなるように入れた。次に，仕切板を開いて気体を混合させると，反応が起きた。反応によってエタンのみが生成し，エチレ

ンと水素 H_2 のいずれかがなくなるまで反応は進行した。

実験Ⅲ　容器内に適切な触媒を入れてから気体をすべて除き，A室にエチレンとアセチレン C_2H_2 の混合ガスを圧力が 8.00×10^3 Pa となるように入れ，B室に水素 H_2 を圧力が 1.00×10^5 Pa となるように入れた。次に，仕切板を開いて気体を混合させると，反応が起きた。反応後の容器内の気体はエタンと水素 H_2 のみであり，圧力は 1.40×10^4 Pa であった。

ただし，容器の容積は一定で，仕切板や加えた触媒の体積は無視でき，容器内の気体の温度は常に容器の温度に等しいものとする。

問１　実験Ⅰにおいて，静置後の容器内の圧力は何 Pa か。有効数字２桁で答えよ。

問２　実験Ⅰにおいて，静置後のアルゴンの分圧は何 Pa か。有効数字２桁で答えよ。

問３　実験Ⅱにおいて，反応が完全に終了したときの容器内の圧力は何 Pa か。有効数字２桁で答えよ。

問４　実験Ⅲにおいて，反応前のエチレン，アセチレン，水素 H_2 の物質量をそれぞれ n_{Et}，n_{Ac}，n_{H_2} とする。反応後の容器内に存在する気体の総物質量 n を，反応前の各物質の物質量を用いて記せ。

問５　実験Ⅲにおいて，A室に入れた混合ガス中のエチレンのモル分率はいくらか。有効数字２桁で答えよ。

2 次の文章を読み，問6～問10に答えよ。

溶質の濃度が極めて低い溶液を希薄溶液という。希薄溶液の性質を利用して不揮発性物質の分子量を求める方法のうち，以下の方法1と2を検討する。

方法1　<沸点を利用する方法>

希薄溶液と純溶媒の沸点の差 ΔT〔K〕は，溶質の種類に関係なく，溶液の［ア］濃度に比例することを利用する。

方法2　<浸透圧を利用する方法>

希薄溶液の浸透圧 Π〔Pa〕は，溶液の［イ］濃度と絶対温度 T〔K〕に比例することを利用する。

希薄溶液に関する次の実験Ⅰ～Ⅲを行った。

実験Ⅰ　ある不揮発性の非電解質 ω〔g〕を溶媒 W〔g〕に溶かし，密度 d〔g/cm^3〕の希薄溶液Xを調製した。別の不揮発性の非電解質0.100 molを溶媒200 gに溶かし，希薄溶液Yを調製した。溶液の調製には，同じ溶媒を用いた。

実験Ⅱ　希薄溶液Xと希薄溶液Yの純溶媒に対する沸点の差 ΔT〔K〕を測定したところ，それぞれ ΔT_X〔K〕と ΔT_Y〔K〕であった。

実験Ⅲ　平均分子量が 1.00×10^4 の高分子2.00 gを溶媒275 gに溶かした溶液を調製した。温度27℃における溶液の密度は，1.00 g/cm^3 であった。

問6　［ア］と［イ］にあてはまる適切な語句を，それぞれ記せ。

問7　実験ⅠとⅡにおいて，希薄溶液Xの溶質の分子量を求める式として，最も適切なものを次のa）～h）から1つ選べ。

a）$\dfrac{10\omega\Delta T_{\mathrm{Y}}}{\Delta T_{\mathrm{X}}}$　b）$\dfrac{10\omega\Delta T_{\mathrm{X}}}{\Delta T_{\mathrm{Y}}}$　c）$\dfrac{50\omega\Delta T_{\mathrm{Y}}}{W\Delta T_{\mathrm{X}}}$

d）$\dfrac{50\omega\Delta T_{\mathrm{X}}}{W\Delta T_{\mathrm{Y}}}$　e）$\dfrac{2000\omega\Delta T_{\mathrm{Y}}}{W\Delta T_{\mathrm{X}}}$　f）$\dfrac{2000\omega\Delta T_{\mathrm{X}}}{W\Delta T_{\mathrm{Y}}}$

g）$\dfrac{2000\omega d\Delta T_{\mathrm{Y}}}{(\omega+W)\Delta T_{\mathrm{X}}}$　h）$\dfrac{2000\omega d\Delta T_{\mathrm{X}}}{(\omega+W)\Delta T_{\mathrm{Y}}}$

問8　実験Ⅲで調製した溶液に方法1を適用したとき，沸点の差 ΔT は何 K か。有効数字2桁で答えよ。ただし，純溶媒の沸点より溶液の沸点が上昇したときは ⊕ を，降下したときは ⊖ をマークせよ。また，この純溶媒のモル沸点上昇 K_{B} は 0.520 K·kg/mol とする。

問9　実験Ⅲで調製した溶液に方法2を適用したとき，27 ℃ における浸透圧 Π は何 Pa か。有効数字2桁で答えよ。

問10　実験室には，測定範囲が 0～199.9 ℃，測定精度が ±0.1 ℃ の精密温度計と，測定範囲が 0～5000 Pa，測定精度が ±1 Pa の精密圧力計があった。問8と9の結果から，分子量が約 10000 の高分子の平均分子量を正確に決定する方法とその理由として最も適切なものを，次の a）～ d）から1つ選べ。

a）精密温度計による沸点の差 ΔT の測定は可能であるが，精密圧力計による浸透圧 Π の測定は不可能なため，方法1が適切である。

b）精密温度計による沸点の差 ΔT の測定は不可能であるが，精密圧力計による浸透圧 Π の測定は可能なため，方法2が適切である。

c）精密温度計による沸点の差 ΔT の測定と，精密圧力計による浸透圧 Π の測定のどちらも可能なため，方法1と2のいずれも適切である。

d）精密温度計による沸点の差 ΔT の測定と，精密圧力計による浸透圧 Π の測定のどちらも不可能なため，方法1と2のいずれも不適切である。

3　次の文章を読み，問11～問15に答えよ。

窒素N_2は安定な分子であり，実験室では(i)窒素N_2は亜硝酸アンモニウムNH_4NO_2水溶液の加熱により得られる。窒素N_2を水素H_2と触媒存在下で反応させると，窒素を含む化合物の原料となるアンモニアNH_3が合成できる。(ii)白金Ptを触媒として，アンモニアと酸素O_2を反応させると，二酸化窒素NO_2が生成する。アンモニアから二酸化窒素が生成する反応の温度25℃における熱化学方程式は，式(1)および(2)で表される。

$$4NH_3(気) + 5O_2(気) = 4NO(気) + 6H_2O(液) + 1172\,kJ \quad (1)$$

$$2NO(気) + O_2(気) = 2NO_2(気) + 114\,kJ \quad (2)$$

さらに，二酸化窒素を水H_2Oと反応させると硝酸が得られる。(iii)硝酸は，酸化還元反応において酸化剤として働く。硝酸は，濃度や反応する物質の種類などにより，二酸化窒素や(iv)一酸化窒素NOに変化する。

問11　下線部(i)の亜硝酸アンモニウムから窒素N_2が生成する反応において，アンモニウムイオンの窒素原子の酸化数の変化を0～10の整数で示せ。ただし，酸化数が増加したときは⊕を，減少したときは⊖をマークせよ。

問12　5.00×10^{-1} mol/Lアンモニア水溶液のpHはいくらか。小数第一位まで求めよ。ただし，この溶液の塩基の電離定数K_bは1.80×10^{-5} mol/L，水のイオン積K_wは1.00×10^{-14} $(mol/L)^2$とする。また，$\log_{10} 2 = 0.301$，$\log_{10} 3 = 0.477$とする。

問13　下線部(ii)において，25℃でアンモニア1 molから二酸化窒素が生成する反応で発生する熱量は何kJか。3桁の整数で答えよ。ただし，答えが3桁以外の場合は，ｚ欄をマークせよ。

問14　下線部(iii)において，銀 Ag は硝酸と反応し，二酸化窒素を発生しながら溶解する。銀 5.40 g の溶解に必要な質量パーセント濃度 63 % 硝酸水溶液は，少なくとも何 mL か。有効数字 2 桁で答えよ。ただし，この硝酸水溶液の密度は，1.35 g/cm^3 とする。

問15　下線部(iv)において，銅 Cu と硝酸が反応し，一酸化窒素が発生する反応式を次の例にならって記せ。

例）　$Cu + 2H_2SO_4 \longrightarrow CuSO_4 + 2H_2O + SO_2$

4　次の文章を読み，問 16～問 20 に答えよ。

固体の水酸化ナトリウム NaOH は，空気中の水分を吸収して溶解する。この現象を潮解という。また，水酸化ナトリウムは空気中の二酸化炭素 CO_2 を吸収し，徐々に炭酸ナトリウム Na_2CO_3 に変化する。

空気中に放置されていた水酸化ナトリウムが，水酸化ナトリウム，炭酸ナトリウムおよび水 H_2O のみからなる混合物 X となった。この混合物 X について，次の実験Ⅰ～Ⅲを行った。

実験Ⅰ　混合物 X 1.18 g をはかりとり，水に溶かして全量を正確に 200.0 mL とした。これを溶液 A とする。

実験Ⅱ　溶液 A 20.00 mL を，フェノールフタレイン(変色域：pH 8.0～9.8)を指示薬として 1.000×10^{-1} mol/L 塩酸で滴定したところ，終点までに必要とした体積は 21.00 mL であった。

実験Ⅲ　実験Ⅱとは別に，溶液 A 20.00 mL を，メチルオレンジ(変色域：pH 3.1～4.4)を指示薬として 1.000×10^{-1} mol/L 塩酸で滴定したところ，終点までに必要とした体積は 24.00 mL であった。

ただし，実験Ⅰ～Ⅲにおいては，空気中の二酸化炭素の影響は無視できるものとする。

問16　水酸化ナトリウムに関する正しい記述を，次のa）～f）からすべて選べ。該当する選択肢がない場合は，z欄をマークせよ。

a）工業的にはアンモニアソーダ法(ソルベー法)でつくられる。

b）塩化ナトリウム NaCl 水溶液の電気分解で得られる。

c）潮解性とともに風解性を示す。

d）発熱しながら水に溶ける。

e）皮膚や粘膜を激しく侵す。

f）塩基性酸化物である。

問17　実験Ⅱにおいて，終点までに生じる2つの中和反応を，次の例にならって化学反応式で記せ。

例）　$(COOH)_2 + Ca(OH)_2 \longrightarrow (COO)_2Ca + 2H_2O$

問18　溶液Aに含まれる炭酸ナトリウムの濃度は何 mol/L か。有効数字2桁で答えよ。

問19　混合物Xに含まれるすべての炭酸ナトリウムが，水酸化ナトリウムから変化したものとする。炭酸ナトリウムに変化した水酸化ナトリウムの物質量は，もともと存在した水酸化ナトリウムの物質量の何％か。有効数字2桁で答えよ。

問20　混合物Xに含まれる水の質量は，混合物Xの質量の何％か。有効数字2桁で答えよ。

5 次の文章を読み，問21～問25に答えよ。

油脂は，グリセリン(分子量92.0) 1分子と高級脂肪酸3分子からなるエステルである。エステルに水酸化ナトリウムNaOH水溶液を加えて加熱すると，カルボン酸の塩とアルコールが生成する。この反応をけん化という。油脂をけん化すると，高級脂肪酸のナトリウム塩(セッケン)とグリセリンが生じる。

油脂に関する次の実験IとIIを行った。

実験I　油脂の混合物Xを水酸化ナトリウム水溶液で完全にけん化したところ，パルミチン酸，リノール酸，オレイン酸，ステアリン酸のそれぞれのナトリウム塩を1：3：5：1の物質量比で含むセッケン129gとグリセリンが得られた。

実験II　油脂Yは，グリセリンの3つのヒドロキシ基すべてにリノール酸が結合した化合物であった。油脂Yの一部分を水酸化ナトリウム水溶液で加水分解すると，不斉炭素原子を1つもつ化合物Zと，リノール酸のナトリウム塩が得られた。化合物Z 177mgを完全燃焼させたところ，二酸化炭素CO_2 462mgと水H_2O 171mgがそれぞれ生成した。

上記の高級脂肪酸の化学式と分子量を，表1に示す。

表1　高級脂肪酸の化学式と分子量

名称	化学式	分子量
パルミチン酸	$C_{15}H_{31}COOH$	256
リノール酸	$C_{17}H_{31}COOH$	280
オレイン酸	$C_{17}H_{33}COOH$	282
ステアリン酸	$C_{17}H_{35}COOH$	284

問21　混合物Xの平均分子量はいくらか。有効数字3桁で答えよ。

問22　実験Ⅰにおいて，使用した混合物Xは少なくとも何gか。有効数字3桁で答えよ。

問23　混合物Xを構成する高級脂肪酸の炭素－炭素二重結合に水素を完全に付加したとき，得られる可能性のある油脂は全部で何種類か。1～10の整数で答えよ。11以上の場合は，z欄をマークせよ。ただし，鏡像異性体(光学異性体)は考慮しなくてよい。

問24　化合物Zの構造式を示せ。ただし，不斉炭素原子には＊印を付け，リノール酸の炭化水素基は$C_{17}H_{31}$－と表記すればよい。

問25　高級脂肪酸とその塩に関する正しい記述を，次のa)～e)からすべて選べ。該当する選択肢がない場合は，z欄をマークせよ。

a）セッケンの水溶液は，弱酸性を示す。

b）パルミチン酸，リノール酸，オレイン酸の順に，融点が低い。

c）セッケンは，硬水中で難溶性の塩をつくるため，泡立ちが悪い。

d）セッケンの水溶液に脂肪油を加えて振り混ぜると，乳濁液となる。

e）ステアリン酸のナトリウム塩は，いかなる濃度の水溶液中においてもミセルを形成しない。

6 次の文章を読み，問26～問30に答えよ。

互いに構造異性体である芳香族化合物A，B，C，Dは，炭素，水素，酸素の3つの元素からなり，酸素原子を2つもつ。これらはいずれもベンゼンの2つの水素が別の基で置換された化合物であり，置換基の相互の位置関係はp-(パラ)位である。

化合物A 204 mgを完全燃焼させたところ，二酸化炭素CO_2 528 mg，水H_2O 108 mgがそれぞれ生成した。化合物A，B，Cに塩化鉄(Ⅲ)$FeCl_3$水溶液を加えたところ，化合物AとBは呈色し，化合物Cは呈色しなかった。化合物Aは，(i)ヨードホルム反応を示し，化合物BとCはアルデヒドであった。

化合物Cは酸化により，ジカルボン酸Eを生成した。ジカルボン酸Eとエチレングリコールとの縮合重合により，ポリエチレンテレフタラート(PET)が得られた。

エステルである化合物Dは，いずれも弱酸性である化合物FとGの脱水縮合により得られることがわかった。化合物Fに塩化鉄(Ⅲ)水溶液を加えたところ，呈色した。化合物Gは(ii)銀鏡反応を示した。

問26 化合物Aの分子式$C_aH_bO_c$のa, b, cを，それぞれ1～9の整数で答えよ。10以上の場合は，z欄をマークせよ。

問27 下線部(i)と同様の反応性を示す化合物を，次のa)～e)から**すべて**選べ。該当する選択肢がない場合は，z欄をマークせよ。

a) アセトン　b) エタノール　c) メタノール

d) アセトアルデヒド　e) 酢酸

問28 下線部(ii)と同様の反応性を示す化合物を，次のa)～e)から**すべて**選べ。該当する選択肢がない場合は，z欄をマークせよ。

a) ジエチルエーテル　b) 乳酸　c) ホルムアルデヒド

d) エチルメチルケトン　e) 1-ブタノール

問29　化合物A，B，Dの構造式をそれぞれ示せ。

問30　末端にヒドロキシ基とカルボキシ基を1つずつもつPET 2.13 gには，1.00×10^{-3} molのカルボキシ基が含まれていた。このPETの1分子中に含まれるエステル結合は，平均して何個か。2桁の整数で答えよ。ただし，答えが1桁の場合，10の桁は0（ゼロ）をマークせよ。100以上の場合は，z欄をマークせよ。

生物

(90分)

1　以下の問1～問7について，a）～e）のうちから正しいものを全て選べ。ただし，正しいものがない場合はf欄をマークせよ。

問1　タンパク質の機能について

a）ダイニンは，アクチンフィラメント上を移動して物質を輸送する。

b）ヒストンは，DNAと結合してヌクレオソームを形成する。

c）カドヘリンは，膜貫通タンパク質であり，ギャップ結合を形成する。

d）DNAヘリカーゼは，DNAの二重らせん構造をほどく酵素である。

e）リゾチームは，細菌の細胞膜を分解する酵素である。

問2　免疫について

a）樹状細胞やマクロファージは，病原体などを細胞内に取り込んで断片化した後，細胞表面に提示する。

b）B細胞は，樹状細胞に提示された抗原情報を直接受け取り，免疫グロブリンを産生する。

c）NK細胞は，ウイルス感染細胞やがん細胞を正常な細胞と識別して攻撃する。

d）抗体が病原体に結合すると，その抗体を目印として，好中球やマクロファージの食作用が促進される。

e）1つの免疫グロブリンが持つ2つの抗原結合部位は，それぞれ異なる抗原分子を認識する。

問3　血管と血液について

a）ほ乳類の赤血球は，核やミトコンドリアを持たない扁平な細胞である。

b）静脈は，動脈と比べて厚い筋肉層を持つ。

c）血しょうの一部は，リンパ管に入ってリンパ液となる。

d）赤血球と白血球は，毛細血管の壁を通り抜けて血管外に出ることができる。

e）細胞の活動によって生じた二酸化炭素の多くは，赤血球内の酵素により炭酸水素イオンに変換されて肺に運ばれる。

問４　植物の細胞について

a）葉緑体は，ミトコンドリアとは異なり一重の生体膜で覆われている。

b）葉緑体のチラコイドは，クロロフィルやカロテノイドを含んでいる。

c）液胞内の細胞液は，栄養物質を含むが老廃物を含まない。

d）細胞壁は，セルロースやペクチンからなる。

e）隣り合う植物細胞の細胞質は，原形質連絡によりつながっている。

問５　動物の行動について

a）アメフラシのえら引っ込め反射にみられる「慣れ」は，古典的条件づけの例である。

b）ミツバチにみられる８の字ダンスは，生得的な行動である。

c）フェロモンは，同種他個体に特定の反応を起こさせる情報伝達物質である。

d）中枢パターン発生器によって生じる運動パターンは，筋肉の収縮・弛緩を中枢に伝える感覚神経を切断しても影響を受けない。

e）試行錯誤学習は，知能行動のひとつである。

問６　生物多様性について

a）様々な環境に適応し，単一の系統の生物が多数の系統に分化することを適応放散という。

b）ある生物種に見られる変異を基に人が品種改良で生み出したものは，別の種とみなされる。

c）植物では，２倍体種と４倍体種が自然交配して生じた３倍体種が，無性生殖によって繁栄することもある。

d）生態系の撹乱が弱く，頻度も少ない場合，競争に強い種が残るといわれている。

e）生態系の撹乱の強さや頻度が中程度の場合，生物群集の種数が増加するといわれている。

問７　進化について

a）生物が誕生した後の有機物の生成過程を化学進化という。

b）真核生物の細胞内の構造のうち，ミトコンドリアはシアノバクテリアが細胞内に共生した結果と考えられている。

c）化石のみが現存する種では，生物学的種の概念を当てはめることができない。

d）人類が類人猿と異なる点の１つに，小さな犬歯をもつことがあげられる。

e）進化には，１世代のみ，または１個体のみで起きた変化も含まれる。

2 遺伝に関する文章1と文章2を読み，以下の問8～問14に答えよ。

文章1　同一の種であっても，SNP(1)と呼ばれるDNAの塩基配列のわずかな違いが個体間でみられることが明らかになってきた。このようなわずかな違いによって重大な病気が生じることがある。いま，常染色体のある遺伝子が原因となる遺伝病について考える。この遺伝子には対立遺伝子Aとaがある。劣性ホモaaの場合にその遺伝病を発病する。ある家系におけるこの遺伝病の発病結果をまとめたのが図1である。なお，数字は個人，丸は女性，四角は男性を示し，また，白は発病していない人，黒は発病している人を示している。

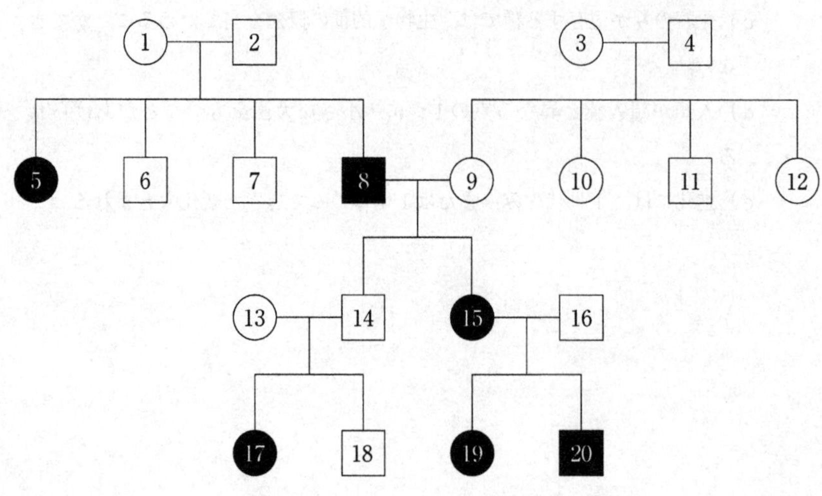

図1　ある家系における遺伝病の発病結果

問8　下線部(1)について，SNPに関する説明として正しいものをa）～f）のうちから全て選べ。

a）ヒトの場合，約1000塩基に1回程度存在する。

b）ヒトの場合，約10000塩基に1回程度存在する。

c）ヒトの場合，約100000塩基に1回程度存在する。

d）非同義置換になることがある。

e）同義置換になることがある。

f）ナンセンス変異になることがある。

問9 図1に示した家系の中で，対立遺伝子 a を持っていると断定できる人を 1～20 のうちから全て選べ。

問10 図1に示した家系の中で，女性9が男性8ではなく男性6と結婚した場合，生まれる子がこの遺伝病を発病する確率は何％になるか。小数第二位を四捨五入して小数第一位まで求め，下の四角にあてはまる数字をマークせよ。ただし，空欄となる四角には0をマークせよ。

百の位	十の位	一の位		小数第一位	
ア	イ	ウ	.	エ	%

文章2 文章1の遺伝病について対立遺伝子 A および a の第1エキソンはいずれも約 600 塩基対（bp）からなり，第1エキソンの最初から4番目の塩基より開始コドンが始まるとする。開始コドンの1つ目の塩基から数えて 440 番目から 463 番目までの配列を図2に示す。図1の男性 18 は，ある検査機関で以下の手順に従ってこの遺伝病の遺伝子型を診断した。なお，対立遺伝子 A と a の違いは，図2で示した配列の中にあることがわかっている。

手順1：男性 18 から DNA を採取した（以降，試料1と呼ぶ）。比較のために，優性ホモ AA の人からも DNA を採取した（以降，試料2と呼ぶ）。

手順2：手順1で得られた試料1と試料2を用いて，それぞれの遺伝子座 A の第1エキソンの全長を PCR で増幅した。

手順3：手順2で得られた PCR 増幅断片を制限酵素で処理し，(2)電気泳動で分離した。

手順4：電気泳動の結果を観察した。試料2では約 600 bp の大きさにバンドが観察された。

440 463

対立遺伝子Aの配列：5'-…CTGCAGGATATCGAAGTCCCATGG…-3'

対立遺伝子aの配列：5'-…CTGCAGGATATCGAATTCCCATGG…-3'

図2 対立遺伝子Aと対立遺伝子aの塩基配列の一部

問11 下線部(2)について，電気泳動に関する記述として正しいものをa）〜d）のうちから全て選べ。

a）DNAはマイナス電極へ向かう。

b）DNAはプラス電極へ向かう。

c）大きい分子ほど移動距離が短くなる。

d）大きい分子ほど移動距離が長くなる。

問12 図2に示した領域はどのようなアミノ酸配列に翻訳されるか。表1に示す遺伝暗号表をもとに，対立遺伝子Aから得られる配列を記せ。アミノ酸とアミノ酸の間はハイフン(-)でつなげること。

1番目の塩基	2番目の塩基				3番目の塩基
	U	C	A	G	
U	フェニルアラニン	セリン	チロシン	システイン	U
	フェニルアラニン	セリン	チロシン	システイン	C
	ロイシン	セリン	終止	終止	A
	ロイシン	セリン	終止	トリプトファン	G
C	ロイシン	プロリン	ヒスチジン	アルギニン	U
	ロイシン	プロリン	ヒスチジン	アルギニン	C
	ロイシン	プロリン	グルタミン	アルギニン	A
	ロイシン	プロリン	グルタミン	アルギニン	G
A	イソロイシン	トレオニン	アスパラギン	セリン	U
	イソロイシン	トレオニン	アスパラギン	セリン	C
	イソロイシン	トレオニン	リシン	アルギニン	A
	メチオニン	トレオニン	リシン	アルギニン	G
G	バリン	アラニン	アスパラギン酸	グリシン	U
	バリン	アラニン	アスパラギン酸	グリシン	C
	バリン	アラニン	グルタミン酸	グリシン	A
	バリン	アラニン	グルタミン酸	グリシン	G

表1　遺伝暗号表

問13　手順1～手順4で遺伝子型を調べる場合，手順3ではどの制限酵素を用いたら良いか。適切なものをa）～k）のうちから全て選べ。選択肢は制限酵素の名称とその認識配列を5′側から記載してある。

a）HindIII，5′-AAGCTT-3′　　b）BamHI，5′-GGATCC-3′

c）EcoRI，5′-GAATTC-3′　　d）EcoRV，5′-GATATC-3′

e）NcoI，5′-CCATGG-3′　　f）NdeI，5′-CATATG-3′

g）PstI，5′-CTGCAG-3′　　h）SacI，5′-GAGCTC-3′

i）SalI，5′-GTCGAC-3′　　j）SphI，5′-GCATGC-3′

k）XhoI，5′-CTCGAG-3′

問14　手順3で問13の適切な制限酵素を使用して男性18の遺伝子型を調べた場合，手順4で得られる結果として適切なものをa）～e）のうちから全て選べ。

a）1本のバンドが観察され，その大きさは約600 bpである。

b）2本のバンドが観察され，その大きさは約150 bpと約450 bpである。

c）2本のバンドが観察され，その大きさは約150 bpと約600 bpである。

d）2本のバンドが観察され，その大きさは約450 bpと約600 bpである。

e）3本のバンドが観察され，その大きさは約150 bp，約450 bp，約600 bpである。

3 植物の生殖器官の発達に関する文章1～文章3を読み，以下の問15～問22に答えよ。

文章1　植物の花芽形成は暗期の長さに左右され，花芽形成がおきるかどうかの境界となるような連続した暗期を［ア］という。それよりも連続した暗期が長くなると花芽が形成される植物を［イ］と呼ぶ。

オナモミ（［イ］に属する）を用いて，2本の枝のみを残して以下の実験を行った。その結果を図1A～Cに示す。

A　片方の枝から全ての葉を取り除いた後，その枝のみに人為的に連続暗期を［ア］よりも長くする処理をした。その結果，どちらの枝にも花芽が形成されなかった。

B　葉の除去を行わずに片方の枝のみに人為的に連続暗期を［ア］よりも長くする処理をした。その結果，どちらの枝にも花芽が形成された。

C　片方の枝で師部を含む茎の外側を取り除く環状除皮を行い，もう一方の枝で人為的に連続暗期を［ア］よりも長くする処理をした。その結果，後者の枝では花芽が形成されたものの，前者の枝では形成されなかった。

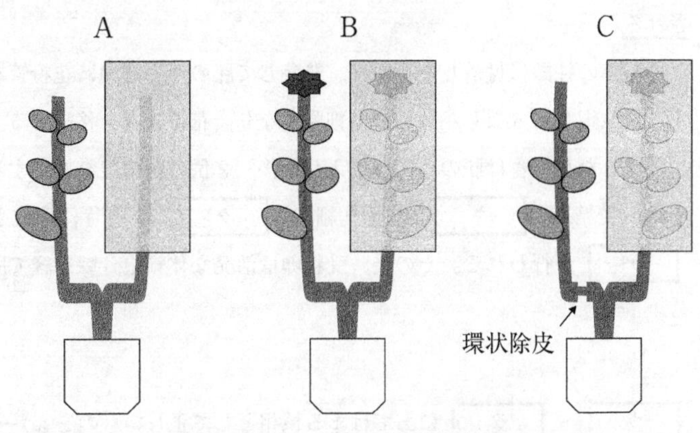

図1　オナモミの花芽形成実験

問15　[ア]と[イ]にあてはまる語を記せ。

問16　この実験の結果から得られる結論として適切なものをa）～e）のうちから全て選べ。

a）植物は葉で暗期の長さを感知することができる。

b）植物は茎で暗期の長さを感知することができる。

c）植物は根で暗期の長さを感知することができる。

d）花芽の形成を促進する物質は茎の師管を通り枝から枝へ移動する。

e）花芽の形成を促進する物質は日長を感知した枝のみで働く。

文章2　花の葯の中では，花粉母細胞（[ウ]）は減数分裂によって4個の細胞（[エ]）の集まった花粉四分子になる。花が開く頃になると，花粉四分子のそれぞれが，不均等な細胞分裂を行うことによって，花粉管細胞と雄原細胞が生じ，成熟した花粉となる。

子房内にある胚珠では，胚のう母細胞（[オ]）が形成される。胚のう母細胞は，減数分裂を経て，1個の胚のう細胞（[カ]）と後に消失する小さな3つの細胞になる。その後，胚のう細胞の核分裂がおこり，助細胞，卵細胞，反足細胞および極核を持つ中央細胞からなる胚のうが形成[(1)]

される。

めしべの柱頭に付着した花粉は，発芽して胚のうの方向に花粉管を伸ばす。雄原細胞は分裂し，２個の精細胞となり，花粉管内を移動する。珠孔に到達した花粉管は胚のう内へ侵入した後，２個の精細胞を放出する。その後，受精卵（ キ ）と胚乳細胞（ ク ）が同時に形成される ケ が行われる。その後，受精卵は活発な体細胞分裂を経て胚となる(2)。

問17　ウ ～ ク にあてはまる核相として正しいものをａ）～ｄ）のうちからそれぞれ１つ選べ。ただし，同じ選択肢を２回以上使ってもよい。

ａ）ｎ　ｂ）２ｎ　ｃ）３ｎ　ｄ）４ｎ

問18　下線部(1)について，１つの胚のうに含まれる助細胞の数，卵細胞の数，反足細胞の数，および中央細胞にある極核の数はそれぞれいくつか。 コ ～ ス にあてはまる数字をマークせよ。

助細胞の数　：　コ

卵細胞の数　：　サ

反足細胞の数　：　シ

中央細胞にある極核の数：　ス

問19　ケ にあてはまる語を記せ。

問20　下線部(2)について，胚の発達に関する記述として適切なものをａ）～ｅ）のうちから全て選べ。

ａ）胚の形成には活発な細胞の移動を伴う。

ｂ）球状胚は幼芽と子葉に，胚柄は胚軸と幼根になる。

ｃ）胚柄は胚に栄養を供給する。

ｄ）胚は成長を止めて休眠に入ると乾燥耐性を持つ。

e）胚珠の珠皮は種子の最外層になる。

文章３　花粉管の伸長は胚のうへ正しく誘導される必要がある。そのしくみを明らかにするために，胚のうの一部が裸出したトレニアという植物を用いて実験を行った(図２Ａ～Ｄ)。まず，トレニアの胚珠を寒天培地上に置き，その近傍に花粉を置いたところ，花粉管の伸長が胚のうの方向に誘導された(図２Ａ)。次に胚のうの２種類の細胞をそれぞれレーザーで破壊する操作を試みた。その結果，助細胞を残して卵細胞を破壊しても花粉管の伸長は胚のうに誘導された(図２Ｂ)。一方，卵細胞を残して助細胞を破壊すると花粉管の伸長は胚のうに誘導されなくなった(図２Ｃ)。また，ある<u>ポリペプチド</u>(3)が助細胞で特異的に発現することがわかっている。図２Ｄに示した位置にそのポリペプチドを含む水溶液を滴下すると，滴下した方向に花粉管の伸長が誘導された(図２Ｄ)。

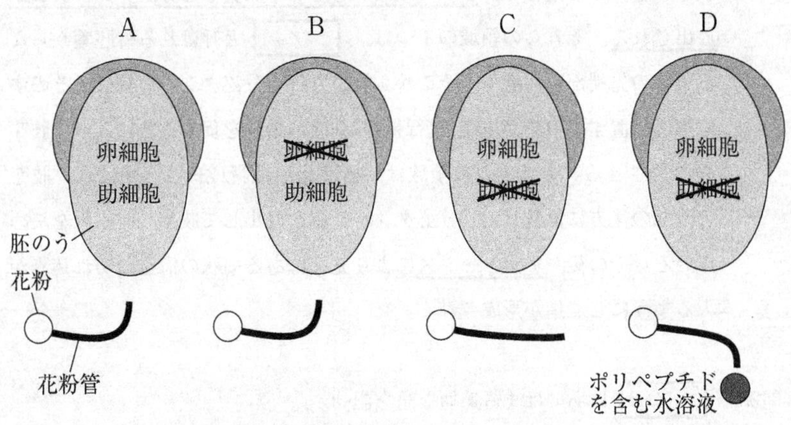

図２　トレニアの花粉管の誘導実験

問21　下線部(3)のポリペプチドの名称を答えよ。

問22　文章３の実験の結果から考えられる花粉管伸長の制御に関する記述として

適切なものをａ）～ｄ）のうちから全て選べ。

ａ）卵細胞は花粉管伸長の誘導に重要である。

ｂ）助細胞は花粉管伸長の誘導に重要である。

ｃ）助細胞で作られたポリペプチドが卵細胞に送られる。

ｄ）助細胞で作られたポリペプチドが花粉管伸長を誘導する。

4　動物の発生後期における器官形成に関する文章１と文章２を読み，以下の問23～問28に答えよ。

文章１　四肢動物は，指のある前肢と後肢を持つ。それらの形成初期には，体軸の前方側方と後方側方から２つずつ，計４つの膨らみが生じる。これを肢芽という。肢芽は伸長した後，先端部は扇状となり前後軸に沿って指が形成される。この過程で，(1)２つの領域からそれぞれ異なる分泌タンパク質が放出される。それらの領域の１つは，［ア］と呼ばれる外胚葉からなる肢芽の先端部の組織で，そこから放出される分泌タンパク質は，そのすぐ下に位置する中胚葉組織(進行帯)の細胞の増殖を促すことによって肢芽を伸長させる。もう１つの領域は，極性化活性帯(ZPA)と呼ばれ，肢芽の基部の後方に位置して，分泌タンパク質を放出して肢芽の前後軸を決めている。その後，(2)アポトーシスにより先端にある扇状の構造に切れ込みが入るようにして指が形成される。

問23　［ア］にあてはまる適切な語を記せ。

問24　下線部(1)について，肢芽の先端部と基部の後方から放出される分泌タンパク質は何か。［イ］と［ウ］にあてはまるタンパク質の名称を選択肢ａ）～ｉ）のうちからそれぞれ１つ選べ。

肢芽の先端部：［イ］

肢芽の基部の後方：［ウ］

[選択肢]

a）BMP　b）β-カテニン　c）FGF　d）コーディン

e）ソニックヘッジホッグ　f）ディシェベルド

g）ナノス　h）ノーダル　i）ビコイド

問25　あるニワトリから肢芽の極性化活性帯(ZPA)の領域を切り出して，別個体の肢芽の基部の前方に移植した。そのまま発生を進行させると，移植を受けた肢芽ではどのような現象が観察されるか。最も適切な記述をa）～d）のうちから1つ選べ。

a）前方と後方から放出された分泌タンパク質が効果を打ち消しあい，指が形成されない。

b）基部と先端部を結ぶ軸に対して鏡像対称な指ができる。

c）分泌タンパク質の効果が増強され，多数の指が無秩序に形成される。

d）アヒルのように指の間に水かきのような構造物が残る。

問26　下線部(2)のアポトーシスに関する記述として適切なものをa）～e）のうちから<u>全て</u>選べ。

a）核のDNAの断片化がおこる。

b）細胞膜が分解されて内容物が周囲に拡散する。

c）核は溶解して消失する。

d）アポトーシスをおこした細胞は，マクロファージに貪食される。

e）細胞に本来備わっている細胞死のしくみである。

問27　アポトーシスが見られる例として適切なものをa）～e）のうちから<u>全て</u>選べ。

a）おたまじゃくしの尾の退縮時に見られる。

b）成体の血球や腸の上皮細胞の新旧交代で見られる。

c）発生過程の神経系の形成時に見られる。

d）外傷などで細胞が物理的な損傷を受けた時に見られる。

e）ウイルスに感染した細胞を積極的に取り除く際に見られる。

文章2　成体の器官は，複数の組織から構成されている場合が多い。皮膚は，表皮(3)と真皮(4)で形成される。胃や小腸などの消化管は，内面をおおう上皮(5)や結合組織(6)，筋肉(7)，神経細胞(8)で構成される。肝臓は，主に肝細胞(9)からなり，その間に血管(10)が走っている。これらは，発生の初期過程で生じた内胚葉，中胚葉，外胚葉から分化した組織や細胞である。

問28　下線部(3)～(10)は，それぞれどの胚葉から生じたか。［エ］～［カ］にあてはまるものを(3)～(10)のうちから全て選べ。

内胚葉：［エ］

中胚葉：［オ］

外胚葉：［カ］

5　自律神経系や内分泌系によるヒトの体内環境の調節に関する次の文章を読み，以下の問29～問34に答えよ。

文章　視床下部が血糖値の低下を感知すると，［あ］神経は，肝臓に直接作用するか，あるいは，［1］を［ア］から，［2］を［イ］から分泌させ，これらのホルモンが肝臓に作用することによって血糖値を上昇させる(1)。また［1］は［ア］が血糖値の低下を直接感知することによっても分泌される。ストレスにより血糖値が低下した時などには，視床下部は放出ホルモンを神経細胞から血管に直接分泌(2)することで［3］の［ウ］からの分泌を促す。その結果，［4］が［エ］から分泌され，さまざまな細胞に作用して血糖値を上昇させる(3)。一方，視床下部が血糖値の上昇を感知すると，［い］神経が興奮して，［5］を［オ］から分泌させ，血糖値を低下させる。また，［5］は［オ］が血糖値の上昇を直接感知することによっても分泌される。

視床下部が体温の低下を感知すると，［う］神経は，直接心臓に作用するか，あるいは［6］を［カ］から分泌させて心臓の拍動を促進することによって，発熱量を増加させる。さらに［う］神経は，［え］神経の活性を高めて骨格筋にふるえをおこすことによっても発熱量を増加させる。また，視床下部は放出ホルモンを分泌することで［7］の［キ］からの分泌を促す。その結果［8］が［ク］から分泌され，体の各組織の代謝を活性化することによって発熱量を増加させる。視床下部はこのように発熱量を増加させるだけでなく，［お］神経によって，皮膚からの放熱を抑制して体温の低下を防ぐ。一方，視床下部が体温の上昇を感知すると，［か］神経のはたらきにより汗腺からの発汗が促進されて放熱量が増加して体温を低下させる。

発汗などにより体の水分量が減少すると，体液の塩類濃度が上昇し，血液の総量も減るため血圧が低下する。視床下部が体液の塩類濃度の上昇を感知すると，［9］が［ケ］から分泌され，腎臓の集合管に作用して<u>体液の塩類濃度を下げる</u>(4)。また，血圧の低下を感知した腎臓は，［10］の［コ］からの分泌を促進する。［10］の腎臓への作用は<u>血圧の上昇をもたらす</u>(5)。

問29　［あ］～［か］にあてはまる適切な語をa）～d）のうちから1つ選べ。ただし，同じ選択肢を2回以上使ってもよい。

a）交感　　b）副交感　　c）運動　　d）感覚

問30　ホルモン［1］～［10］と，それらを分泌する内分泌腺［ア］～［コ］にあてはまる最も適切なものを，ホルモンの選択肢a）～j）と内分泌腺の選択肢a）～i）のうちから，それぞれ1つずつ選べ。ただし，同じ選択肢を2回以上使ってもよい。

［ホルモンの選択肢］

a）アドレナリン　　b）インスリン　　c）グルカゴン

d）甲状腺刺激ホルモン　e）鉱質コルチコイド　f）成長ホルモン
g）チロキシン　h）糖質コルチコイド
i）副腎皮質刺激ホルモン　j）バソプレシン

［内分泌腺の選択肢］

a）視床下部　b）脳下垂体前葉　c）脳下垂体後葉　d）甲状腺
e）副甲状腺　f）副腎髄質　g）副腎皮質
h）ランゲルハンス島A細胞　i）ランゲルハンス島B細胞

問31　下線部(1)と(3)のそれぞれについて，血糖値を上昇させるしくみを簡潔に述べよ。

問32　下線部(2)のようにホルモンが分泌される現象を何というか。その名称を記せ。また，このように分泌されるホルモンを，問30のホルモンの選択肢a）～j）のうちから全て選べ。

問33　下線部(4)について，ホルモン［9］の集合管への作用を簡潔に述べよ。

問34　下線部(5)について，ホルモン［10］の腎臓への作用と，その作用により血圧が上昇する理由をそれぞれ簡潔に述べよ。

解答編

数学

1　**解答**　(1)(i)ア．3　イ．10　(ii)ウ．2　エ．5

(2)(i)―(P)，(Q)，(R)　(ii)―(Q)，(R)　(iii)―(P)，(Q)　(iv)―(R)

(3)(i)あ―(b)　(ii)い―(d)　う―(k)

◀解　説▶

≪小問3問≫

(1)　6枚のカードから3枚のカードを選ぶ選び方は

$${}_6C_3=\frac{6\cdot5\cdot4}{3\cdot2\cdot1}=20 \text{ 通り}$$

(i)　カードに書かれた3つの複素数をかけた値に対応する複素数平面上の点Pが虚軸上にあるための条件は，3つの複素数の偏角の和が $\frac{\pi}{2}$ になることであり，次の2つの場合がある。

(A)　偏角が0，0，$\frac{\pi}{2}$ の場合

3つの実数から2つを選び，残りは $\cos\frac{\pi}{2}+i\sin\frac{\pi}{2}$ と決まるから，選び方は

$${}_3C_2=3 \text{ 通り}$$

(B)　偏角が0，$\frac{\pi}{6}$，$\frac{\pi}{3}$ の場合

3つの実数から1つを選び，残りは $\cos\frac{\pi}{6}+i\sin\frac{\pi}{6}$，$\cos\frac{\pi}{3}+i\sin\frac{\pi}{3}$ と決まるから，選び方は

$${}_3C_1=3 \text{ 通り}$$

(A)，(B)より，条件を満たすカードの選び方は合計6通りある。

よって，求める確率は

$\frac{6}{20}=\frac{3}{10}$　(→ア・イ)

(ii)　点Pの原点からの距離が1であるための条件は，3つの複素数の絶対値の積が1になることであり，次の2つの場合がある。

(C)　絶対値が1，1，1の場合

これは，$\frac{1}{2}$，2以外の4つの複素数から3つを選ぶことであるから，選び方は

$_4C_3=4$ 通り

(D)　絶対値が1，$\frac{1}{2}$，2の場合

$\frac{1}{2}$，2以外の4つの複素数から1つを選び，残りは$\frac{1}{2}$，2と決まるから，選び方は

$_4C_1=4$ 通り

(C)，(D)より，条件を満たすカードの選び方は合計8通りある。

よって，求める確率は

$\frac{8}{20}=\frac{2}{5}$　(→ウ・エ)

(2)　集合Aは$\{x|x>0\}$を定義域とする関数$f(x)$の集合である。

(i)　集合Aの要素である関数$f(x)$，$g(x)$は$f(1)=0$かつ$g(1)=0$を満たす。辺々を加えると

$f(1)+g(1)=0+0$

より　$f(1)+g(1)=0$

が成り立つので，関数$f(x)+g(x)$も集合Aの要素である。よって，(P)は成り立つ。

$f(1)=0$，$g(1)=0$の辺々をかけると

$f(1)\cdot g(1)=0\cdot 0$

より　$f(1)\cdot g(1)=0$

が成り立つので，関数$f(x)g(x)$も集合Aの要素である。よって，(Q)は成り立つ。

$f(1)=0$の両辺に0ではない定数αをかけると

$\alpha f(1)=\alpha\cdot 0$

より　　$\alpha f(1)=0$

が成り立つので，関数 $\alpha f(x)$ も集合 A の要素である。よって，(R)は成り立つ。

以上より，成り立つものは，(P)，(Q)，(R)である。

(ii)　集合 A の要素である関数 $f(x)$，$g(x)$ について $f(a_1)=0$，$g(a_2)=0$ となる正の実数 a_1，a_2 が存在する。$f(x)=2x-2a_1$，$g(x)=-x+a_2$ $(0<2a_1<a_2)$ とおく。辺々を加えると

$$f(x)+g(x)=x+(a_2-2a_1)$$

$f(x)+g(x)=0$ とするとき，$x=-(a_2-2a_1)$ であり，$-(a_2-2a_1)<0$ である。

$f(x)+g(x)=0$ となる正の実数が存在しないので，関数 $f(x)+g(x)$ は集合 A の要素ではない。よって，(P)は成り立たない。

$f(a_1)$，$g(a_2)$ のうち，少なくとも一方は 0 であることから

$$f(a_1)\cdot g(a_2)=0$$

が成り立つので，関数 $f(x)g(x)$ も集合 A の要素である。よって，(Q)は成り立つ。

$f(a_1)=0$ の両辺に 0 ではない定数 α をかけると

$$\alpha f(a_1)=\alpha\cdot 0$$

より　　$\alpha f(a_1)=0$

が成り立つので，関数 $\alpha f(x)$ も集合 A の要素である。よって，(R)は成り立つ。

以上より，成り立つものは，(Q)，(R)である。

(iii)　集合 A の要素である関数 $f(x)$，$g(x)$ はすべての正の実数 x に対して，$f(x)>0$ かつ $g(x)>0$ を満たす。$f(x)>0$，$g(x)>0$ の辺々を加えると

$$f(x)+g(x)>0$$

が成り立つので，関数 $f(x)+g(x)$ も集合 A の要素である。よって，(P)は成り立つ。

$f(x)>0$，$g(x)>0$ の辺々をかけると

$$f(x)\cdot g(x)>0$$

が成り立つので，関数 $f(x)g(x)$ も集合 A の要素である。よって，(Q)は成り立つ。

$\alpha f(x)$ については，すべての正の実数 x に対して $f(x)>0$ が成り立っても $\alpha<0$ であれば $\alpha f(x)<0$ となるので，$\alpha f(x)$ は A の要素ではない。よって，(R)は成り立たない。

以上より，成り立つものは(P)，(Q)である。

(iv)　集合 A の要素である関数 $f(x)$，$g(x)$ は定義域 $\{x|x>0\}$ のどこかで連続ではないので，ともに $x=1$ で連続ではない次のように定義されている関数を考える。

$$f(x)=\begin{cases}1 & (0<x<1\text{ のとき})\\ 2 & (1\leqq x\text{ のとき})\end{cases}$$

$$g(x)=\begin{cases}2 & (0<x<1\text{ のとき})\\ 1 & (1\leqq x\text{ のとき})\end{cases}$$

このとき，$f(x)+g(x)=3$ となり定数となる関数で，定義域 $\{x|x>0\}$ で連続であるから，関数 $f(x)+g(x)$ は集合 A の要素ではない。よって，(P)は成り立たない。

また，$f(x)\cdot g(x)=2$ となり定数となる関数で，定義域 $\{x|x>0\}$ で連続であるから，関数 $f(x)g(x)$ は集合 A の要素ではない。よって，(Q)は成り立たない。

集合 A の要素である $f(x)$ について，$x=a_3$ $(a_3>0)$ で連続でないとすると

$$\lim_{x\to a_3+0} f(x)\neq f(a_3)\quad\text{または}\quad\lim_{x\to a_3-0} f(x)\neq f(a_3)$$

が成り立つ。このとき，0 ではない定数 α で

$$\lim_{x\to a_3+0} \alpha f(x)\neq \alpha f(a_3)\quad\text{または}\quad\lim_{x\to a_3-0} \alpha f(x)\neq \alpha f(a_3)$$

が成り立ち，$\alpha f(x)$ は $x=a_3$ で連続ではない。よって，(R)は成り立つ。

以上より，成り立つものは(R)である。

(3)(i)　点 M は辺 OA の中点なので

$$\overrightarrow{\mathrm{OM}}=\frac{1}{2}\overrightarrow{\mathrm{OA}}$$

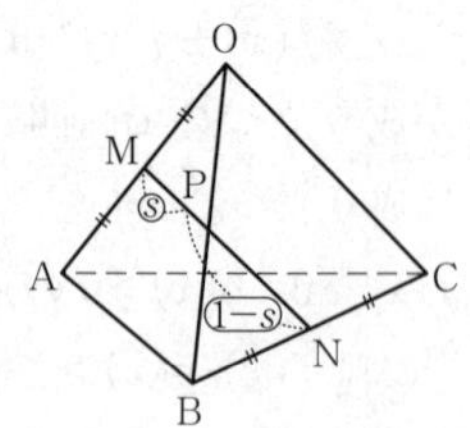

点 N は辺 BC の中点なので

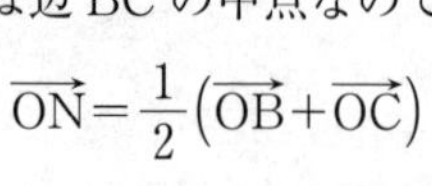

$$\overrightarrow{\mathrm{ON}}=\frac{1}{2}\left(\overrightarrow{\mathrm{OB}}+\overrightarrow{\mathrm{OC}}\right)$$

よって

$$\overrightarrow{\mathrm{MN}}=\overrightarrow{\mathrm{ON}}-\overrightarrow{\mathrm{OM}}$$
$$=\frac{1}{2}\left(-\overrightarrow{\mathrm{OA}}+\overrightarrow{\mathrm{OB}}+\overrightarrow{\mathrm{OC}}\right)$$

と表せるから

$$\left|\overrightarrow{\mathrm{MN}}\right|^2=\left(\frac{1}{2}\right)^2\left|-\overrightarrow{\mathrm{OA}}+\overrightarrow{\mathrm{OB}}+\overrightarrow{\mathrm{OC}}\right|^2$$
$$=\left(\frac{1}{2}\right)^2\left(\left|\overrightarrow{\mathrm{OA}}\right|^2+\left|\overrightarrow{\mathrm{OB}}\right|^2+\left|\overrightarrow{\mathrm{OC}}\right|^2\right.$$
$$\left.-2\overrightarrow{\mathrm{OA}}\cdot\overrightarrow{\mathrm{OB}}+2\overrightarrow{\mathrm{OB}}\cdot\overrightarrow{\mathrm{OC}}-2\overrightarrow{\mathrm{OC}}\cdot\overrightarrow{\mathrm{OA}}\right)$$

ここで

$$\begin{cases}\left|\overrightarrow{\mathrm{OA}}\right|^2=\left|\overrightarrow{\mathrm{OB}}\right|^2=\left|\overrightarrow{\mathrm{OC}}\right|^2=2^2=4\\ \overrightarrow{\mathrm{OA}}\cdot\overrightarrow{\mathrm{OB}}=\overrightarrow{\mathrm{OB}}\cdot\overrightarrow{\mathrm{OC}}=\overrightarrow{\mathrm{OC}}\cdot\overrightarrow{\mathrm{OA}}=2\cdot2\cdot\cos\frac{\pi}{3}=2\end{cases}$$

であるから

$$\left|\overrightarrow{\mathrm{MN}}\right|^2=2$$
$$\left|\overrightarrow{\mathrm{MN}}\right|=\sqrt{2}\quad(\to あ)$$

(ii)　点 P を通り直線 MN に垂直な断面（平面 α とする）について

$$\overrightarrow{\mathrm{MN}}\cdot\overrightarrow{\mathrm{OA}}=\frac{1}{2}\left(-\overrightarrow{\mathrm{OA}}+\overrightarrow{\mathrm{OB}}+\overrightarrow{\mathrm{OC}}\right)\cdot\overrightarrow{\mathrm{OA}}$$
$$=\frac{1}{2}\left(-\left|\overrightarrow{\mathrm{OA}}\right|^2+\overrightarrow{\mathrm{OA}}\cdot\overrightarrow{\mathrm{OB}}+\overrightarrow{\mathrm{OC}}\cdot\overrightarrow{\mathrm{OA}}\right)$$
$$=\frac{1}{2}(-4+2+2)$$
$$=0$$

よって，$\overrightarrow{\mathrm{MN}}\neq\vec{0}$ かつ $\overrightarrow{\mathrm{OA}}\neq\vec{0}$ より，$\overrightarrow{\mathrm{MN}}\perp\overrightarrow{\mathrm{OA}}$ となり，平面 α と直線 OA は平行である。

したがって，平面 α と平面 OAB との交わりでできる直線は直線 OA に平行であり，平面 α と平面 OCA との交わりでできる直線も直線 OA に平行である。

また

$$\overrightarrow{\mathrm{MN}}\cdot\overrightarrow{\mathrm{BC}}=\frac{1}{2}\left(-\overrightarrow{\mathrm{OA}}+\overrightarrow{\mathrm{OB}}+\overrightarrow{\mathrm{OC}}\right)\cdot\left(\overrightarrow{\mathrm{OC}}-\overrightarrow{\mathrm{OB}}\right)$$
$$=\frac{1}{2}\left(-\left|\overrightarrow{\mathrm{OB}}\right|^2+\left|\overrightarrow{\mathrm{OC}}\right|^2+\overrightarrow{\mathrm{OA}}\cdot\overrightarrow{\mathrm{OB}}-\overrightarrow{\mathrm{OC}}\cdot\overrightarrow{\mathrm{OA}}\right)$$

$$=\frac{1}{2}(-4+4+2-2)$$
$$=0$$

よって，$\overrightarrow{MN}\neq\vec{0}$ かつ $\overrightarrow{BC}\neq\vec{0}$ より，$\overrightarrow{MN}\perp\overrightarrow{BC}$ となり，平面 α と直線 BC は平行である。

したがって，平面 α と平面 ABC との交わりでできる直線は直線 BC に平行であり，平面 α と平面 OBC との交わりでできる直線も直線 BC に平行である。

辺 AB，AC，OB，OC を $s:(1-s)$ に内分する点をそれぞれ Q，R，S，T とすると

$$\begin{cases} QS=(1-s)OA=2(1-s) \\ RT=(1-s)OA=2(1-s) \\ QR=sBC=2s \\ ST=sBC=2s \end{cases}$$

となる。

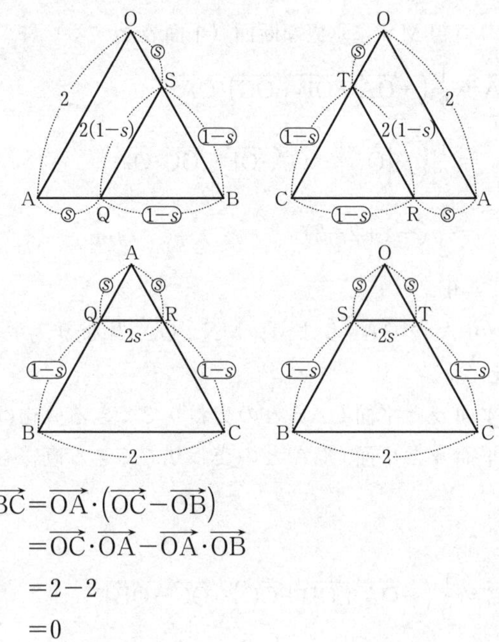

$$\overrightarrow{OA}\cdot\overrightarrow{BC}=\overrightarrow{OA}\cdot\left(\overrightarrow{OC}-\overrightarrow{OB}\right)$$
$$=\overrightarrow{OC}\cdot\overrightarrow{OA}-\overrightarrow{OA}\cdot\overrightarrow{OB}$$
$$=2-2$$
$$=0$$

であるから，$\overrightarrow{OA}\neq\vec{0}$ かつ $\overrightarrow{BC}\neq\vec{0}$ より，$\overrightarrow{OA}\perp\overrightarrow{BC}$ である。

四角形 QRTS は，対辺が平行で，隣り合う辺は直交するので，長方形である。（→い）

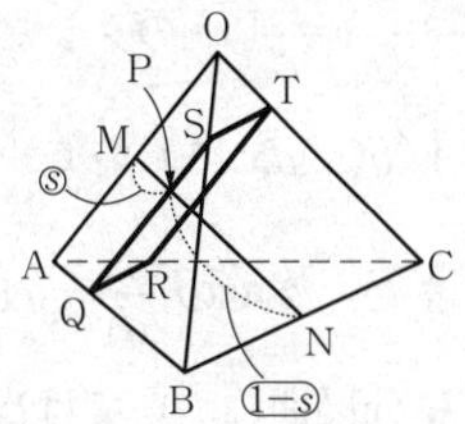

四角形 QRTS の面積は，$QR=2s$，$QS=2(1-s)$ であるから

$$QR\cdot QS=4s(1-s)\quad (\text{→う})$$

2 解答

(1)え－(d)

(2)オ．5　カ．3

(3)キ．12　ク．−1　ケ．1　コ．2　サ．3

(4)シ．4　ス．−2　セ．3

◀解　説▶

≪三角関数の逆関数≫

(1)　$f(x)=\sin x\ \left(0\leqq x\leqq\dfrac{\pi}{2}\right)$ の値域は $0\leqq f(x)\leqq 1$ であるから，x と y の対応が逆になる逆関数 $g(x)$ の定義域は　$0\leqq x\leqq 1$　(→え)

(2)　$y=\sin x\ \left(0\leqq x\leqq\dfrac{\pi}{2}\right)$ より，逆関数 $y=g(x)$ について，$x=\sin y$ $\left(0\leqq y\leqq\dfrac{\pi}{2}\right)$ が成り立つ。

$x=\sin y$ の両辺を y で微分すると

$$\frac{dx}{dy}=\cos y$$

であるから

$$\frac{dy}{dx}=\frac{1}{\dfrac{dx}{dy}}=\frac{1}{\cos y}$$

ここで，$0\leqq y\leqq\dfrac{\pi}{2}$ なので，$x=\dfrac{4}{5}$ のとき $\sin y=\dfrac{4}{5}$ であり，

$\cos y=\sqrt{1-\sin^2 y}=\sqrt{1-\left(\dfrac{4}{5}\right)^2}=\dfrac{3}{5}$ であるから，$\dfrac{dy}{dx}=\dfrac{5}{3}$ となる。

したがって，$y=g(x)$ の $x=\dfrac{4}{5}$ における接線の傾きは $\dfrac{5}{3}$ である。

(→オ・カ)

(3)　$y=g(x)$ のグラフは右図のようになる。

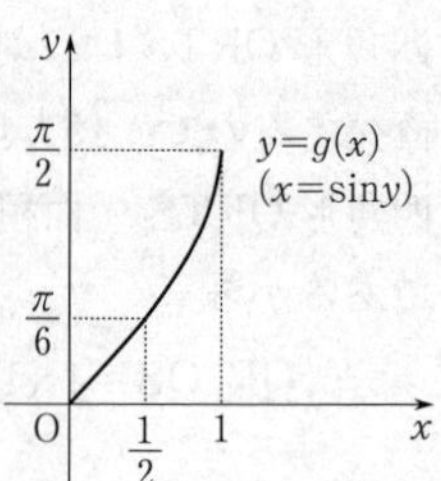

$\int_0^{\frac{1}{2}} g(x)dx$ において，$g(x)=y$ である。

また，(2)での $\dfrac{dx}{dy}=\cos y$ より　　$dx=\cos y\,dy$

積分区間については次のような対応になる。

x	$0\to\frac{1}{2}$
y	$0\to\frac{\pi}{6}$

よって

$$\int_0^{\frac{1}{2}} y\,dx=\int_0^{\frac{\pi}{6}} y\cos y\,dy$$

$$=\int_0^{\frac{\pi}{6}} y(\sin y)'dy$$

$$=\Big[y\sin y\Big]_0^{\frac{\pi}{6}}-\int_0^{\frac{\pi}{6}}\sin y\,dy$$

$$=\frac{\pi}{6}\sin\frac{\pi}{6}+\Big[\cos y\Big]_0^{\frac{\pi}{6}}$$

$$=\frac{\pi}{12}+\left(\cos\frac{\pi}{6}-\cos 0\right)$$

$$=\frac{\pi}{12}-1+\frac{1}{2}\sqrt{3}\quad(\to キ〜サ)$$

参考　図形としては右図の網かけ部分の面積を求めているので，長方形の面積から不要な曲線部分の面積を除くと考えてもよい。

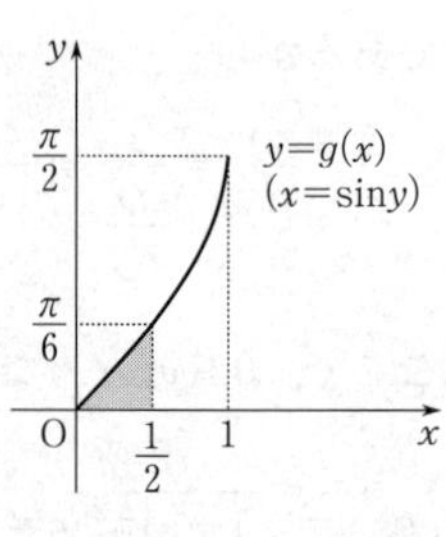

$$\int_0^{\frac{1}{2}} g(x)dx=\frac{1}{2}\times\frac{\pi}{6}-\int_0^{\frac{\pi}{6}}\sin y\,dy$$

$$=\frac{\pi}{12}+\Big[\cos y\Big]_0^{\frac{\pi}{6}}$$

$$=\frac{\pi}{12}-1+\frac{1}{2}\sqrt{3}$$

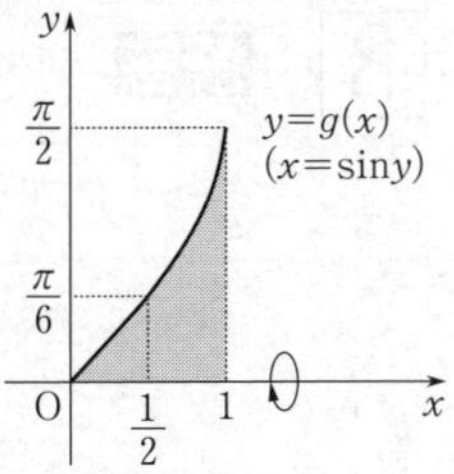

(4)　求めるものは右図の網かけ部分を x 軸のまわりに 1 回転させてできる回転体の体積である。

この体積は $\int_0^1 \pi y^2 dx$ で求めることができる。

(3)より　　$dx=\cos y\,dy$

積分区間については

x	$0\to 1$
y	$0\to\frac{\pi}{2}$

よって

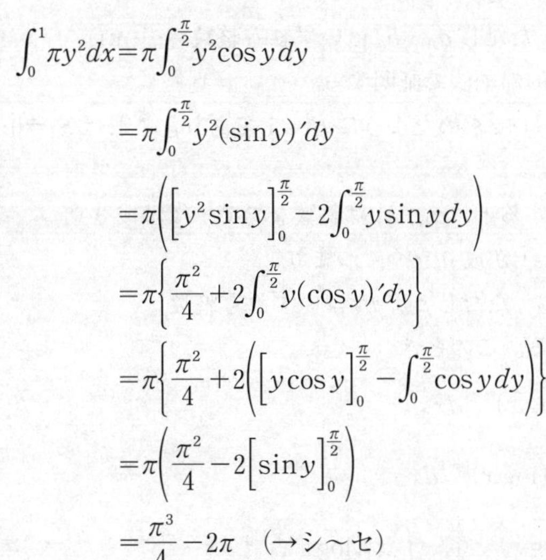

$$\int_0^1 \pi y^2 dx=\pi\int_0^{\frac{\pi}{2}} y^2\cos y\,dy$$

$$=\pi\int_0^{\frac{\pi}{2}} y^2(\sin y)'dy$$

$$=\pi\left(\Big[y^2\sin y\Big]_0^{\frac{\pi}{2}}-2\int_0^{\frac{\pi}{2}} y\sin y\,dy\right)$$

$$=\pi\left\{\frac{\pi^2}{4}+2\int_0^{\frac{\pi}{2}} y(\cos y)'dy\right\}$$

$$=\pi\left\{\frac{\pi^2}{4}+2\left(\Big[y\cos y\Big]_0^{\frac{\pi}{2}}-\int_0^{\frac{\pi}{2}}\cos y\,dy\right)\right\}$$

$$=\pi\left(\frac{\pi^2}{4}-2\Big[\sin y\Big]_0^{\frac{\pi}{2}}\right)$$

$$=\frac{\pi^3}{4}-2\pi\quad(\to シ〜セ)$$

参考　例えば，$y=\log x$ $(1\leqq x\leqq e)$ の逆関数は，$y=e^x$ $(0\leqq x\leqq 1)$ である。このように，多くの関数は容易に逆関数を求めることができるが，主要な関数のうち，高校数学の範囲で逆関数を求めることができないものとして三角関数があげられる。大学の数学で，逆三角関数なるものを学習することになる。逆関数を具体的に求めることができないがゆえに，通常は，$\int_0^{\frac{1}{2}} y\,dx$ において，y を x の関数で表せばすむところを，積分区間と dx を y で表すことになる。

3　**解答**　(1)

$$S_1=\int_1^e \log x\,dx$$
$$=\int_1^e x'\log x\,dx$$
$$=\Big[x\log x\Big]_1^e-\int_1^e x(\log x)'dx$$
$$=e-\int_1^e 1dx$$
$$=e-\Big[x\Big]_1^e$$
$$=1\quad\cdots\cdots(\text{答})$$

(2)　すべての自然数 n に対して

$S_n=a_ne+b_n$　ただし a_n, b_n はいずれも整数　……①

と表せることを数学的帰納法で証明する。

[Ⅰ]　$n=1$ のとき，(1)で求めたように $S_1=1$ であり，これは $S_1=0\cdot e+1$ と表せる。

$a_1=0$, $b_1=1$ とすると，a_1, b_1 は整数なので，①は成り立つ。

[Ⅱ]　$n=k$ のとき，①が成り立つ，つまり

$S_k=a_ke+b_k$　ただし a_k, b_k はいずれも整数

と表せると仮定する。このとき

$$S_{k+1}=\int_1^e(\log x)^{k+1}dx$$
$$=\int_1^e x'(\log x)^{k+1}dx$$
$$=\Big[x(\log x)^{k+1}\Big]_1^e-\int_1^e x\{(\log x)^{k+1}\}'dx$$
$$=e-\int_1^e x\cdot(k+1)(\log x)^k(\log x)'dx$$
$$=e-(k+1)\int_1^e(\log x)^k dx$$
$$=e-(k+1)(a_ke+b_k)$$
$$=\{1-(k+1)a_k\}e-(k+1)b_k$$

ここで，仮定より a_k, b_k はいずれも整数なので

$$\begin{cases}a_{k+1}=1-(k+1)a_k\\ b_{k+1}=-(k+1)b_k\end{cases}$$

とすると，a_{k+1}, b_{k+1} もともに整数である。よって

$S_{k+1}=a_{k+1}e+b_{k+1}$　ただし a_{k+1}，b_{k+1} はいずれも整数

と表せるので，①は $n=k+1$ のときにも成り立つ。

［Ⅰ］，［Ⅱ］より，すべての自然数 n に対して

$S_n=a_ne+b_n$　ただし a_n，b_n はいずれも整数

と表すことができる。（証明終）

◀解　説▶

≪定積分についての漸化式≫

(1)　対数関数についての典型問題である。

(2)　数学的帰納法で証明する。部分積分法で計算を進めていく。

やや易しめのレベルの問題である。定積分の計算，数学的帰納法を用いての証明の仕方を問われているので，確実に解答できるようにしておこう。

❖講　評

マーク式の大問が2022年度より1題減少して2題となり，記述式の大問が1題の合計3題の出題であった。試験時間は90分である。問題のレベルと量に対して解答時間は十分にある。

1独立した小問3問からなるマーク式の問題である。(1)は複素数の積に関する確率の問題。(2)は条件を満たす関数についての問題。(3)は正四面体のある平面で切断した際の断面に関する問題である。(1)はやや易しめの問題。(2)・(3)はやや易しめから標準レベルの問題である。

2三角関数 $y=\sin x$ $\left(0\leqq x\leqq\dfrac{\pi}{2}\right)$ の逆関数について，接線の方程式や回転体の体積を求める問題である。高校数学の範囲では $y=\sin x$ $\left(0\leqq x\leqq\dfrac{\pi}{2}\right)$ の逆関数を求めることができない。そのような場合の対処法を理解しておくこと。これもマーク式の問題である。

3対数関数の定積分で成り立つ数列の漸化式について問われている。この問題のみ記述式で，やや易しめのレベルである。

大問3題とも，やや易しめから標準レベルの問題である。

物理

1 **解答** 1−i）　2−j）　3．1　4−o）　5−u）
6．$3-2\sqrt{2}$　7．$5-2\sqrt{5}$
8−d）　9−z）　10−l）　11−b）　12−w）

◀解　説▶

≪なめらかな床と摩擦のある床での2つのおもりの連続衝突≫

1・2．質量 m は $m=kM$ であるので，kM を用いて計算を進めるのが題意に適している。運動量保存則は

$$kMv+MV=kMv'+MV'$$

2つのおもりの衝突は弾性衝突であるので，反発係数は1である。反発係数の式は

$$1=-\frac{v'-V'}{v-V}$$

2式を解いて

$$v'=-\frac{1-k}{1+k}\times v+\frac{2}{1+k}\times V \quad \cdots\cdots①$$

$$V'=\frac{2k}{1+k}\times v+\frac{1-k}{1+k}\times V \quad \cdots\cdots②$$

3．質量 M のおもりの衝突直後の速度 V' は，②に $v=0$，$V=-V_0$ を代入して

$$V'=\frac{2k}{1+k}\times 0+\frac{1-k}{1+k}\times(-V_0)=-\frac{1-k}{1+k}V_0 \quad \cdots\cdots③$$

質量 M のおもりが左方向に進むためには，$V'<0$ でなければならないので

$$V'=-\frac{1-k}{1+k}V_0<0$$

$$k<1$$

4・5．1回目の衝突直後の質量 m のおもりの速度 v' は，①に $v=0$，$V=-V_0$ を代入して

$$v'=-\frac{1-k}{1+k}\times 0+\frac{2}{1+k}\times(-V_0)=-\frac{2}{1+k}V_0$$

壁との衝突は弾性衝突であるので，衝突で速さは変わらず方向のみ逆になる。よって，2 回目の衝突直前の質量 m のおもりの速度は $-v'$ であるので

$$-v'=\frac{2}{1+k}V_0 \quad \cdots\cdots④$$

2 回目の衝突直後の質量 m と M のおもりの速度をそれぞれ v''，V'' とすると，①，②と同様に考えて，③と④より

$$v''=-\frac{1-k}{1+k}\times\left(\frac{2}{1+k}V_0\right)+\frac{2}{1+k}\times\left(-\frac{1-k}{1+k}V_0\right)=\frac{-4(1-k)}{(1+k)^2}V_0$$

$$V''=\frac{2k}{1+k}\times\left(\frac{2}{1+k}V_0\right)+\frac{1-k}{1+k}\times\left(-\frac{1-k}{1+k}V_0\right)=\frac{-1+6k-k^2}{(1+k)^2}V_0$$

6．質量 M のおもりが左方向に進むためには，$V''<0$ でなければならないので

$$V''=\frac{-1+6k-k^2}{(1+k)^2}V_0<0$$

$$-1+6k-k^2<0$$

$$k^2-6k+1>0$$

$$k<3-2\sqrt{2},\ k>3+2\sqrt{2}$$

$k<1$ であるので

$$k<3-2\sqrt{2}$$

7．質量 m のおもりが再び壁と衝突した直後の速度は $-v''$ になる。質量 m のおもりが質量 M のおもりに追いつくためには，$V''<-v''$ でなければならないので

$$\frac{-1+6k-k^2}{(1+k)^2}V_0<\frac{4(1-k)}{(1+k)^2}V_0$$

$$-1+6k-k^2<4(1-k)$$

$$k^2-10k+5>0$$

$$k<5-2\sqrt{5},\ k>5+2\sqrt{5}$$

$k<1$ であるので

$$k<5-2\sqrt{5}$$

8．質量 m のおもりが壁に到達するときに止まるとすると，初速度が $-\frac{2}{1+k}V_0$，加速度が $\mu'g$ であるので，等加速度直線運動の式より

$$0^2-\left(-\frac{2}{1+k}V_0\right)^2=2\cdot\mu'g\cdot(-l)$$

$$\frac{V_0^2}{\mu'gl}=\frac{(1+k)^2}{2}$$

壁に到達する前に止まるためには

$$\frac{V_0^2}{\mu'gl}<\frac{(1+k)^2}{2}$$

9．1回目の衝突後，止まるまでに移動する距離を，質量 m，M のおもりについてそれぞれ L_{m}，L_{M} とすると，どちらのおもりの加速度も減速する方向に $\mu'g$ の大きさであり，質量 m のおもりは壁との衝突で速度の方向を変えるが速さは変わらないので，等加速度直線運動の式から移動距離が求まる。

$$0^2-\left(-\frac{2}{1+k}V_0\right)^2=2\cdot\mu'g\cdot(-L_{\mathrm{m}})$$

$$0^2-\left(-\frac{1-k}{1+k}V_0\right)^2=2\cdot\mu'g\cdot(-L_{\mathrm{M}})$$

右図より，質量 m のおもりが質量 M のおもりに衝突するためには $L_{\mathrm{m}}+L_{\mathrm{M}}\geqq 2l$ が必要なので，衝突する前に止まるためには，$L_{\mathrm{m}}+L_{\mathrm{M}}<2l$ でなければならない。よって

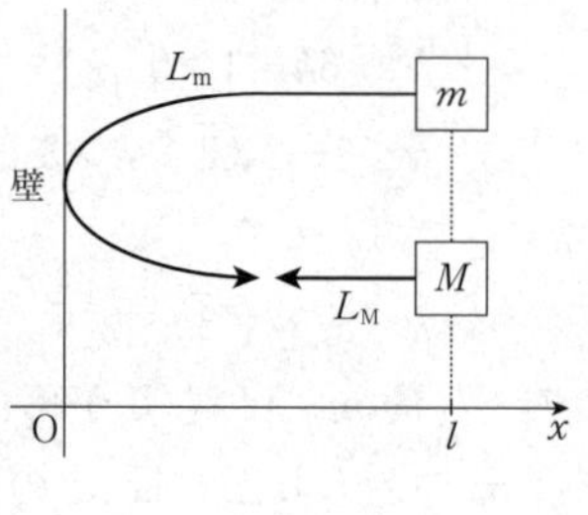

$$\left(\frac{-2}{1+k}V_0\right)^2\frac{1}{2\mu'g}+\left(-\frac{1-k}{1+k}V_0\right)^2\frac{1}{2\mu'g}<2l$$

$$\frac{k^2-2k+5}{2(1+k)^2\mu'g}V_0^2<2l$$

$$\frac{V_0^2}{\mu'gl}<\frac{4(1+k)^2}{5-2k+k^2}$$

10．質量 M のおもりが質量 m のおもりに衝突せずに止まるとすると，質量 M のおもりが止まるまでの時間は $\dfrac{|V'|}{\mu'g}$，移動距離 L'_{M} は

$$L'_{\mathrm{M}}=|V'|\frac{|V'|}{\mu'g}-\frac{1}{2}\mu'g\left(\frac{|V'|}{\mu'g}\right)^2$$

質量 m のおもりが質量 M のおもりに衝突せずに進むとすると，質量 M

のおもりが止まるまでの質量 m のおもりの移動距離 L'_{m} は

$$L'_{\mathrm{m}}=|v'|\frac{|V'|}{\mu' g}-\frac{1}{2}\mu' g\left(\frac{|V'|}{\mu' g}\right)^2$$

2 つのおもりがともに動いている状態で 2 回目の衝突を行うためには，$2l<L'_{\mathrm{M}}+L'_{\mathrm{m}}$ でなければならないので

$$2l<L'_{\mathrm{M}}+L'_{\mathrm{m}}=\frac{|V'|^2}{\mu' g}-\frac{1}{2}\mu' g\left(\frac{|V'|}{\mu' g}\right)^2+|v'|\frac{|V'|}{\mu' g}-\frac{1}{2}\mu' g\left(\frac{|V'|}{\mu' g}\right)^2$$

$$2l<\frac{|V'|^2}{\mu' g}+|v'|\frac{|V'|}{\mu' g}-\frac{|V'|^2}{\mu' g}$$

$$2l<|v'|\frac{|V'|}{\mu' g}$$

$$2l<\frac{2}{1+k}V_0\frac{1-k}{\mu' g(1+k)}V_0$$

$$2l<\frac{2(1-k)}{\mu' g(1+k)^2}V_0^2$$

$$\frac{(1+k)^2}{1-k}<\frac{V_0^2}{\mu' gl}$$

11・12.　2 つのおもりが失った力学的エネルギーを $\varDelta E$ とする。$\varDelta E$ は動摩擦力によるので，9 の L_{M}，$m=kM$ を用いて

$$\begin{aligned}\varDelta E&=\mu' Mg\cdot L_{\mathrm{M}}+\mu' mg\cdot(2l-L_{\mathrm{M}})\\&=2\mu' mgl+\mu' g(M-m)L_{\mathrm{M}}\\&=2\mu' kMgl+\mu' g(M-kM)\frac{(1-k)^2}{2\mu' g(1+k)^2}V_0^2\\&=2k\times\mu' Mgl+\frac{(1-k)^3}{2(1+k)^2}\times MV_0^2\end{aligned}$$

2　**解答**　1 ― e）　2．$\dfrac{Q_0V_0}{2d}$　3 ― b）　4 ― e）　5 ― b）

6 ― r）　7 ― h）　8 ― x）　9．$\dfrac{Q_0V_0}{2d}$　10― r）　11― l）　12― d）

13― f）　14― c）　15― j）　16― n）　17― z）　18― p）　19― u）

20― b）

◀解 説▶

≪平行板コンデンサーのエネルギーの変化≫

1．求める静電エネルギーは

$$\frac{1}{2}\times Q_0V_0$$

2．極板間の電場の強さは $\frac{V_0}{d}$ であり，極板Bにある電荷 $-Q_0$ が極板Aの場所につくる電場の大きさは $\frac{V_0}{2d}$ なので，極板Aに働いている力の大きさは

$$\frac{1}{2}Q_0\cdot\frac{V_0}{d}=\frac{Q_0V_0}{2d}$$

3．極板Aと誘電体の間の電場の強さは，電荷，誘電率ともに状態1と変わらないので

$$1\times\frac{V_0}{d}$$

4．比誘電率2の誘電体内部では，電場の強さは $\frac{1}{2}$ になるので

$$\frac{1}{2}\times\frac{V_0}{d}$$

5．誘電体と極板Bの間では，電場の強さは3と同様で

$$1\times\frac{V_0}{d}$$

6．誘電体の極板B側表面の電位は，極板Bの電位が接地されているため0なので

$$\frac{d}{6}\cdot\frac{V_0}{d}=\frac{1}{6}\times V_0$$

7．A側表面の電位は

$$\frac{1}{6}V_0+\frac{d}{3}\cdot\frac{V_0}{2d}=\frac{1}{3}\times V_0$$

8．極板Aの電位は

$$\frac{1}{3}V_0+\frac{d}{2}\cdot\frac{V_0}{d}=\frac{5}{6}V_0$$

電荷は Q_0 であるので，求める静電エネルギーは

$$\frac{1}{2}Q_0\cdot\frac{5}{6}V_0=\frac{5}{12}\times Q_0V_0$$

9．極板 A と誘電体の間の電場の強さは $\dfrac{V_0}{d}$ であるので，極板 A に働いている力の大きさは，2 と同様に

$$\frac{1}{2}Q_0\cdot\frac{V_0}{d}=\frac{Q_0V_0}{2d}$$

10. 極板 A の電位は 7 と同じであるので，求める静電エネルギーは

$$\frac{1}{2}Q_0\cdot\frac{1}{3}V_0=\frac{1}{6}\times Q_0V_0$$

11. 極板 A に働いている力の大きさは $\dfrac{Q_0V_0}{2d}$ で一定であるので，極板 A を支えていた手になされた仕事は

$$\frac{Q_0V_0}{2d}\cdot\frac{d}{2}=\frac{1}{4}\times Q_0V_0$$

12. 状態 1 での電気容量を C_0 とし，図 3 での電気容量を C_X とすると

$$\frac{1}{C_X}=\frac{1}{6C_0}+\frac{1}{2\times3C_0}=\frac{1}{3C_0}$$

$$C_X=3C_0$$

$C_0=\dfrac{Q_0}{V_0}$ であるので，極板 A に蓄えられている電荷は

$$3C_0\cdot V_0=3\cdot\frac{Q_0}{V_0}\cdot V_0=3\times Q_0$$

13. 求める静電エネルギーは

$$\frac{1}{2}\cdot3Q_0\cdot V_0=\frac{3}{2}\times Q_0V_0$$

14. 電池からコンデンサーに移動した電荷は $3Q_0-Q_0$ なので，放出したエネルギーは

$$(3Q_0-Q_0)V_0=2\times Q_0V_0$$

15. コンデンサーに蓄えられたのは，コンデンサーの静電エネルギーの変化から

$$\frac{3}{2}Q_0V_0-\frac{1}{6}Q_0V_0=\frac{4}{3}\times Q_0V_0$$

16. 状態 2 での電気容量を C_Y とすると

$$\frac{1}{C_Y}=\frac{1}{2C_0}+\frac{1}{2\times3C_0}+\frac{1}{6C_0}=\frac{5}{6C_0}$$

$$C_Y=\frac{6}{5}C_0$$

十分に長い時間が経過した後，極板 A が蓄えている電荷は

$$\frac{6}{5}C_0\cdot V_0=\frac{6}{5}Q_0$$

その間に電池が放出したエネルギーは

$$\left(\frac{6}{5}Q_0-Q_0\right)V_0=\frac{1}{5}\times Q_0V_0$$

17. 静電エネルギーの変化より

$$\frac{1}{2}\cdot\frac{6}{5}Q_0\cdot V_0-\frac{5}{12}Q_0V_0=\frac{11}{60}\times Q_0V_0$$

18. 図 3 での電気容量は $3C_0$ であるので，極板 A に蓄えられている電荷は

$$3C_0\cdot V_0=3Q_0$$

電池が放出したエネルギーは

$$\left(3Q_0-\frac{6}{5}Q_0\right)V_0=\frac{9}{5}\times Q_0V_0$$

19. 極板 A を支えていた手になされた仕事を W とする。極板をゆっくり動かすので，抵抗での発熱を無視すると，仕事とエネルギーの関係より，16 の電荷 $\frac{6}{5}Q_0$ を用いて

$$\frac{9}{5}Q_0V_0=\left(\frac{1}{2}\cdot3Q_0\cdot V_0-\frac{1}{2}\cdot\frac{6}{5}Q_0\cdot V_0\right)+W$$

$$W=\frac{9}{10}\times Q_0V_0$$

20. 抵抗で熱として消費されるエネルギーをそれぞれ求めると

X 君：14・15 より

$$2Q_0V_0-\frac{4}{3}Q_0V_0=\frac{2}{3}Q_0V_0$$

Y 君：16・17 より

$$\frac{1}{5}Q_0V_0-\frac{11}{60}Q_0V_0=\frac{1}{60}Q_0V_0$$

よって

$$\frac{1}{60}Q_0V_0<\frac{2}{3}Q_0V_0$$

となるので，Y 君の実験での方が少ない。

3 **解答**　1－b)　2－f)　3－b)　4－c)　5－a)
6－o)　7－n)　8－f)　9－g)

10. $\frac{55}{36}$　11－m)　12－m)　13－h)

◀解　説▶

≪ピストンで仕切られたシリンダー内の気体の変化≫

1．シリンダーの断面積を S とすると，状態 1 での空間 A 内の気体の圧力は，ピストン 1 の力のつりあいから $p_0+\frac{Mg}{S}$ である。よって，状態方程式は

$$\left(p_0+\frac{Mg}{S}\right)\cdot S\cdot 3l=RT_0 \quad \cdots\cdots①$$

与式　$Mgl=\frac{RT_0}{6}$ より

$$Mg=\frac{RT_0}{6l} \quad \cdots\cdots②$$

①，②より

$$p_0S=\frac{RT_0}{3l}-Mg=\frac{RT_0}{3l}-\frac{RT_0}{6l}=\frac{RT_0}{6l} \quad \cdots\cdots③$$

状態 2 での空間 A 内部の高さを l_A とすると，状態方程式は

$$3p_0\cdot S\cdot l_A=RT_0$$

これに③を代入すると

$$l_A=2\times l$$

2．ピストン 2 の力のつりあいから空間 B 内の気体の圧力は $3p_0+\frac{Mg}{S}$ である。よって，状態 2 での空間 B 内部の高さを l_B とすると，状態方程式は

$$\left(3p_0+\frac{Mg}{S}\right)\cdot S\cdot l_B=RT_0$$

$$(3p_0S+Mg)l_B=RT_0$$

②，③を用いて計算すると

$$l_B=\frac{3}{2}\times l$$

3・4．空間A内の気体の温度は T_0，ピストン1の力のつりあいから空間A内の気体の圧力は $3p_0$ のままであるので，空間A内部の高さは $2l$ で変化しない。よって，空間B内部の高さは

$$5l-2l=3\times l$$

状態3での空間B内の気体の温度を T_B とする。圧力は状態2から変化しないので，シャルルの法則より

$$\frac{S\cdot 3l}{S\cdot\frac{3}{2}l}=\frac{T_B}{T_0}$$

$$T_B=2\times T_0$$

5．状態変化2→3の過程で空間B内の気体が行った仕事を W_B とすると

$$W_B=\left(3p_0+\frac{Mg}{S}\right)\cdot S\cdot\frac{3}{2}l=1\times RT_0$$

6．ピストンとおもりの位置エネルギーの増加を $\varDelta E$ とする。ピストン1，ピストン2，おもりのすべてが $\frac{3}{2}l$ 持ち上がったので

$$\varDelta E=3Mg\cdot\frac{3}{2}l=\frac{9}{2}Mgl=\frac{9}{2}\cdot\frac{RT_0}{6}=\frac{3}{4}\times RT_0$$

7．外気に対してなされた仕事を W とすると

$$W=p_0S\cdot\frac{3}{2}l=\frac{RT_0}{6l}\cdot\frac{3}{2}l=\frac{1}{4}\times RT_0$$

8．状態変化2→3における空間B内の気体の内部エネルギーの増加を $\varDelta U_B$ とすると

$$\varDelta U_B=\frac{3}{2}R(T_B-T_0)=\frac{3}{2}R(2T_0-T_0)=\frac{3}{2}\times RT_0$$

9．ヒーターが放出した熱量を Q とすると，熱力学第一法則より

$$Q=W_B+\varDelta U_B=RT_0+\frac{3}{2}RT_0=\frac{5}{2}\times RT_0$$

10．求める温度を T_X とする。シリンダーとピストン1で仕切られた空間

から熱の出入りはなく，空間 A 内と空間 B 内の気体の内部エネルギーとピストン 2 の重力による位置エネルギーの和は保存するので

$$\left(\frac{3}{2}R\cdot T_0+\frac{3}{2}R\cdot 2T_0\right)+Mg\cdot\frac{l}{2}=\frac{3}{2}RT_X+\frac{3}{2}RT_X$$

$$T_X=\frac{55}{36}\times T_0$$

11. 空間 A 内の気体の圧力を p_A とすると，状態方程式より

$$p_A\cdot S\cdot\frac{5}{2}l=R\cdot\frac{55}{36}T_0$$

$$p_A=\frac{11}{3}\times p_0$$

12. 空間 B 内の気体の圧力を p_B とする。温度，体積はともに空間 A 内の気体と同じであるので

$$p_B=p_A=\frac{11}{3}\times p_0$$

13. 十分長い時間が経過した後の空間 A 内の気体の圧力を p，ピストン 2 が下がった高さを x，全体の温度を T_Y とする。空間 A 内と空間 B 内の気体の状態方程式はそれぞれ

A : $p\cdot\{S(2l+x)\}=RT_Y$ ……④

B : $\left(p+\frac{Mg}{S}\right)\{S(3l-x)\}=RT_Y$ ……⑤

シリンダーとピストン 1 で仕切られた空間内のエネルギー保存から

$$\left(\frac{3}{2}R\cdot T_0+\frac{3}{2}R\cdot 2T_0\right)+Mgx=\frac{3}{2}RT_Y+\frac{3}{2}RT_Y \quad ……⑥$$

まず，④，⑤より p，S を消去して

$$RT_Y=\frac{(3l-x)(2l+x)}{2x-l}Mg$$

この式を⑥に代入し，②を用いて Mg を消去して

$$x^2+10lx-9l^2=0$$

$$x=(-5\pm\sqrt{34})\times l$$

$0<x$ であるので

$$x=(-5+\sqrt{34})\times l$$

参考 与式 $Mgl=\frac{RT_0}{6}$ を導いておこう。状態 1 での空間 A 内と空間 B

内の気体の状態方程式はそれぞれ

$$\text{A}:\left(p_0+\frac{Mg}{S}\right)\cdot S\cdot 3l=RT_0$$

$$\text{B}:\left(p_0+\frac{2Mg}{S}\right)\cdot S\cdot 2l=RT_0$$

2 式より p_0, S を消去して

$$Mgl=\frac{RT_0}{6}$$

❖講　評

例年どおり，長文の大問 3 題の出題である。次々と変わる設定をひとつひとつきっちりとおさえて立式し，計算する力が要求されている。

1 2 つのおもりの連続衝突の問題であるので，運動量保存則と反発係数の式を計算する。1，2 を間違えれば全滅する恐れがあるので，慎重に解き進めたい。

2 平行板コンデンサーの極板が受ける力の大きさ F は，電荷を Q，極板間の電場の強さを E とすると，$F=\frac{1}{2}QE$ である。強さが E の電場中の比誘電率 ε_r の誘電体内部の電場の強さ E_r は $E_r=\frac{E}{\varepsilon_r}$ である。以上のことを大前提として問題は構成されている。誘導に従って，状況整理をしながら解いていこう。

3 $Mgl=\frac{RT_0}{6}$ を上手に用いて，状態方程式，内部エネルギーの式，仕事と内部エネルギーの関係式などを，順次要領よく計算していこう。シリンダーの断面積は与えられていないので，適当に決めて進める。

化学

1 **解答**　問1．$5.0\times10^{+3}$　問2．$1.7\times10^{+3}$

問3．$8.3\times10^{+4}$　問4．$n=n_{H_2}-n_{Ac}$

問5．6.0×10^{-1}

◀解　説▶

≪混合気体の分圧，エタンおよびアセチレンと水素の付加反応≫

問1．実験Ⅰにおいて，5.00 L で 4.00×10^3 Pa を示すA室のエタン C_2H_6 を，同温の100℃で一定に保ったまま仕切板を開いて混合し，6.00 L にしたときの分圧を $p_{エ}$〔Pa〕とする。ボイルの法則より

$$4.00\times10^3\times5.00=p_{エ}\times6.00$$

$$\therefore\quad p_{エ}=\frac{1}{3}\times10^4〔\mathrm{Pa}〕$$

同様に，5.00 L で 1.00×10^4 Pa を示すB室のアルゴン Ar を，同温の100℃で一定に保ったまま仕切板を開いて混合し，6.00 L にしたときの分圧を $p_{ア}$〔Pa〕とする。ボイルの法則より

$$1.00\times10^4\times1.00=p_{ア}\times6.00$$

$$\therefore\quad p_{ア}=\frac{1}{6}\times10^4〔\mathrm{Pa}〕$$

混合時にエタンとアルゴンは反応しないので，静置後の容器内の全圧 P〔Pa〕は，同温・同体積より，ドルトンの分圧の法則を用いて

$$P=p_{エ}+p_{ア}=\frac{1}{3}\times10^4+\frac{1}{6}\times10^4=5.0\times10^3〔\mathrm{Pa}〕$$

問2．問1より，静置後のアルゴンの分圧は

$$p_{ア}=\frac{1}{6}\times10^4=1.66\times10^3\fallingdotseq1.7\times10^3〔\mathrm{Pa}〕$$

問3．実験Ⅱにおいて，問1と同様に，同温で仕切板を開いて気体を混合したときの反応前のエチレンの分圧を p_{Et}〔Pa〕とすると，ボイルの法則より

$$1.00\times10^5\times5.00=p_{Et}\times6.00$$

$$\therefore\quad p_{Et}=\frac{5}{6}\times10^5〔\mathrm{Pa}〕$$

同様に，水素の圧力を p_{H_2}〔Pa〕とすると，ボイルの法則より

$$1.00\times10^5\times1.00=p_{H_2}\times6.00$$

$$\therefore\quad p_{H_2}=\frac{1}{6}\times10^5\text{〔Pa〕}$$

同温・同体積では物質量は圧力に比例するので，エチレンと水素の付加反応での圧力の量的関係は以下の通りとなる。

	C_2H_4	＋	H_2	⟶	C_2H_6	
反応前	$\frac{5}{6}\times10^5$		$\frac{1}{6}\times10^5$		0	〔Pa〕
変化量	$-\frac{1}{6}\times10^5$		$-\frac{1}{6}\times10^5$		$+\frac{1}{6}\times10^5$	〔Pa〕
反応後	$\frac{2}{3}\times10^5$		0		$\frac{1}{6}\times10^5$	〔Pa〕

ゆえに，水素がすべて反応し，反応が完全に終了したときの容器内の全圧 P〔Pa〕は，同温・同体積なので，ドルトンの分圧の法則より

$$P=\frac{2}{3}\times10^5+\frac{1}{6}\times10^5=8.33\times10^4\fallingdotseq8.3\times10^4\text{〔Pa〕}$$

問４．実験Ⅲにおいて，水素と付加反応が起こり，エチレンとアセチレンがすべて反応してエタンとなり，反応後はエタンと水素のみとなっている。まず，エチレンと水素の付加反応での物質量の量的関係を示す。

	C_2H_4	＋	H_2	⟶	C_2H_6	
反応前	n_{Et}		n_{H_2}		0	〔mol〕
変化量	$-n_{Et}$		$-n_{Et}$		$+n_{Et}$	〔mol〕
反応後	0		$(n_{H_2}-n_{Et})$		n_{Et}	〔mol〕

続いて，アセチレンと水素の付加反応での物質量の量的関係を示す。

	C_2H_2	＋	$2H_2$	⟶	C_2H_6	
反応前	n_{Ac}		$(n_{H_2}-n_{Et})$		n_{Et}	〔mol〕
変化量	$-n_{Ac}$		$-2n_{Ac}$		$+n_{Ac}$	〔mol〕
反応後	0		$(n_{H_2}-n_{Et}-2n_{Ac})$		$(n_{Et}+n_{Ac})$	〔mol〕

ゆえに，反応後の容器内に存在する気体の総物質量 n〔mol〕は

$$n=(n_{H_2}-n_{Et}-2n_{Ac})+(n_{Et}+n_{Ac})=n_{H_2}-n_{Ac}\text{〔mol〕}$$

問５．反応前のＡ室の 5.00 L に入っているエチレンとアセチレンの混合ガスの分圧の合計は 8.00×10^3 Pa である。同温で，仕切板を開いて 6.00 L で混合すると，反応前のエチレンとアセチレンの分圧の合計

$p_{Et}+p_{Ac}$ は，ボイルの法則より

$$8.00\times10^3\times5.00=(p_{Et}+p_{Ac})\times6.00$$

$$\therefore\quad p_{Et}+p_{Ac}=\frac{20}{3}\times10^3\,[\text{Pa}]\quad\cdots\cdots①$$

また，反応後は 6.00 L にエタンと水素のみが存在し，同温・同体積では物質量と圧力は比例するので，分圧も物質量と同様に考えられる。

まず，エチレンと水素の付加反応について

	C_2H_4	+ H_2	$\longrightarrow$ C_2H_6	
反応前	p_{Et}	p_{H_2}	0	[Pa]
変化量	$-p_{Et}$	$-p_{Et}$	$+p_{Et}$	[Pa]
反応後	0	$(p_{H_2}-p_{Et})$	p_{Et}	[Pa]

続いて，アセチレンと水素の付加反応について

	C_2H_2	+ $2H_2$	$\longrightarrow$ C_2H_6	
反応前	p_{Ac}	$(p_{H_2}-p_{Et})$	p_{Et}	[Pa]
変化量	$-p_{Ac}$	$-2p_{Ac}$	$+p_{Ac}$	[Pa]
反応後	0	$(p_{H_2}-p_{Et}-2p_{Ac})$	$(p_{Et}+p_{Ac})$	[Pa]

ゆえに，反応後の容器内に存在する気体の全圧 P [Pa] は

$$P=p_{H_2}-p_{Ac}=1.40\times10^4\,[\text{Pa}]\quad\cdots\cdots②$$

①+② より

$$p_{Et}+p_{H_2}=\frac{62}{3}\times10^3\,[\text{Pa}]$$

ここで，問3より，$p_{H_2}=\frac{1}{6}\times10^5\,[\text{Pa}]$ なので，$p_{Et}=4.0\times10^3\,[\text{Pa}]$ となる。

ゆえに，A室に入れた混合ガス中のエチレンのモル分率は

$$\frac{p_{Et}}{p_{Et}+p_{Ac}}=\frac{4.0\times10^3}{\frac{20}{3}\times10^3}=0.60=6.0\times10^{-1}$$

2　**解答**　問6．ア．質量モル　イ．モル（体積モル）

問7．e）　問8．$+3.8\times10^{-4}$

問9．$1.8\times10^{+3}$　問10．b）

◀解　説▶

≪希薄溶液中の不揮発性物質の分子量測定，沸点上昇，浸透圧≫

問 6．ア．希薄溶液の純溶媒からの沸点上昇度 ΔT〔K〕は，溶質の種類に関係なく，溶液の質量モル濃度 m〔mol/kg〕に比例する。

$$\Delta T = K \times m$$

K はモル沸点上昇という比例定数である。

イ．希薄溶液の浸透圧 Π〔Pa〕は，溶液のモル濃度 c〔mol/L〕と絶対温度 T〔K〕に比例する。これをファントホッフの法則という。

$$\Pi = c \times R \times T$$

R は気体定数と同じ比例定数である。

問 7．希薄溶液 X の溶質の分子量を M_X，質量モル濃度を m_X とすると

$$\Delta T_X = K \times m_X = K \times \frac{\frac{\omega}{M_X}}{\frac{W}{1000}} = K \times \frac{1000\omega}{M_X W} \quad \cdots\cdots ①$$

同様に，希薄溶液 Y の質量モル濃度を m_Y とすると

$$\Delta T_Y = K \times m_Y = K \times \frac{0.100}{\frac{200}{1000}} = K \times \frac{1}{2}$$

$$\therefore \quad K = 2\Delta T_Y$$

K を①に代入すると

$$\Delta T_X = 2\Delta T_Y \times \frac{1000\omega}{M_X W} \qquad \therefore \quad M_X = \frac{2000\omega \Delta T_Y}{W \Delta T_X}$$

問 8．実験Ⅲにおいて，沸点上昇度 ΔT〔K〕は

$$\Delta T = K_B \times \frac{1000\omega}{M_X W}$$

$$= 0.520 \times \frac{1000 \times 2.00}{1.00 \times 10^4 \times 275}$$

$$= 3.78 \times 10^{-4} \fallingdotseq 3.8 \times 10^{-4}\text{〔K〕}$$

問 9．実験Ⅲにおいて，溶液の質量は 277 g，密度は 1.00 g/cm^3 より，溶液の体積は 277 mL なので，浸透圧 Π〔Pa〕は

$$\Pi = c \times R \times T$$

$$= \frac{\frac{2.00}{1.00 \times 10^4}}{0.277} \times 8.31 \times 10^3 \times 300$$

$$= 1.8 \times 10^3\text{〔Pa〕}$$

問 10. Π の値が 1.8×10^3 Pa であり，0～5000 Pa の測定範囲内および ±1 Pa の測定精度をどちらも満たしているので，分子量が 1.00×10^4 の高分子の平均分子量を正確に決定するには精密圧力計による浸透圧 Π の測定が適している。一方，ΔT の値は 3.8×10^{-4} K であり，0～199.9℃の測定範囲内ではあるが，±0.1℃の測定精度は満たしていないので，精密温度計による沸点上昇度 ΔT の測定には適していない。

3 解答

問 11. +3　問 12. 11.5

問 13. 350　問 14. 7.4×10^0

問 15. $3Cu + 8HNO_3 \longrightarrow 3Cu(NO_3)_2 + 4H_2O + 2NO$

◀解　説▶

≪窒素の製法，NH_3 および NO_x の反応，熱化学方程式≫

問 11. 亜硝酸アンモニウムから窒素が生成する化学反応式を示す。

$$\underline{N}H_4NO_2 \longrightarrow \underline{N}_2 + 2H_2O$$

酸化数　−3　　　0

問 12. c〔mol/L〕の NH_3 水溶液の電離度を α とする。

	NH_3	+ H_2O ⇄	NH_4^+	+	OH^-	
電離前	c		0		0	〔mol/L〕
変化量	$-c\alpha$		$+c\alpha$		$+c\alpha$	〔mol/L〕
電離後	$c(1-\alpha)$		$c\alpha$		$c\alpha$	〔mol/L〕

NH_3 の電離定数 K_b は

$$K_b = \frac{[NH_4^+][OH^-]}{[NH_3]} = \frac{c^2\alpha^2}{c(1-\alpha)} = \frac{c\alpha^2}{1-\alpha}$$

$\alpha \ll 1$ と仮定すると，$1-\alpha \fallingdotseq 1$ より，$K_b = c\alpha^2$ となり

$$\alpha = \sqrt{\frac{K_b}{c}}$$

このとき，$\alpha = \sqrt{\dfrac{1.80\times10^{-5}}{5.00\times10^{-1}}} = 6.00\times10^{-3}$ であり，$\alpha \ll 1$ を満たす。

また

$$[OH^-] = c\alpha = c\times\sqrt{\frac{K_b}{c}} = \sqrt{cK_b}$$

$$= \sqrt{5.00\times10^{-1}\times1.80\times10^{-5}}$$

$$=\sqrt{9.00\times10^{-6}}$$
$$=3.00\times10^{-3}\text{[mol/L]}$$

ゆえに，水酸化物イオン指数 pOH は

$$\text{pOH}=-\log_{10}[\text{OH}^-]$$
$$=-\log_{10}(3.00\times10^{-3})$$
$$=3-\log_{10}3=2.523$$
$$\therefore\quad \text{pH}=14-\text{pOH}=14-2.523=11.477\fallingdotseq11.5$$

問13．NH_3 から NO_2 が生成する反応の熱化学方程式は

$$4NH_3(気)+5O_2(気)=4NO(気)+6H_2O(液)+1172\text{kJ}\quad\cdots\cdots(1)$$
$$2NO(気)+O_2(気)=2NO_2(気)+114\text{kJ}\quad\cdots\cdots(2)$$

(1)＋(2)×2 より

$$4NH_3(気)+7O_2(気)=4NO_2(気)+6H_2O(液)+1400\text{kJ}$$

1mol の NH_3 からは，$1400\times\frac{1}{4}=350$〔kJ〕の熱量が発生する。

問14．Ag が濃硝酸に溶解して NO_2 を発生させる化学反応式を示す。

$$Ag+2HNO_3\longrightarrow AgNO_3+H_2O+NO_2$$

Ag（原子量：108）5.40 g は 0.050 mol で，過不足なく反応する HNO_3（分子量：63）は 0.10 mol で 6.30 g となる。63％の HNO_3 水溶液の体積を x〔mL〕とする。密度が 1.35 g/cm^3 なので，HNO_3 水溶液の質量は $1.35x$〔g〕であり，HNO_3 の質量は $1.35x\times0.63$〔g〕となる。

ゆえに，$1.35x\times0.63=6.30$ より

$$x=7.40\fallingdotseq7.4\text{[mL]}$$

問15．Cu が希硝酸 HNO_3 に溶解して NO を発生させる化学反応式を示す。

$$3Cu+8HNO_3\longrightarrow 3Cu(NO_3)_2+4H_2O+2NO$$

4　解答

問16．b)・d)・e)

問17．$HCl+NaOH\longrightarrow NaCl+H_2O$

$HCl+Na_2CO_3\longrightarrow NaCl+NaHCO_3$

問18．1.5×10^{-2}　問19．$2.5\times10^{+1}$　問20．$1.2\times10^{+1}$

◀解　説▶

≪ NaOH の潮解と CO_2 の吸収，混合物の中和滴定≫

問16.　a）誤り。アンモニアソーダ法（ソルベー法）は Na_2CO_3 の製法である。

b）正しい。NaCl 水溶液のイオン交換膜法による電解では，陰極で $2H_2O+2e^- \longrightarrow H_2+2OH^-$ の還元反応が起こり，陽イオン交換膜を通れない OH^- は陰極側に留まり，陽イオン交換膜を通って陰極に引き寄せられた Na^+ と結合して NaOH が生成する。陽極では

$2Cl^- \longrightarrow Cl_2+2e^-$ の酸化反応が起こる。

c）誤り。NaOH は潮解性を示すが，風解性は示さない。

d）正しい。NaOH(固)＋aq＝NaOHaq＋44.5kJ のように発熱反応である。

e）正しい。強塩基なので皮膚や粘膜のタンパク質を激しく侵す性質がある。

f）誤り。ナトリウムの塩基性酸化物は Na_2O であり，これが水に溶けると，$Na_2O+H_2O \longrightarrow 2NaOH$ となる。

問17.　溶液 **A** は NaOH と Na_2CO_3 の混合水溶液となっている。実験Ⅱにおいて，指示薬には塩基性に変色域をもつフェノールフタレインを使っているので，中和点では pH が 7.0 より大きく，塩基性となる。

$$HCl+NaOH \longrightarrow \underset{\text{中性}}{NaCl}+H_2O$$

$$HCl+Na_2CO_3 \longrightarrow \underset{\text{中性}}{NaCl}+\underset{\text{塩基性}}{NaHCO_3}$$

問18.　実験Ⅱと実験Ⅲにおいて，HCl と NaOH および HCl と Na_2CO_3 との中和反応の量的関係を示すと次のようになる。

$$HCl+NaOH \longrightarrow NaCl+H_2O \quad \cdots\cdots①$$

$$HCl+Na_2CO_3 \longrightarrow NaCl+NaHCO_3 \quad \cdots\cdots②$$

$$HCl+NaHCO_3 \longrightarrow NaCl+H_2O+CO_2 \quad \cdots\cdots③$$

実験Ⅱで，指示薬にフェノールフタレインを使用する場合は①と②が起こり，21.00 mL 加えたところで中和点となり塩基性を示す。実験Ⅲで，指示薬にメチルオレンジを使用する場合は①～③が起こり，24.00 mL 加えたところで中和点となり酸性を示す。ゆえに，実験Ⅱと実験Ⅲの 0.100mol/ L の HCl の体積の差は 3.00 mL で，それは③の中和反応で消費された HCl の体積となる。

溶液A 20.00 mL における各中和反応の量的関係を示す。

HCl ＋ $NaOH$ ⟶ $NaCl+H_2O$ ……①

0.100 mol/L ↓
18.0 mL ↓
1.8×10^{-3}mol　1.8×10^{-3} mol

HCl ＋ Na_2CO_3 ⟶ $NaCl+NaHCO_3$ ……②

0.100 mol/L ↓
3.00 mL ↓
3.0×10^{-4} mol　3.0×10^{-4} mol

HCl ＋ $NaHCO_3$ ⟶ $NaCl+H_2O+CO_2$ ……③

0.100 mol/L ↓
3.00 mL ↓
3.0×10^{-4} mol　3.0×10^{-4} mol

ゆえに，実験Ⅱより，溶液Aに含まれるNa_2CO_3のモル濃度は

$$\frac{3.0\times10^{-4}}{0.020}=1.5\times10^{-2}\,[\text{mol/L}]$$

問19. 溶液A 20.00 mL 中に含まれるNa_2CO_3は3.0×10^{-4} mol である。

$2NaOH$ ＋ CO_2 ⟶ Na_2CO_3 ＋ H_2O

6.0×10^{-4}mol が変化した　3.0×10^{-4}mol が生成した

したがって，もともと存在していたNaOHは，HClで中和された物質量と，Na_2CO_3に変化した物質量の和なので

$$1.8\times10^{-3}+6.0\times10^{-4}=2.4\times10^{-3}\,[\text{mol}]$$

ゆえに，Na_2CO_3に変化したNaOHの割合は

$$\frac{6.0\times10^{-4}}{2.4\times10^{-3}}\times100=25\,[\%]$$

問20. 溶液A 200.0 mL 中に混合物Xは1.18 g 含まれる。混合物Xの内訳は

NaOH（式量：40）：1.8×10^{-2}mol で 0.72 g

Na_2CO_3（式量：106）：3.0×10^{-3}mol で 0.318 g

H_2O：$1.18-(0.72+0.318)=0.142\,[\text{g}]$

ゆえに，混合物X中に含まれるH_2Oの割合は

$$\frac{0.142}{1.18}\times100=12.0\fallingdotseq12\,[\%]$$

5 **解答**　問21. $8.75\times10^{+2}$　問22. $1.25\times10^{+2}$

問23. 6

$$
\begin{array}{l}
\mathrm{HO-CH_2} \\
\quad\quad\ | \\
\mathrm{HO-C^{*}H} \\
\quad\quad\ | \\
\end{array}
$$

問24. $\mathrm{C_{17}H_{31}-CO-O-CH_2}$

問25. c)・d)

◀解　説▶

≪油脂の混合物のけん化とセッケンの生成，油脂の構造決定≫

問21. 油脂の混合物 **X** は，パルミチン酸，リノール酸，オレイン酸，ステアリン酸を1：3：5：1の物質量比で含むので，脂肪酸の平均値を求める。

平均値の脂肪酸の炭化水素基をRとして次のように表す。

$$
\begin{array}{l}
\mathrm{R-CO-O-CH_2} \\
\quad\quad\quad\quad\quad\ | \\
\mathrm{R-CO-O-CH} \\
\quad\quad\quad\quad\quad\ | \\
\mathrm{R-CO-O-CH_2}
\end{array}
$$

パルミチン酸 $\mathrm{C_{15}H_{31}COOH}$ の炭化水素基の式量は211，リノール酸 $\mathrm{C_{17}H_{31}COOH}$ の炭化水素基の式量は235，オレイン酸 $\mathrm{C_{17}H_{33}COOH}$ の炭化水素基の式量は237，ステアリン酸 $\mathrm{C_{17}H_{35}COOH}$ の炭化水素基の式量は239なので，油脂の炭化水素基Rの平均値は

$$\frac{211+235\times3+237\times5+239}{10}=234$$

油脂の混合物 **X** の炭化水素基R以外の部分の分子式は $\mathrm{C_6H_5O_6}$ となり，分子量は173なので，油脂の混合物 **X** の平均分子量は $173+234\times3=875$ となる。

問22. 使用した油脂の混合物 **X** の質量を w〔g〕とする。

$$
\begin{array}{l}
\mathrm{R-CO-O-CH_2} \\
\quad\quad\quad\quad\quad\ | \\
\mathrm{R-CO-O-CH} \\
\quad\quad\quad\quad\quad\ | \\
\mathrm{R-CO-O-CH_2}
\end{array}
+\mathrm{3NaOH}\longrightarrow \mathrm{3R-COONa}+
\begin{array}{l}
\mathrm{HO-CH_2} \\
\quad\quad\ | \\
\mathrm{HO-CH} \\
\quad\quad\ | \\
\mathrm{HO-CH_2}
\end{array}
$$

セッケン R−COONa（式量：$234+67=301$）が129g得られたので

$$\frac{w}{875}\times3\times301=129$$

より　　$w=125$〔g〕

問23．混合物 **X** を構成する高級脂肪酸の C=C に H_2 を完全に付加させると，1分子中に C=C を2個もつリノール酸と，1分子中に C=C を1個もつオレイン酸はどちらもステアリン酸となる。ゆえに，得られる可能性のある油脂を構成する高級脂肪酸はパルミチン酸（パと表す）とステアリン酸（スと表す）の2種類となる。ゆえに，可能な油脂は6種類となる。

パ	パ	パ	パ	ス	ス
パ	パ	ス	ス	パ	ス
パ	ス	パ	ス	ス	ス

問24．化合物 **Z** の組成式を $C_xH_yO_z$ とする。

CO_2（分子量：44）462 mg と H_2O（分子量：18）171 mg が生成したので

C 原子の質量は　　$462\times\dfrac{12}{44}=126$〔mg〕

H 原子の質量は　　$171\times\dfrac{2}{18}=19$〔mg〕

O 原子の質量は　　$177-(126+19)=32$〔mg〕

よって

$$x:y:z=\frac{126}{12}:\frac{19}{1}:\frac{32}{16}=10.5:19:2=21:38:4$$

ゆえに，化合物 **Z** は油脂 **Y** を一部加水分解していることと，O の数から，化合物 **Z** の組成式と分子式は $C_{21}H_{38}O_4$ と考えられる。これと化合物 **Z** が不斉炭素原子をもつことから，実験Ⅱでの，油脂 **Y** の一部を NaOH で加水分解した反応は以下のようになる。

$$\begin{array}{l} C_{17}H_{31}-CO-O-CH_2 \\ \qquad\qquad\qquad\quad | \\ C_{17}H_{31}-CO-O-CH \ + \ 2NaOH \\ \qquad\qquad\qquad\quad | \\ C_{17}H_{31}-CO-O-CH_2 \end{array}$$

油脂 **Y**（分子式 $C_{57}H_{98}O_6$）

$$\longrightarrow \begin{array}{l} \qquad\qquad\qquad\ HO-CH_2 \\ \qquad\qquad\qquad\qquad\quad | \\ \qquad\qquad\qquad\ HO-C^*H \ + \ 2C_{17}H_{31}-COONa \\ \qquad\qquad\qquad\qquad\quad | \\ C_{17}H_{31}-CO-O-CH_2 \end{array}$$

化合物 **Z**（分子式 $C_{21}H_{38}O_4$）

問 25.　a）誤り。セッケンの水溶液は加水分解して弱塩基性を示す。

$$\mathrm{R{-}COONa + H_2O \longrightarrow R{-}COOH + NaOH}$$

b）誤り。油脂の融点はC＝C の数が多いほど低くなる傾向がある。その数は，リノール酸が 2 個，オレイン酸が 1 個，パルミチン酸が 0 個である。よって，融点はリノール酸（−5℃）＜オレイン酸（13℃）＜パルミチン酸（63℃）となる。

c）正しい。$\mathrm{2C_{17}H_{35}COONa + Ca^{2+} \longrightarrow (C_{17}H_{35}COO)_2Ca + 2Na^+}$ となり，セッケンは硬水中で難溶性の塩となる。

d）正しい。セッケンは，$\mathrm{R{-}COO^-}$ の構造をしており，疎水性の R と親水性の $\mathrm{COO^-}$ からなる。ゆえに，脂肪油を加えて振り混ぜると，疎水性の部分を内側に，親水性の部分を外側にして脂肪油を取り囲み，乳濁液（エマルション）となる。

e）誤り。ステアリン酸ナトリウムのようなセッケンには，臨界ミセル濃度（CMC）があり，この濃度以上では水中でミセルコロイドを形成する。

6 解答

問 26.　*a*．8　*b*．8　*c*．2

問 27.　a）・b）・d）　問 28.　c）

問 29.　**A**．$\mathrm{HO{-}C_6H_4{-}C({=}O){-}CH_3}$

B．$\mathrm{HO{-}C_6H_4{-}CH_2{-}C({=}O)H}$

D．$\mathrm{HC({=}O){-}O{-}C_6H_4{-}CH_3}$

問 30.　21

◀解　説▶

≪ $\mathrm{C_mH_nO_2}$ からなる *p* 位の芳香族化合物の構造決定≫

問 26.　化合物 **A** の組成式を $\mathrm{C_xH_yO_z}$ とする。

$\mathrm{CO_2}$（分子量：44）528mg と $\mathrm{H_2O}$（分子量：18）108mg が生成したので

C 原子の質量は　　$528 \times \dfrac{12}{44} = 144\,[\mathrm{mg}]$

H 原子の質量は　$108\times\frac{2}{18}=12$〔mg〕

O 原子の質量は　$204-(144+12)=48$〔mg〕

よって

$$x:y:z=\frac{144}{12}:\frac{12}{1}:\frac{48}{16}=12:12:3=4:4:1$$

組成式は C_4H_4O となるが，化合物**A**は O 原子を 2 個もつので分子式は $C_8H_8O_2$ となる。

問 27.　ヨードホルム反応が陽性の化合物は，CH_3CO-R や $CH_3CH(OH)-R$ の構造をもつ。アセトン CH_3CO-CH_3，エタノール $CH_3CH(OH)-H$，アセトアルデヒド CH_3CO-H が該当する。酢酸 CH_3CO-OH は，CH_3CO- をもつが R が炭化水素基ではなく，電子供与性の大きい OH が結合しているので陰性となる。同様の理由でエステルやアミドも陰性となる。

問 28.　銀鏡反応が陽性の化合物はアルデヒド基 $-CHO$ をもつので，ホルムアルデヒド $H-CHO$ だけとなる。

問 29.　分子式 $C_8H_8O_2$ の芳香族化合物**A**～**D**は p 位の二置換体の構造異性体である。**A**と**B**は $FeCl_3$ 水溶液で呈色したのでフェノール類である。**C**は呈色しなかったのでフェノール類ではない。**A**はヨードホルム反応が陽性なので $CH_3CH(OH)-$ か CH_3CO- をもつ。また，**B**と**C**はアルデヒド基 $-CHO$ をもつ。ゆえに，**A**～**C**の構造式は次のようになる。

$HO-C_6H_4-C(=O)-CH_3$

A

$HO-C_6H_4-CH_2-C(=O)H$

B

$HOH_2C-C_6H_4-C(=O)H$

C

また，エステルである**D**は，弱酸性の**F**と**G**の脱水縮合で得られる。**F**は $FeCl_3$ 水溶液で呈色するのでフェノール類となる。**G**は銀鏡反応が陽性な

ので $-CHO$ をもつ。ゆえに，**D**の構造式は次のように考えられる。

$$\mathrm{HCOOH} + \mathrm{HO{-}C_6H_4{-}CH_3} \longrightarrow \mathrm{HC(=O){-}O{-}C_6H_4{-}CH_3} + \mathrm{H_2O}$$

G（ギ酸）　**F**（*p*-クレゾール）　**D**

問 30．PET の構造式を示す。分子量は $192n+18$ となる。

$$\mathrm{HO}\left[\mathrm{OC{-}C_6H_4{-}CO{-}O{-}(CH_2)_2{-}O}\right]_n\mathrm{H}$$

この 1 分子中の PET の左端に $-COOH$ が 1 個含まれる。2.13g には 1.00×10^{-3}mol の $-COOH$ が含まれるので，PET の分子量は

$$\frac{2.13}{1.00\times10^{-3}}=2.13\times10^{3}$$

ゆえに

$$192n+18=2.13\times10^{3} \qquad n=11$$

この 1 分子中の PET にはエステル結合 $-CO-O-$ は $2n-1$ 個含まれるので，$n=11$ を代入すると，21 個となる。

❖講　評

[1]は，「混合気体の分圧，エタンおよびアセチレンと水素の付加反応」に関する出題である。3 つの実験については，いずれもドルトンの分圧の法則を使って，混合後の気体の分圧を求めて計算に入ればよい。互いに反応しない場合は分圧の和が全圧になり，反応する場合は反応前後における物質量や分圧の量的関係を求めて解答すればよい。

[2]は，「希薄溶液中の不揮発性物質の分子量測定，沸点上昇，浸透圧」に関する出題である。溶質の分子量を求める方法の比較で，特に分子量が大きい高分子化合物の場合は，沸点上昇度 ΔT や浸透圧 Π から計算できるが，温度計の測定精度から沸点上昇度は不適で，通常は浸透圧を用いるという知識があれば解答しやすい。

[3]は，「窒素の製法，NH_3 および NO_x の反応，熱化学方程式」に関する出題である。亜硝酸アンモニウムの分解による窒素の製法やアンモニア水溶液の電離定数を用いた pH の計算は教科書で復習をすればよい。アンモニアから二酸化窒素が生成する熱化学方程式も標準的である。銀と濃硝酸の反応でもパーセント濃度と物質量の関係を密度を通して変換

できればよい。

4は，「NaOH の潮解と CO_2 の吸収，混合物の中和滴定」に関する出題である。NaOH は潮解性があるので，水分を吸収したり，塩基性なので酸性酸化物の二酸化炭素を吸収して炭酸ナトリウムになる。この混合物を塩酸との中和滴定の量的関係を使って NaOH の純度を求める問題は，実験Ⅱと実験Ⅲの塩酸の体積の差は炭酸水素ナトリウムとの反応で二酸化炭素が発生するものであると理解できれば解答しやすい。

5は，「油脂の混合物のけん化とセッケンの生成，油脂の構造決定」に関する出題である。油脂と水酸化ナトリウムのけん化によるセッケンの生成に関する問題であるが，油脂が単一ではなく 4 種類の脂肪酸による混合物との主旨で出題されており，平均値を求めて解答できればよい。脂肪酸の不飽和度が大きいほど融点が下がることを理解していれば解答しやすい。

6は，「$C_mH_nO_2$ からなる p 位の芳香族化合物の構造決定」に関する出題である。4 つの構造異性体の芳香族化合物の構造決定であった。元素分析や塩化鉄(Ⅲ)による呈色反応，銀鏡反応，ヨードホルム反応など官能基が特定できる反応が示されているので，確実に構造が決定されていく。基礎・基本を重視して学習すればよい。

生物

1 **解答** 問1．b)・d)　問2．a)・c)・d)
問3．a)・c)・e)　問4．b)・d)・e)
問5．b)・c)・d)　問6．a)・c)・d)・e)　問7．c)・d)

◀解　説▶

≪小問集合≫

問1．a）誤り。ダイニンはアクチンフィラメントではなく微小管の表面に沿って移動するモータータンパク質である。

c）誤り。ギャップ結合は，膜貫通タンパク質が複合体となったコネクソンという構造からなる。

e）誤り。リゾチームは細菌の細胞壁を分解する酵素である。

問2．a）正しい。樹状細胞やマクロファージには，MHCとよばれる膜タンパク質が発現しており，この分子上に抗原断片を提示する。

b）誤り。B細胞は，樹状細胞に提示されていない抗原を直接認識することができる。一方，T細胞は，MHCに結合している抗原でないと認識できない。

c）正しい。ただし，物理的に飲み込んだり破壊したりするのではなく，相手の細胞にアポトーシスを誘導する。

d）正しい。なお，抗体のほかに補体も同じ効果（オプソニン化）を発揮することができる。

e）誤り。2つの抗原結合部位は同じ形をしており，同じ抗原を認識する。

問3．a）正しい。哺乳類以外の脊椎動物の赤血球には核が含まれることに注意しておくこと。

b）誤り。動脈の方が静脈より筋肉層が厚い。

c）正しい。直接血管からリンパ管に入るのではなく，毛細血管から漏れた血しょうである組織液がリンパ管に入るとリンパ液とよばれるようになる。

d）誤り。毛細血管の血管壁には血しょうが漏れ出る程度の隙間がある。白血球は自らを変形させてこの隙間を通り抜けることができるが，赤血球は通り抜けることができない。

e）正しい。

$$CO_2+H_2O \Longleftrightarrow H_2CO_3(\text{炭酸}) \Longleftrightarrow HCO_3^-(\text{炭酸水素イオン})+H^+$$

の反応が起きる（$\Longleftrightarrow$ は可逆反応であることを示す）が，このうち

$$CO_2+H_2O \Longleftrightarrow H_2CO_3$$

の反応は，赤血球内に含まれる炭酸脱水酵素によって触媒される。

問4．a）誤り。葉緑体は二重の生体膜で覆われている。

c）誤り。液胞には，老廃物や糖類，色素などが含まれている。

問5．a）誤り。「慣れ」は同じ刺激を繰り返し与えると反応が弱くなっていく学習行動である。一方，「古典的条件づけ」はある反応とは本来無関係な刺激を，その反応を無条件に起こす刺激と繰り返し一緒に与えることで，その刺激を単独で与えても反応を起こすようになる学習行動である。したがって，「慣れ」とは種類が違う学習である。

b）正しい。生得的行動としては，ミツバチの8の字ダンスのほかに，太陽コンパスによる定位やフェロモンによる情報伝達などがある。

c）正しい。フェロモンは，ある個体から分泌され，同種他個体において特定の行動や生理反応などを引き起こす化学物質と定義される。

d）正しい。歩行や飛翔のようなリズミカルな繰り返し運動は，一度始めると半ば自動的に継続することができる。これは，中枢神経のうち比較的下位（脳以外）にある神経回路が運動を制御しているためである。この神経回路を中枢パターン発生器とよぶ。上位中枢は，この中枢パターン発生器の始動と停止を指令する。ネコやイヌでは，中枢神経への感覚入力を遮断しても，後肢に周期的な屈曲・伸展の活動パターンがみられることが知られている。

e）誤り。似た行動を何回も繰り返して正しい情報を取得する学習を試行錯誤という。知能行動は過去の経験を利用して思考し，結果を推理してからとる行動のことであり，試行錯誤学習は含まれない。

問6．a）正しい。適応放散の例としては，ガラパゴス諸島のダーウィンフィンチ類やオーストラリア大陸の有袋類が知られる。

b）誤り。品種は種の下位分類であり，特に家畜・家禽や愛玩動物，農作物や観賞植物では同じ種の中に多くの品種が作られている。

c）正しい。このような3倍体植物としてヒガンバナが知られる。また，

栽培品種ではバナナが挙げられる。これらは種子を作らないので，栄養生殖によって繁殖する。

d)とe）正しい。種間競争によって一方の種が別の種を駆逐することを競争的排除というが，食物連鎖の上位種による捕食や，生態的攪乱は競争的排除を妨げるはたらきをもっている。捕食圧や攪乱の度合いが強すぎると絶滅する種が多くなるので種数は減少するが，中程度の強さの場合には適度に競争的排除が抑えられるので種数は多く保たれる。これを中規模攪乱説という。

問7．a）誤り。多種の複雑な有機物が自然環境下で徐々に生成され，それが組み合わされて最初の生命になったというのが化学進化説である。

b）誤り。シアノバクテリアは葉緑体の起源であると考えられている。ミトコンドリアの起源となったのは好気性の従属栄養細菌であるとされている。

c）正しい。生物学的種の概念とは，「自然条件下でそれら個体が繁殖でき，さらにその子も繁殖可能であれば同種とみなす」というものである。よって化石のみが現存する種では，この概念を当てはめることは難しい。化石種のほかに，無性生殖しか観察されていない生物（菌類に多い）の場合でも生物学的種の概念を当てはめることができないので，そのような場合には形態の相違やDNAの塩基配列の違いなどを利用する。

d）正しい。初期の人類は犬歯が小さく退化し，歯列が放物線に近い形状に変化するなどの特徴をもっている。

e）誤り。何らかの原因で発生した遺伝子構成の変化が，世代を経て集団的に広がり，それまでとは違う遺伝子構成をもった個体群が新たに生じることが進化である。つまり，進化が起きるには，数世代をかけて多くの個体が変化することが必要なので，誤りとなる。

2 **解答**

問8．a）・d）・e）・f）

問9．1, 2, 5, 8, 9, 13, 14, 15, 16, 17, 19, 20

問10．ア．0　イ．1　ウ．6　エ．7

問11．b）・c）

問12．アラニン—グリシン—チロシン—アルギニン—セリン—プロリン—メチオニン

問 13.　c）　問 14.　a）・e）

◀解　説▶

≪一遺伝子多型，潜性遺伝病の発現，制限酵素の性質≫

問 8．d)の非同義置換とはDNA の塩基の置換が起きたためにアミノ酸の変化が起きる場合，e)の同義置換とは置換が起きても縮重のためにアミノ酸の変化が起こらない場合，f)のナンセンス変異とは置換の結果コドンが終止コドンになってしまう場合を指す。したがって，d)～f)はどれも起きる可能性があるので正しい。

問 9．発病している 5，8，15，17，19，20 は遺伝子型が aa と決まる。したがって，5 と 8 の両親である 1 と 2，15 の両親である 8 と 9，17 の両親である 13 と 14，19 と 20 の両親である 15 と 16 は対立遺伝子 a を少なくとも 1 つもっている。8 と 15 の遺伝子型は上述の通り aa であり，残りの者（1，2，9，13，14，16）は発病していないため遺伝子型は Aa である。他の者も対立遺伝子 a を 1 つもっている可能性はあるが断定はできない。

問 10．問 9 より，女性 9 の遺伝子型は Aa である。女性 1 と男性 2 がともに Aa であるので，子の遺伝子型は AA：Aa：aa＝1：2：1 で分離するが，ここでは男性 6 が遺伝子型 aa でないことが確定しているため，男性 6 の遺伝子型が AA である確率は $\frac{1}{3}$，Aa である確率は $\frac{2}{3}$ である。男性 6 が AA であれば，子は絶対に発病しない。男性 6 が Aa であれば，子は $\frac{1}{4}$ の確率で発病する。したがって

$$\left(\frac{1}{3}\times 0+\frac{2}{3}\times\frac{1}{4}\right)\times 100=\frac{1}{6}\times 100=16.66\fallingdotseq 16.7\,[\%]$$

問 11．a）誤り。b）正しい。DNA はマイナスに帯電しているのでプラス電極に移動する。

c）正しい。d）誤り。分子の単位長さあたりの電位が同じであれば同じ強さでどちらかの電極に引かれていく。このとき大きい分子はゲル分子の網目にひっかかって動きが妨げられる。したがって，同じ種類の分子であれば，大きい分子ほど移動距離が短くなる。

問 12．この種の問題では，特に指示されない限りは，DNA のうち鋳型に

ならない方（センス鎖）の塩基配列を示すことが一般的である。これは，RNAポリメラーゼが鋳型になる方（アンチセンス鎖）のDNA鎖を3′→5′に移動しながら，mRNAを5′→3′の方向に合成するため，mRNAは結果的に鋳型にならない方のDNA鎖と塩基配列が一致するからである（TがUに置き換わることに注意）。

図2では，開始コドンの1つ目の塩基から数えた配列が記載されているので,「3の倍数+1」番目の塩基が各コドンの最初の塩基である。つまり，442番目の塩基から読み始めればよい。表1にしたがえばTはUに読みかえて，GCA→アラニン，GGA→グリシン，TAT→チロシン，CGA→アルギニン，AGT→セリン，CCC→プロリン，ATG→メチオニンである。

問13. 対立遺伝子aの配列では，455番目の塩基がGからTに置き換わったことにより，454番目からの塩基配列がAGTからATTに変化している。したがって，選択肢の中からこの配列のところで切断する制限酵素を選べばよい。よって，正解はc）EcoRIである。

問14. 男性18の両親は女性13（Aa）と男性14（Aa）であり，かつ男性18は発病していないので遺伝子型はAAかAaのどちらかである。遺伝子型がAAの場合は，EcoRIによる切断を受けないので約600bpの断片だけが生じる。一方，遺伝子型がAaの場合は，aの方が切断されて約150bpと約450bpの断片になるが，Aの方は切断されないので約600bpの断片になるため，3種類の断片が生じることになる。よって，正解はa）とe）である。

3 解答

問15. ア．限界暗期　イ．短日植物

問16. a）・d）

問17. ウ－b）　エ－a）　オ－b）　カ－a）　キ－b）　ク－c）

問18. コ．2　サ．1　シ．3　ス．2

問19. 重複受精

問20. c）・d）・e）

問21. ルアー（LURE）

問22. b）・d）

◀解　説▶

≪オナモミの花芽形成実験，植物の生殖，トレニア胚珠を用いた花粉管誘引実験≫

問 16. 実験Ａから，茎が残っていても葉がなくなると暗期の長さを感知できなくなることがわかる。実験Ｂからは暗期の長さを感知した方の枝から何かが反対側の枝に移動したことがわかる。実験Ｃからはそれが師部を通ることがわかる。よって，a）とd）が正しい。b）は実験Ａの結果に反するので誤り。e）は実験Ｂの結果に反するので誤り。c）は，そのような実験は行っていないので選ぶには不適切と考えられる。

問 20. a）誤り。動物と異なり，植物の発生では細胞の移動はみられない。植物の細胞は細胞壁を介して近くの細胞と比較的強く結びついている。

b）誤り。胚球と胚柄を合わせたものが球状胚である。胚柄の最も胚球に近い部分は幼根の一部（後の根端分裂組織の一部）になるが，胚の残りの部分は胚球からできる。

問 22. a）誤り。実験Ｂより，卵細胞が存在しなくても花粉管は誘引されることがわかる。

b）正しい。実験Ｃより，助細胞がないと花粉管は誘引されず，実験Ｂより，助細胞は卵細胞がなくても単独で花粉管を誘引できることがわかる。

c）誤り。助細胞から何かが卵細胞に送られているかどうかを調べる実験は行っていないので選ぶには不適切である。

d）正しい。文章 3 の「助細胞で特異的に発現することがわかっている」ポリペプチドが実験Ｄで花粉管を誘引している。

4　**解答**　問 23. 外胚葉性頂堤（AER）

問 24. イ－c）　ウ－e）

問 25. b）

問 26. a）・d）・e）

問 27. a）・b）・c）・e）

問 28. エ－(5)・(9)　オ－(4)・(6)・(7)・(10)　カ－(3)・(8)

◀解　説▶

≪四肢動物の前肢の形成，アポトーシス，各胚葉からの器官の形成≫

問 23・問 24. 外胚葉性頂堤（AER）は FGF（繊維芽細胞増殖因子）を

分泌して肢芽の成長を促すとともに，肢芽の後部の間充織にはたらきかけてZPAを作る。ZPAからはソニックヘッジホッグ（SHH）というタンパク質が分泌され，FGFとSHHのはたらきで肢芽の前後軸が決定される。

問25. 前肢の発生においては，ZPAから分泌される物質の濃度が将来形成される指の種類を決めると考えられている。正常な発生ではZPAに近い方から遠い方へと分泌される物質の濃度勾配ができるので，それに従って指が作られるが，問題文のように肢芽の基部の前方に別の個体のZPAを移植すると，中央が最も濃度が低く，前方と後方に向けて濃度が高くなる濃度勾配が形成されるので，指が中央を境に対称になるようにできてくる。したがって，正解はb)である。

問26. a）正しい。核内DNAが部分的に分解（断片化）されて細胞は機能を失う。これに伴って，細胞そのものが，細胞膜の機能を維持して内容物の流出を防いだまま小さないくつかの断片（アポトーシス小胞）に分かれていくことも多い。

b）誤り。細胞膜が破壊される前に食作用を受けるので，内容物が周囲に拡散することはない。

c）誤り。細胞内部の構造物は完全に分解されて消失するわけではなく，断片化されて機能を失うだけである。

d）正しい。アポトーシスを起こして不活性化した細胞は主にマクロファージに異物とみなされて食作用を受ける。

e）正しい。アポトーシスは，細胞の増殖制御機構として利用されるプログラムされた細胞死である。アポトーシスの際に主にはたらくカスパーゼというタンパク質分解酵素は，もともと細胞内に不活性な形で存在しており，アポトーシスが誘導されるとこの酵素が活性化する。

問27. アポトーシスは発生時において，オタマジャクシの尾のような不要になった構造を除去したり，指のような複雑な構造を作り出したり，脳など神経組織の形成過程を調節したりするときにみられるほか，がん化やウイルス感染などを起こした細胞を除去するときにもみられる。また，血球は造血幹細胞の分裂により新しい細胞が供給されるが，古くなるとアポトーシスを起こして排除される。さらに，小腸の上皮細胞は，柔毛の基部にある幹細胞が分裂することで新しい細胞が供給され，柔毛の先端に向かって移動していくが，先端に達するとアポトーシスを起こして脱落する。よって，a)・b)・c)・e)が適切である。d)はネクローシスとよばれる細胞死であり，適切でない。

5 解答

問29. あ―a)　い―b)　う―a)　え―c)
お―a)　か―a)

問30. 1―c)　ア―h)　2―a)　イ―f)　3―i)　ウ―b)
4―h)　エ―g)　5―b)　オ―i)　6―a)　カ―f)
7―d)　キ―b)　8―g)　ク―d)　9―j)　ケ―c)
10―e)　コ―g)

問31. 下線部(1)：肝臓においてグリコーゲンを分解してグルコースを生成する反応を促進する。

下線部(3)：タンパク質を分解しグルコースを作る糖新生という反応を促進する。

問32. 名称：神経分泌　ホルモン：j)

問33. 集合管側の細胞膜のアクアポリンを活性化させたりその数を増やしたりすることで，水分の再吸収を促進する。

問34. 作用：原尿からのナトリウムイオンの再吸収を促進する。

理由：血中のナトリウムイオン濃度が上がることによって血液の浸透圧が上昇するため，これを下げるために原尿からの水の再吸収も増え，血液量が増えるから。

◀解　説▶

≪内分泌系のはたらき，腎臓のはたらき≫

問30. 1・ア. 内分泌腺が血糖値の低下を直接感知することから，ランゲルハンス島であることがわかる。血糖値を上昇させるので，A細胞から分泌されるグルカゴンである。

2・イ. 交感神経の刺激によって放出されるので，副腎髄質から分泌されるアドレナリンである。

4・エ. ストレスに応じて放出され，さまざまな組織に対してはたらくので，副腎皮質から出る糖質コルチコイドである。

3・ウ. 糖質コルチコイドは脳下垂体前葉から放出される副腎皮質刺激ホルモンによって放出が促進される。

5・オ．血糖値を低下させるホルモンなので，ランゲルハンス島Ｂ細胞から分泌されるインスリンである。

6・カ．心臓の拍動を促進するホルモンは副腎髄質から分泌されるアドレナリンである。

8・ク．体の各組織の代謝を促進するのは甲状腺から分泌されるチロキシンである。

7・キ．チロキシンは脳下垂体前葉から分泌される甲状腺刺激ホルモンによって放出が促進される。

9・ケ．集合管に作用するホルモンは脳下垂体後葉から分泌されるバソプレシンである。

10・コ．腎臓が血圧の低下を感知するとレニンという酵素を分泌する。この酵素のはたらきでアンジオテンシンⅡというポリペプチドができ，これが副腎皮質に作用して鉱質コルチコイドの分泌を促進する。

問 32．哺乳類では神経分泌を行う神経細胞は視床下部だけにある。視床下部から放出される成長ホルモン放出ホルモン，甲状腺刺激ホルモン放出ホルモン，副腎皮質刺激ホルモン放出ホルモン，また，長い軸索を通じて脳下垂体後葉から分泌されるバソプレシンなどが神経分泌細胞によるホルモンである。d)甲状腺刺激ホルモンやｆ)成長ホルモン，ｉ)副腎皮質刺激ホルモンは上記の放出ホルモンの作用を受けて脳下垂体前葉にある内分泌細胞から放出されるホルモンである。したがって，問 30 の選択肢の中で神経分泌細胞によるホルモンはｊ)バソプレシンのみである。

問 33．バソプレシンは集合管における水分再吸収を促進する。その結果，体液は水分量が増えるので，塩類濃度が下がることになる。

問 34．血管の総容積が変わらないのに血液量だけ増えるので血圧が上昇することになる。なお，バソプレシンも水の再吸収を促進するので結果的に血圧を上げる作用をもつ。

❖講　評

2023 年度も，2021・2022 年度と同様，マーク式と記述式の併用となっている。教科書の細部にいたるまで正確に記憶・理解している必要がある問題が多く，対応するには正確な知識が必要になる。また，なかには高い考察力を要求される問題もある。

1例年通りの小問集合である。内容が細かい上に，「正しいものを全て選べ」という形式であり，さらに「正しいものがない場合は…をマークせよ」という指示があるので点を得ることがかなり難しい。2023年度は動物の行動，生態，進化というあまり出題頻度の高くない分野からの出題がみられた。教科書本文の細かな記述やコラムにまたがるような内容からの出題であり，解答形式の面からみても簡単に得点できる問題ではない。どの問題にしても教科書をかなり読み込んでいる必要があり，あいまいな知識では太刀打ちできず，わずかな知識量の違いから得点差が大きく開いてしまう非常に厳しい問題である。2023年度については問4がやや易しかったと思われるが，残りは例年同様難しく，出題頻度の高くない分野からの出題であった問5～問7は準備ができていたかどうかで差がついたものと思われる。

2前半はメンデル遺伝の応用問題で，後半は遺伝子実験についての出題である。前提となる知識は基本的であるが，それを組み合わせて複雑な構成にしたものであり，解答には注意深さが求められる。問8は標準的だが「全て選べ」という設問なので得点が難しい。問9も見落としがないようにしたい。問10は男性6の遺伝子型が2通り考えられることに注意が必要であり，正解を導くまでが厳しい。問11は易しい。問12は落ち着いて解けば正解に到達できる問題である。問13・問14は設問の意図に気づけるかどうかがまず重要だが，問10と同様に男性18の遺伝子型が2通りあることに注意しておかなければならない。総じてケアレスミスを起こしやすく，そのケアレスミスが大きな差を生むことになる問題であった。

3花芽の形成過程と植物の有性生殖について，実験の解釈を求めながら問う問題である。文章1の実験は頻出であり，問15・問16は確実に正解しておきたい。文章2も問20を除いて基本的である。文章3の問21・問22は上智大学の受験生であれば準備済みであってほしい問題である。

4四肢動物の前肢の指の発生についての出題である。問23～問26は教科書の本文やコラムにみられる内容なのだが，学習しておかないと解けない問題でもある。問27は難しい選択肢が含まれている。問28はできれば完答を目指したい。比較的よく出題される単元ではあるが，きちんと準備できていたかどうかで得点差が開いた可能性もあるように思われる。

5内分泌系のはたらきについて広く問う出題である。問 29・問 30 は知識量がものをいう出題である。ここで完答できれば少しは差をつけられるだろう。問 31 は下線部(3)が少し細かい。問 32 のホルモンを選ぶ問題はあやふやな知識でのぞむと判断に迷うだろう。問 33 はきめ細かく解答しようとすると難しい。問 34 も少し細かい。頻出分野ではあるが，非常に広く細かく問われているので，この分野が得意かどうかもポイントになるが，問題演習ができているほど得点が伸びる問題であったともいえる。

例年のことだが，1が難しいほかに，上に述べたように厳しい設問がいくつかある。残りの設問はほぼ標準的である。2023 年度については，2はケアレスミスによって，3は文章 3 に関する 2 問で差がつきやすい。4は最頻出というわけでもない単元なので，ここを準備していたかどうかで差がつく。よく問題演習していた受験生であれば5でも差をつけることができただろう。

2021・2022 年度はよく出題される分野からの問題が多かったが，必ずしも毎年そうであるわけではないので，頻出でない分野の準備も怠らないようにすることが大事である。それにより，2021 年度の4や 2023 年度の2のような分析に手間のかかる出題に対して，落ち着いて取り組めるだけの時間と気持ちの余裕を残しておくことができる。なお，上智大学では，植物の発生や反応に関する大問が頻出である。これも念頭に置き，まずは基礎問題（教科書の細部，グラフ，図表の再確認につながる），その後は標準～やや難のレベルの問題を，地道にかつ徹底的に反復練習しておきたい。

//////////////////// · memo · ////////////////////

2022年度

問題と解答

■一般選抜：学部学科試験・共通テスト併用型

問題編

▶試験科目・配点

試験区分	試験教科・科目		配　点
大学入学共通テスト	外国語	『英語（リーディング，リスニング）』，『ドイツ語』，『フランス語』のうちから１科目選択	80 点
	数　学	『数学Ⅰ・数学A』および『数学Ⅱ・数学B』	60 点（各 30 点）
	理　科	「物理」，「化学」，「生物」のうちから１科目選択	60 点
大学独自試験	数　学	【学部共通試験】 ①数学 ※数学Ⅰ・Ⅱ・Ⅲ・A・B（数列・ベクトル）を範囲とし，応用問題など思考力を問う内容とする	100 点
	理　科	【学部共通試験】 ②物理（物理基礎・物理），化学（化学基礎・化学），生物（生物基礎・生物）のうちから１科目選択	100 点

▶備　考

- 大学入学共通テストの英語の技能別の配点比率は，リーディング 100 点：リスニング 100 点（200 点満点）とする。
- 大学入学共通テストの選択科目を指定科目数以上受験した場合は，高得点の科目を合否判定に利用する。第１解答科目・第２解答科目の区別も行わない。
- 大学入学共通テストの得点は，各学科の配点に応じて換算して利用する。
- 任意で提出した外国語外部検定試験結果は，CEFR レベル（A2 以上）ごとに得点化し，大学入学共通テストの外国語の得点（200 点満点）に上限付きで加点される。

数学

(90分)

マークによる数値解答欄についての注意

解答欄の各位の該当する数値の欄にマークせよ。その際，はじめの位の数が0のときも，必ずマークすること。

符号欄がもうけられている場合には，解答が負数の場合のみ − にマークせよ。(0または正数の場合は，符号欄にマークしない。)

分数は，既約分数で表し，分母は必ず正とする。また，整数を分数のかたちに表すときは，分母を1とする。根号の内は，正の整数であって，2以上の整数の平方でわりきれないものとする。

解答が所定欄で表すことができない場合，あるいは二つ以上の答が得られる場合には，各位の欄とも **Z** にマークせよ。(符号欄がもうけられている場合，− にはマークしない。)

〔解答記入例〕　ア に7，イ に −26 をマークする場合。

	符号	10の位											1の位										
	−	0	1	2	3	4	5	6	7	8	9	Z	0	1	2	3	4	5	6	7	8	9	Z
ア	○	●	○	○	○	○	○	○	○	○	○	○	○	○	○	○	○	○	○	●	○	○	○
イ	●	○	○	●	○	○	○	○	○	○	○	○	○	○	○	○	○	○	●	○	○	○	○

〔解答表示例〕

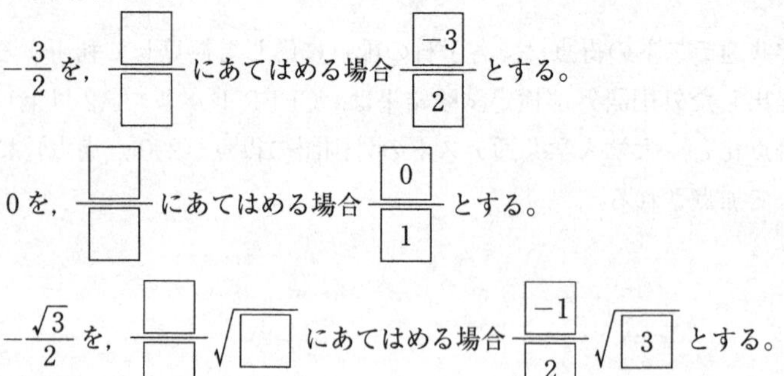

$-x^2+x$ を，$\square\, x^2 + \square\, x + \square$ にあてはめる場合

$\boxed{-1}\, x^2 + \boxed{1}\, x + \boxed{0}$ とする。

1 (1) x, y を実数とする。次の条件について考える。

p : xy が無理数である

q : x, y がともに無理数である

r : x, y の少なくとも一方が無理数である

(i) 以下から真の命題をすべて選んでマークせよ。

(a) $p \Longrightarrow q$　(b) $p \Longrightarrow r$　(c) $q \Longrightarrow p$　(d) $q \Longrightarrow r$
(e) $r \Longrightarrow p$　(f) $r \Longrightarrow q$

(ii) x, y が命題「$p \Longrightarrow q$」の反例であるための必要十分条件を，以下からすべて選んでマークせよ。

(a) 「xy が無理数」かつ「x, y がともに有理数」である

(b) 「xy が有理数」かつ「x, y がともに有理数」である

(c) 「xy が有理数」かつ「x が有理数, または, y が有理数」である

(d) 「xy が無理数」かつ「x が有理数, または, y が有理数」である

(e) 「xy が無理数, かつ, x が有理数」または「xy が無理数, かつ, y が有理数」である

(f) 「xy が有理数, かつ, x が有理数」または「xy が有理数, かつ, y が有理数」である

(2) $(1+x+x^2)^{10}$ の x^{16} の係数は $\boxed{\text{ア}}$ である。

(3) $\displaystyle\int_0^{\frac{2}{3}\pi} x\sin 2x\, dx = \frac{\pi}{\boxed{\text{イ}}} + \frac{\boxed{\text{ウ}}}{\boxed{\text{エ}}}\sqrt{\boxed{\text{オ}}}$ である。

2　t を実数とする。次の条件 (★) を満たす △ABC を考える。

(★) $\mathrm{AC}=t,\ \mathrm{BC}=1$ を満たし, ∠BAC の二等分線と辺 BC との交点を D とおくと, $\cos\angle\mathrm{DAC}=\dfrac{\sqrt{3}}{3}$ である

(1) $\cos\angle\mathrm{BAC}=\dfrac{\boxed{カ}}{\boxed{キ}}$ である。

(2) t の取りうる範囲を $t_1<t<t_2$ とするとき,

$t_1=$ [あ], $t_2=$ [い] である。

[あ], [い] の選択肢 :
(a) 0　(b) $\dfrac{1}{3}$　(c) $\dfrac{1}{2}$　(d) $\dfrac{\sqrt{3}}{3}$　(e) $\dfrac{2}{3}$　(f) 1　(g) $\dfrac{2\sqrt{3}}{3}$
(h) $\sqrt{3}$　(i) 2　(j) 3

(3) 辺 AB の長さを t の式で表すと,

$$\mathrm{AB}=\frac{\boxed{ク}}{\boxed{ケ}}t+\sqrt{1+\frac{\boxed{コ}}{\boxed{サ}}t^2}$$

である。

(4) △ABC の面積は, $t=\dfrac{\sqrt{\boxed{シ}}}{\boxed{ス}}$ で最大値 $\dfrac{\sqrt{\boxed{セ}}}{\boxed{ソ}}$ をとる。

(5) t_1, t_2 を (2) で定めた値とする。
$t_1 < t < t_2$ の範囲で, xyz-座標空間内の平面 $z = t$ 上に, 条件(★) を満たす $\triangle$ABC が, B$(0,0,t)$, C$(0,1,t)$ を満たし, A の x 座標が正であるように置かれている。また, $\mathrm{B}_1(0,0,t_1)$, $\mathrm{C}_1(0,1,t_1)$, $\mathrm{B}_2(0,0,t_2)$, $\mathrm{C}_2(0,1,t_2)$ とおく。
$\triangle$ABC を $t_1 < t < t_2$ の範囲で動かしたときに通過して出来る図形に線分 $\mathrm{B}_1\mathrm{C}_1$, 線分 $\mathrm{B}_2\mathrm{C}_2$ を付け加えた立体の体積は,

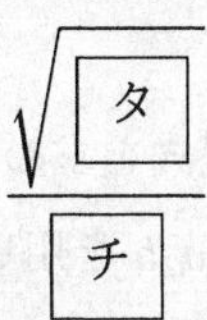

である。

3 複素数からなる数列 $\{z_n\}$ を, 次の条件で定める。

$$z_1 = 0, \quad z_{n+1} = (1+i)z_n - i \quad (n = 1, 2, \ldots)$$

正の整数 n に対し, z_n に対応する複素数平面上の点を A_n とおく。

(1) $z_2 =$ [ツ] $+$ [テ] i, $z_3 =$ [ト] $+$ [ナ] i,
$z_4 =$ [ニ] $+$ [ヌ] i である。

(2) $r > 0$, $0 \leqq \theta < 2\pi$ を用いて, $1 + i = r(\cos\theta + i\sin\theta)$ のように $1 + i$ を極形式で表わすとき,

$$r = \sqrt{\boxed{\text{ネ}}}, \quad \theta = \frac{\boxed{\text{ノ}}}{\boxed{\text{ハ}}}\pi$$

である。

(3) すべての正の整数 n に対する $\triangle \mathrm{PA}_n\mathrm{A}_{n+1}$ が互いに相似になる点 P に対応する複素数は, [ヒ] $+$ [フ] i である。

(4) $|z_n| > 1000$ となる最小の n は $n =$ [ヘ] である。

(5) A_{2022+k} が実軸上にある最小の正の整数 k は $k =$ [ホ] である。

4 座標平面上に円 $C : x^2 + y^2 = 4$ と点 P$(6, 0)$ がある。円 C 上を点 A$(2a, 2b)$ が動くとき, 線分 AP の中点を M とし, 線分 AP の垂直二等分線を ℓ とする。

(1) 点 M の軌跡の方程式を求め, その軌跡を図示せよ。

(2) 直線 ℓ の方程式を a, b を用いて表せ。

(3) 直線 ℓ が通過する領域を表す不等式を求め, その領域を図示せよ。

物理

(90 分)

1 質量 M の人が，軽くて伸びないひもにつないだ質量 m の台と軽い滑車を使い，水平な床の上で次の実験を行う。ただし，台の質量 m は自由に変えられるものとする。また，重力加速度を g とする。なお,〔 8 (記述式)〕,〔 9 (記述式)〕,〔 15 (記述式)〕,〔 16 (記述式)〕は，解答欄に解答のみを記入せよ。

1. まず図 1 のように，定滑車を通して台とつながっているひもを，床の上の人が力 F で鉛直下方に引く実験を行う。すると得られる結果は，M と m の間の関係を使って次のように分類されることがわかる。

   - 〔 1 〕<〔 2 〕の場合
     $F \leqq$〔 3 〕では人も台も床の上に静止している。F を大きくし，〔 3 〕< $F \leqq$〔 4 〕とすると，人は床の上に静止したまま台のみが床から持ち上がる。F をさらに大きくし,〔 4 〕< F とすると，台が持ち上がると同時に人も床から離れてひもを上がる。

   - 〔 2 〕<〔 1 〕の場合
     $F \leqq$〔 4 〕では人も台も床の上に静止している。F を大きくし，〔 4 〕< $F \leqq$〔 3 〕とすると，台は静止したまま，人だけが床を離れてひもを上がる。F をさらに大きくし,〔 3 〕< F とすると，人だけでなく人も台も上昇する。

2. 次に図 2 のように，定滑車を通して台とつながっているひもを，台の上の人が力 F で鉛直下方に引く実験を行う。すると得られる結果は，M と m の間の関係を使って次のように分類されることがわかる。

   - 〔 5 〕<〔 6 〕の場合
     $F \leqq$〔 7 〕では人も台も床の上に静止している。F を大きくし，〔 7 〕< F とすると，人は台と一体になって床を離れ，上向き加速度〔 8 (記述式)〕で上昇する。また，その上昇中に人が台から

受けている垂直抗力は〔9（記述式）〕である。

- 〔　6　〕<〔　5　〕の場合

$F \leqq$〔　10　〕では人も台も床の上に静止している。Fを大きくし，〔　10　〕$< F \leqq$〔　11　〕とすると，台は静止したまま，人だけが台を離れてひもを上がる。Fをさらに大きくし,〔　11　〕$< F$とすると，人だけでなく人も台も上昇する。

3. 最後に図3のように，定滑車と動滑車を通して台とつながっているひもを，台の上の人が力Fで鉛直下方に引く実験を行う。すると得られる結果は，Mとmの間の関係を使って次のように分類されることがわかる。

- 〔　12　〕<〔　13　〕の場合

$F \leqq$〔　14　〕では人も台も床の上に静止している。Fを大きくし，〔　14　〕$< F$とすると，人は台と一体になって床を離れ，上向き加速度〔15（記述式）〕で上昇する。また，その上昇中に人が台から受けている垂直抗力は〔16（記述式）〕である。

- 〔　13　〕<〔　12　〕の場合

$F \leqq$〔　17　〕では人も台も床の上に静止している。Fを大きくし，〔　17　〕$< F \leqq$〔　18　〕とすると，台は静止したままで，人だけが台を離れてひもを上がる。Fをさらに大きくし,〔　18　〕$< F$とすると，人だけでなく人も台も上昇する。

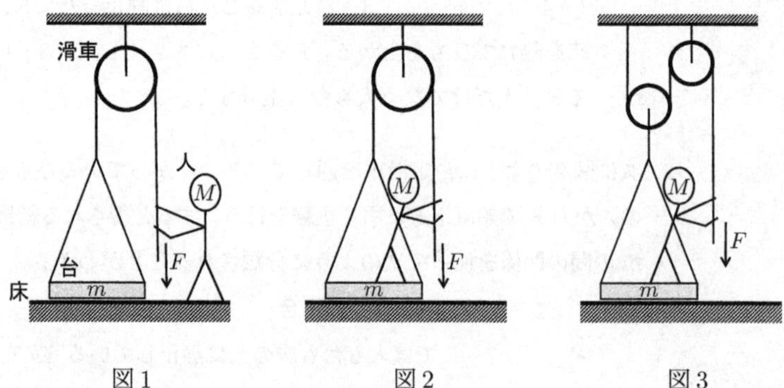

図1　　図2　　図3

〔 1 〕,〔 2 〕,〔 5 〕,〔 6 〕,〔 12 〕,〔 13 〕の選択肢

a) M　b) $2M$　c) $\frac{1}{2}M$　d) m　e) $3m$　f) $\frac{1}{3}m$

〔 3 〕,〔 4 〕,〔 7 〕,〔 10 〕,〔 11 〕,〔 14 〕,〔 17 〕,
〔 18 〕の選択肢

a) Mg　b) $2Mg$　c) $3Mg$　d) $\frac{1}{2}Mg$　e) $\frac{1}{3}Mg$

f) mg　g) $2mg$　h) $3mg$　i) $\frac{1}{2}mg$　j) $\frac{1}{3}mg$

k) $(M+m)g$　l) $(M-m)g$　m) $(-M+m)g$　n) $(M+2m)g$　o) $(2M+m)g$

p) $\frac{M+m}{2}g$　q) $\frac{M+2m}{2}g$　r) $\frac{2M+m}{2}g$　s) $\frac{M-m}{2}g$　t) $\frac{-M+m}{2}g$

u) $\frac{M+m}{3}g$　v) $\frac{M+2m}{3}g$　w) $\frac{2M+m}{3}g$　x) $\frac{M-m}{3}g$　y) $\frac{-M+m}{3}g$

2 図1のように，電圧 V の電池，面積 S の極板を使った平行板コンデンサー，抵抗，スイッチ S_1，S_2 からなる回路がある。回路のまわりの空気の誘電率は真空の誘電率 ε_0 に等しいとしてよく，重力の効果は無視できる。また，電場はコンデンサーの極板間にのみ存在するとしてよい。最初の状態1ではスイッチ S_1，S_2 は開いており，コンデンサーの2枚の極板には電荷はなく，その間隔は d になっている。なお,〔 6 (記述式)〕,〔 13 (記述式)〕,〔 15 (記述式)〕,〔 20 (記述式)〕は，解答欄に解答のみを記入せよ。

最初の状態1 (図1) でスイッチ S_1 を閉じてから充分に長い時間が経過した状態を2とする。このときコンデンサーには〔 1 〕$\times \frac{\varepsilon_0 S}{d}V$ の電気量と〔 2 〕$\times \frac{\varepsilon_0 S}{d}V^2$ の静電エネルギーが蓄えられている。状態変化 1→2 の過程で電池が放出したエネルギーは〔 3 〕$\times \frac{\varepsilon_0 S}{d}V^2$ であり，そのうち,〔 4 〕$\times \frac{\varepsilon_0 S}{d}V^2$ のエネルギーが抵抗で消費された。この状態2から，A君, B君, C君, D君がそれぞれ次のような実験を行った。

A君: 状態2において S_1 を開いた後，コンデンサーの極板を手で支えなが

らその間隔をゆっくりと $\frac{1}{4}d$ まで縮めた。その状態を 3A とする。状態 3A でのコンデンサーには〔 5 〕× $\frac{\varepsilon_0 S}{d}V^2$ の静電エネルギーが蓄えられており，極板間には〔 6（記述式）〕の引力が働いている。また，状態変化 2→3A の過程で極板を支えている手になされた仕事は〔 7 〕× $\frac{\varepsilon_0 S}{d}V^2$ である。最後に状態 3A で S_2 を閉じてコンデンサーを放電した後に，極板間の距離を d に広げ S_2 を開いて状態 1 に戻した。

B 君: 状態 2 において S_1 を閉じたまま，コンデンサーの極板を手で支えながらその間隔をゆっくりと $\frac{1}{4}d$ まで縮めた。その状態を 3B とする。状態 3B でのコンデンサーには〔 8 〕× $\frac{\varepsilon_0 S}{d}V$ の電気量と〔 9 〕× $\frac{\varepsilon_0 S}{d}V^2$ の静電エネルギーが蓄えられている。状態変化 2→3B の過程で電池が放出したエネルギーは〔 10 〕× $\frac{\varepsilon_0 S}{d}V^2$ であり，そのうち，手になされた仕事は〔 11 〕× $\frac{\varepsilon_0 S}{d}V^2$ である。最後に状態 3B で S_1 を開き，さらに S_2 を閉じてコンデンサーを放電した後に，極板間の距離を d に広げ S_2 を開いて状態 1 に戻した。

C 君: 状態 2 において S_1 を開いた後，コンデンサーの極板間隔と同じ厚さで比誘電率 3 の誘電体を，手で支えながらゆっくりと極板間にすき間なく差し込んだ。その状態を 3C とする（図 2 参照）。状態 3C でのコンデンサーには〔 12 〕× $\frac{\varepsilon_0 S}{d}V^2$ の静電エネルギーが蓄えられており，極板間の電場の強さは〔 13（記述式）〕になっている。また，状態変化 2→3C の過程で手になされた仕事は〔 14 〕× $\frac{\varepsilon_0 S}{d}V^2$ である。最後に状態 3C で S_2 を閉じてコンデンサーを放電した後に，極板間の誘電体を引き抜き S_2 を開いて状態 1 に戻した。

なお，状態変化 2→3C の途中で，誘電体が極板の面積 S の x $(0 \leqq x \leqq 1)$ 倍を覆った状態（図 3 参照）では，コンデンサーには〔 15（記述式）〕の静電エネルギーが蓄えられている。

D 君: 状態 2 において S_1 を閉じたまま，コンデンサーの極板間隔と同じ厚さで比誘電率 3 の誘電体を，手で支えながらゆっくりと極板間にすき間なく差し込んだ。その状態を 3D とする（図 2 参照）。状態 3D でのコンデンサーには〔 16 〕× $\frac{\varepsilon_0 S}{d}V$ の電気量と〔 17 〕× $\frac{\varepsilon_0 S}{d}V^2$ の静電エネルギーが蓄えられている。また，状態変化 2→3D の過程で電池が放出したエネルギーは〔　18　〕× $\dfrac{\varepsilon_0 S}{d}V^2$ であり，そのうち，手になされた仕事は〔　19　〕× $\dfrac{\varepsilon_0 S}{d}V^2$ である。最後に状態 3D で S_1 を開き，さらに S_2 を閉じてコンデンサーを放電した後に，極板間の誘電体を引き抜き S_2 を開いて状態 1 に戻した。

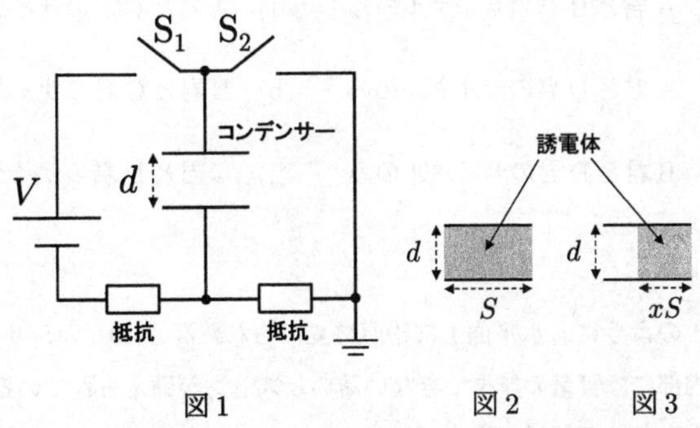

図 1　　図 2　　図 3

なお，状態変化 2→3D の途中で，誘電体を極板の面積 S の $x\,(0 \leqq x \leqq 1)$ 倍まで差し込んだ状態（図 3 参照）では，コンデンサーには〔20（記述式）〕の静電エネルギーが蓄えられている。

A 君, B 君, C 君, D 君それぞれの実験における状態 1 から状態 1 へ戻るサイクルの中で，電池の放出したエネルギーを最も高い効率で手になされた仕事に変換したのは〔　21　〕である。

〔　1　〕～〔　5　〕,〔　7　〕～〔　12　〕,〔　14　〕,〔　16　〕～〔　19　〕の選択肢

a)　0　b)　1　c)　2　d)　3　e)　4　f)　6　g)　8

h)　$\frac{1}{2}$　i)　$\frac{3}{2}$　j)　$\frac{5}{2}$　k)　$\frac{7}{2}$　l)　$\frac{1}{3}$　m)　$\frac{2}{3}$　n)　$\frac{4}{3}$

o)　$\frac{5}{3}$　p)　$\frac{1}{6}$　q)　$\frac{5}{6}$　r)　$\frac{7}{6}$　s)　$\frac{1}{8}$　t)　$\frac{3}{8}$　u)　$\frac{5}{8}$

v)　$\frac{7}{8}$　w)　$\frac{1}{9}$　x)　$\frac{2}{9}$　y)　$\frac{4}{9}$　z)　$\frac{5}{9}$

〔 21 〕の選択肢

a) A 君のサイクルのみ　　b) B 君のサイクルのみ

c) C 君のサイクルのみ　　d) D 君のサイクルのみ

e) A 君と B 君のサイクルのみ　　f) A 君と C 君のサイクルのみ

g) A 君と D 君のサイクルのみ　　h) B 君と C 君のサイクルのみ

i) B 君と D 君のサイクルのみ　　j) C 君と D 君のサイクルのみ

3 図 1 のように，水平面上に鉛直に立てられた高さ $10L$ のシリンダーがあり，その内部には質量の無視できない薄いピストンが備えられている。シリンダーとピストンは断熱材で出来ており，シリンダー内部には小さな熱交換器が備えてある。また，ピストンはなめらかに動くことができるが，その可動範囲は高さ $6L$ にある小さなストッパーにより制限されている。シリンダーとピストンで囲まれた空間 A とその外側には単原子分子理想気体が満たされており，空間 A 内の気体の物質量は 1 モルである。空間 A の外側は圧力 P_0，温度 T_0 に保たれており，ピストンの熱容量は無視できるものとする。また，気体定数を R とする。

1. はじめ，図 1 のようにピストンは高さ $3L$ に静止しており，空間 A の気体の圧力は $\frac{4}{3}P_0$，温度は T_0 であった。この状態を状態 1 とする。

2. 状態 1 で熱交換器を使って空間 A の気体に熱を加えると，ピストンはゆっくりと上昇を始めた。ピストンがちょうどストッパーの高さ $6L$ に達した瞬間の状態を状態 2 とする。状態 2 での空間 A の気体の温度は〔 1 〕$\times T_0$ であり，その内部エネルギーは状態 1 に比べて〔 2 〕$\times RT_0$ だけ増加した。状態変化 1→2 において，空間 A の気体は外部に対し〔 3 〕$\times RT_0$ だけの仕事を行い，そのうち〔 4 〕$\times RT_0$ がピストンの位置エネルギーの増加分である。また，この過程で空間 A の気体は熱交換器から〔 5 〕$\times RT_0$ だけの熱量を受け取っている。

3. 状態 2 から熱交換器を使って空間 A の気体にさらに熱を加え，その温度が $\frac{9}{4}T_0$ となった状態を状態 3 とする。すると状態 3 では，空間 A の気体の圧力は〔 6 〕$\times P_0$ であり，その内部エネルギーは状態 2 に比べて〔 7 〕$\times RT_0$ だけ増加した。また，状態変化 2→3 において，空間 A の気体は熱交換器から〔 8 〕$\times RT_0$ だけの熱量を受け取っている。

4. いったん状態 2 に戻し，図 2 のように高さ $10L$ のシリンダーの上部を熱のみを通す素材でできた薄いふたで密閉した状態を状態 4 とする。状態 4 でふたとピストンとの間の空間 B に封じ込められている圧力 P_0 の気体の物質量は〔 9 〕モルである。

5. 状態 4 で熱交換器を使って空間 A の気体から熱を放出させると，空間 A の気体の温度が下がると共に，ピストンはゆっくりと降下した。この過程で空間 A の気体の温度が T_0 となった瞬間の状態を状態 5 とする。状態 5 でのピストンの高さは〔 10 〕$\times L$ であり，空間 A の気体の圧力は〔 11 〕$\times P_0$，空間 B の気体の圧力は〔 12 〕$\times P_0$ となっている。また，この状態変化 4→5 では空間 A の気体は熱交換器に熱を放出し，空間 B の気体はふたを通して外部から熱を吸収している。その差し引きの結果として，空間 A，B の気体全体から外部に移動した正味の熱量は〔 13 〕$\times RT_0$ になっている。

6. 状態 5 からさらに熱交換器を使って空間 A の気体から熱を放出させ，ピストンが最初の高さ $3L$ に戻った瞬間の状態を状態 6 とする。状態 6 では，空間 B の気体の圧力は〔 14 〕$\times P_0$ になっている。また，空間 A の気体の圧力は〔 15 〕$\times P_0$ であり，温度は〔 16 〕$\times T_0$ になっている。

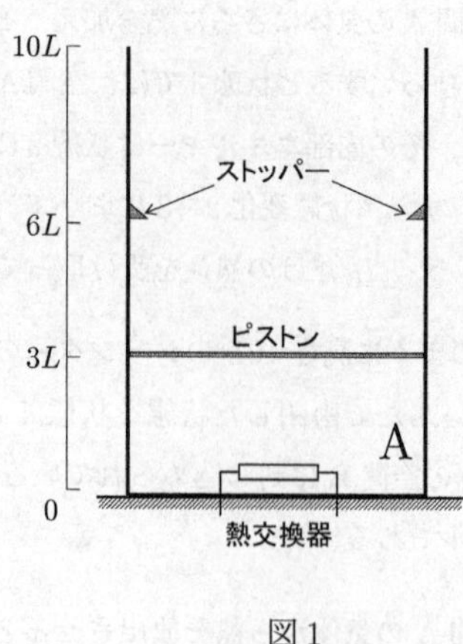

図1

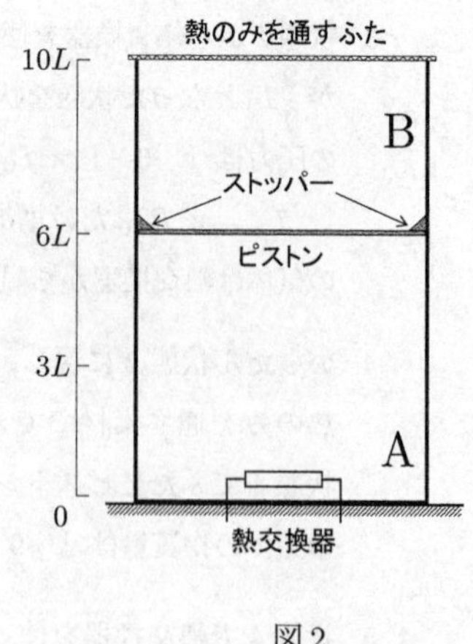

図2

〔 1 〕～〔 16 〕の選択肢

a) 0　b) 1　c) 2　d) 3　e) 4　f) 5　g) $\frac{1}{2}$

h) $\frac{3}{2}$　i) $\frac{5}{2}$　j) $\frac{7}{2}$　k) $\frac{1}{3}$　l) $\frac{2}{3}$　m) $\frac{4}{3}$　n) $\frac{5}{3}$

o) $\frac{1}{4}$　p) $\frac{3}{4}$　q) $\frac{5}{4}$　r) $\frac{3}{7}$　s) $\frac{4}{7}$　t) $\frac{19}{7}$　u) $\frac{3}{8}$

v) $\frac{19}{8}$　w) $\frac{19}{16}$　x) $\frac{19}{21}$　y) $\frac{19}{24}$　z) $\frac{19}{28}$

化学

(90 分)

解答上の注意

(1) 数値による解答は，各問に指示されたように記述せよ。
答えが 0 (ゼロ) の場合，特に問題文中に指示がないときは a 欄をマークせよ。
有効数字 2 桁で解答する場合，位取りは，次のように小数点の位置を決め，記入例のようにマークせよ。

$0.30 \rightarrow 3.0 \times 10^{-1}$
$1.24 \rightarrow 1.2 \times 10^{0}$
$17.5 \rightarrow 1.8 \times 10^{+1}$

記入例：3.0×10^{-1}

	1 の 桁	0.1 の 桁	指 数	
ⓐ	①②●④⑤⑥⑦⑧⑨	●①②③④⑤⑥⑦⑧⑨	⊕●	⓪●②③④⑤⑥⑦⑧⑨

指数が 0 (ゼロ) の場合は正負の符号にはマークせず，0 (ゼロ) のみマークせよ。

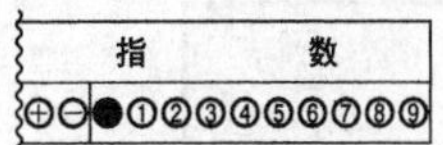

指 数	
⊕⊖	●①②③④⑤⑥⑦⑧⑨

(2) 計算を行う場合，必要ならば次の値を用いよ。
原子量　H：1.00　C：12.0　N：14.0　O：16.0　Na：23.0
S：32.0　Cl：35.5　K：39.0　Ca：40.0　Mn：55.0
Fe：56.0　Cu：63.5
アボガドロ定数：6.02×10^{23}/mol
0 K(絶対零度) = −273 ℃
気体定数：8.31×10^{3} Pa·L/(K·mol)
ファラデー定数：9.65×10^{4} C/mol

(3) 気体は，ことわりのない限り，理想気体の状態方程式に従うものとする。

(4) 0 ℃，1.01×10^{5} Pa における気体 1 mol の体積は，22.4 L とする。

(5) pH は，水素イオン指数である。

(6)　構造式は，下の例にならって示せ。

例）

```
 H         H    O          CH3
  \       /     ‖          |
   C＝C         
  /     \                     
H3C      CH－C－NH－CH－O－CH3
         |
        (benzene ring)
              \
               OH
```

1　次の文章を読み，問 1 ～問 5 に答えよ。ただし，ここで取り扱う気体は実在気体とする。

純物質の状態は，温度と圧力で決まる。物質がどの状態を取るかを示した図を，状態図という。水 H_2O と二酸化炭素 CO_2 の状態図を，それぞれ図 1 と図 2 に示す。これらの図中の P_2 よりも高温・高圧の領域では，［ ア ］状態が存在する。

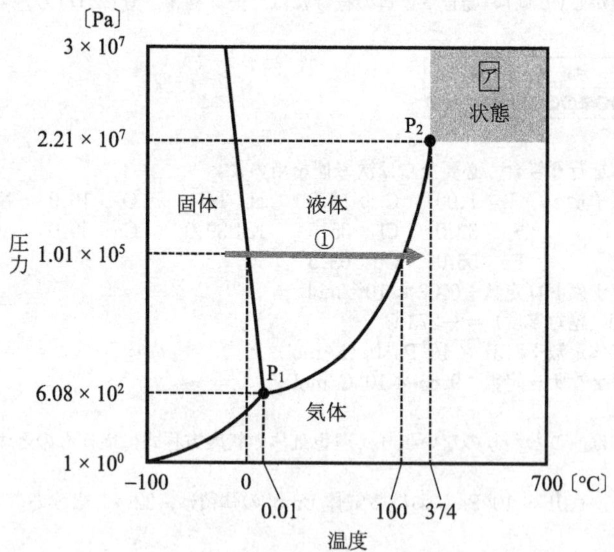

図 1　水の状態図

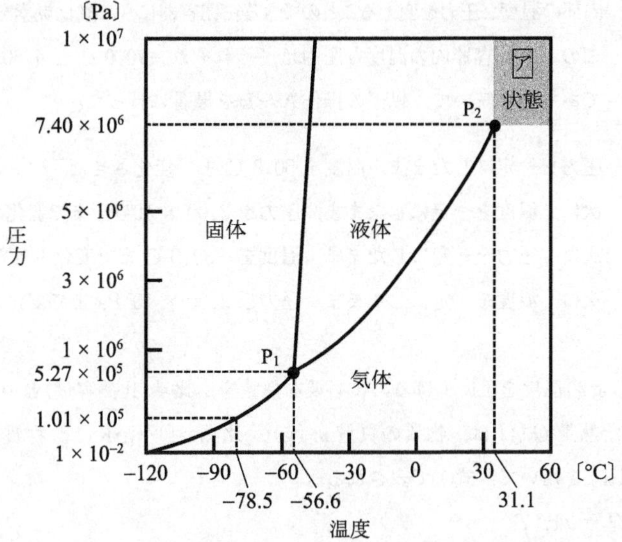

図 2　二酸化炭素の状態図

水と二酸化炭素の状態変化を観察するために，以下の実験ⅠとⅡを行った。

実験Ⅰ　図 1 中の矢印①に沿って，1.01×10^5 Pa のもとで，54.0 g の水に 1 秒あたり 1.00 kJ の熱を一定に加え続けた。このときの水の温度の時間変化を調べたところ，図 3 のようになった。

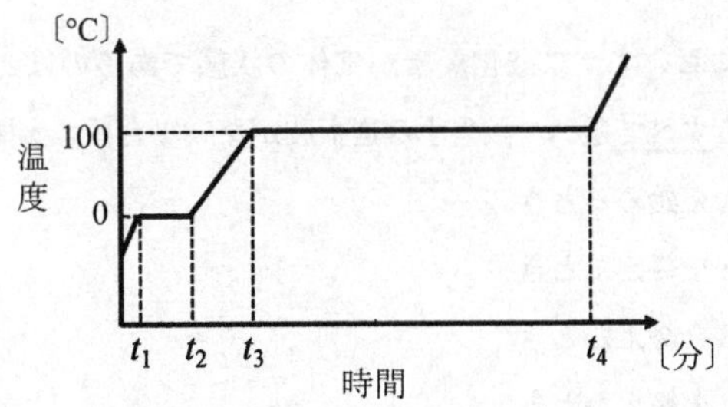

図 3　加熱による水の温度の時間変化(1.01×10^5 Pa)

実験Ⅱ　内部の温度と圧力を変えることのできる密閉容器に，二酸化炭素を入れた。このとき，容器内の温度と圧力は，それぞれ-70.0℃と4.80×10^6 Paであった。続いて，以下の操作A～Dを順番に行った。

操作A　圧力を一定にしたまま，温度を50.0℃まで変化させた。

操作B　次に，温度を一定にしたまま，圧力を3.00×10^6 Paまで変化させた。

操作C　次に，圧力を一定にしたまま，温度を-30.0℃まで変化させた。

操作D　次に，温度を一定にしたまま，圧力を2.00×10^5 Paまで変化させた。

物質1gの温度を1K上げるのに必要な熱量を，比熱(比熱容量)という。物質に与えた熱量Q〔J〕は，物質の質量m〔g〕，比熱c〔J/(g·K)〕，物質の温度変化ΔT〔K〕を用いて，式(1)で表される。

$$Q = mc\Delta T \qquad (1)$$

ただし，1.01×10^5 Paにおいて，水の融解熱と蒸発熱はそれぞれ6.00 kJ/molと40.0 kJ/mol，液体の水の比熱は4.20 J/(g·K)とする。

問1　[ア] にあてはまる文字を，漢字3字で記せ。

問2　図3において，t_1からt_3までの時間は何分か。有効数字2桁で答えよ。

問3　実験Ⅱにおいて，二酸化炭素が気体の状態であるのはどれか。次のa)～e)から<u>すべて</u>選べ。該当する選択肢がない場合は，z欄をマークせよ。

a）操作Aを始めるとき

b）操作Aを終えたとき

c）操作Bを終えたとき

d）操作Cを終えたとき

e）操作Dを終えたとき

問 4　図 2 に示す温度と圧力の範囲において，正しい記述を次の a)〜e) からすべて選べ。該当する選択肢がない場合は，z 欄をマークせよ。

a) 二酸化炭素の融点は，圧力の上昇とともに高くなる。

b) 二酸化炭素は，5.00×10^5 Pa 以下では液体にならない。

c) 二酸化炭素は，1.01×10^5 Pa において -56.6 ℃ 以下で固体となる。

d) 二酸化炭素は，点 P_1 において気体と固体のみの混合状態である。

e) [ア] 状態は，固体，液体，気体の区別がつかない状態である。

問 5　純物質 X の三重点は，0.0 ℃，1.0×10^4 Pa である。1.0×10^5 Pa のもとで，1 mol の物質 X に，時間あたり一定量の熱を加え続け，時間と温度の関係を調べたところ，図 4 のようになった。物質 X の状態図を，図 5 に示す例にならって完成させよ。図の軸に適切な数値と，それらに対応する点線をそれぞれ記入すること。

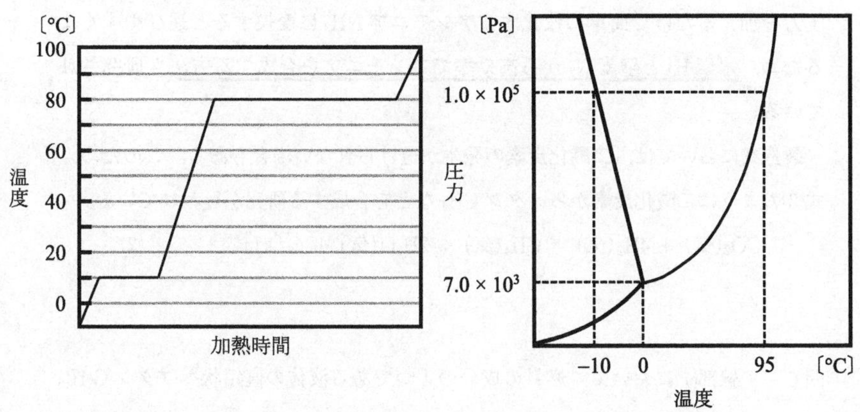

図 4　加熱による物質 X の温度の時間変化

図 5　状態図の作図例

2 次の文章を読み，問6～問10に答えよ。ただし，以下に示した燃焼熱などの数値は，いずれも25℃，1.01×10^5 Paでの値とする。

現在，二酸化炭素CO_2の排出削減への取り組みが世界中で行われている。例えば，(i)燃料から得たエネルギーを自動車の動力に高効率で変換できるエンジンの開発や，燃料電池の開発が行われている。

燃料電池は，(ii)水素H_2と酸素O_2をそれぞれ電極で反応させ，水H_2Oの生成とともに発生する化学エネルギー(式(1))を，電気エネルギーとして取り出す装置である。

$$2H_2(\text{気}) + O_2(\text{気}) = 2H_2O(\text{液}) + 560\,\text{kJ} \qquad (1)$$

燃料となる水素H_2の生成には様々な方法が検討されており，その1つとして，太陽光や風力を用いた発電を利用し，水の電気分解から得る方法がある。

一方で，水素H_2は気体のままでは運びにくく，液化も困難である。そこで，圧力を加えるだけで簡単に液化するアンモニアNH_3に変換すると運びやすくなるため，(iii)水素H_2と窒素N_2から高効率でアンモニアを合成する方法も研究されている。

製造業においては，二酸化炭素の発生が避けられない場合もある。このため，式(2)のように二酸化炭素からメタンCH_4などを合成する研究が行われている。

$$CO_2(\text{気}) + 4H_2(\text{気}) = CH_4(\text{気}) + 2H_2O(\text{気}) + Q\,[\text{kJ}] \qquad (2)$$

問6　下線部(i)において，燃料の成分の1つである液体の直鎖状ヘプタンC_7H_{16} 50.0 Lを燃焼させたとき，動力に変換されたエネルギーが8.57×10^5 kJであった。そのエネルギーは，燃焼で得られたエネルギーの何%か。有効数字2桁で答えよ。ただし，液体の直鎖状ヘプタンの密度は$0.700\,\text{g/cm}^3$，燃焼熱は4.80×10^3 kJ/molとする。

問7　下線部(ii)において，25℃で容積48.8 Lのボンベに5.05×10^7 Paで充填されている水素H_2から，式(1)により得られる化学エネルギーの50.0%を電気エネルギーとして取り出した。その電気エネルギーは何kJか。有効数字2桁で答えよ。ただし，25℃，1.01×10^5 Paにおける気体1 molの体積は，24.4 Lとする。

問8　問7と同じ方法で，7.00×10^2 kJの電気エネルギーを得るのに必要な水素H_2を，水の電気分解から得た。9.65 Aの電流で少なくとも何時間〔h〕の電気分解が必要か。有効数字2桁で答えよ。ただし，水の電気分解以外の反応は起こらないものとする。

問9　下線部(iii)において，水素H_2と窒素N_2からアンモニアを合成する反応は式(3)となる。

$$\frac{3}{2}H_2(気) + \frac{1}{2}N_2(気) = NH_3(気) + Q'〔kJ〕 \quad (3)$$

反応熱Q'は何kJか。$Q' > 0$のときは⊕を，$Q' < 0$のときは⊖をマークし，Q'の絶対値を有効数字2桁で答えよ。ただし，H—H，N≡N，N—Hの結合エネルギーは，それぞれ436 kJ/mol，946 kJ/mol，390 kJ/molとする。

問10　式(2)において，メタン(気体)と水(気体)が生成したとき，3.00×10^3 kJのエネルギーが発生した。このとき得られたメタンの物質量は何molか。有効数字2桁で答えよ。ただし，水の蒸発熱は40.0 kJ/mol，水(液体)と二酸化炭素(気体)が生成する場合のメタンの燃焼熱は890 kJ/molとする。

3 次の文章を読み，問 11〜問 15 に答えよ。

カルシウム元素は，天然では石灰石や大理石として多量に存在している。それらの主成分である(i)炭酸カルシウム $CaCO_3$ は，塩化ナトリウム NaCl とともに工業的プロセスの原料として利用され，塩化カルシウム $CaCl_2$ が生成物の 1 つとして得られる。塩化カルシウムの溶融塩電解で，金属カルシウム Ca は工業的に製造されている。その結晶は，図 1 に示す単位格子をもつ。

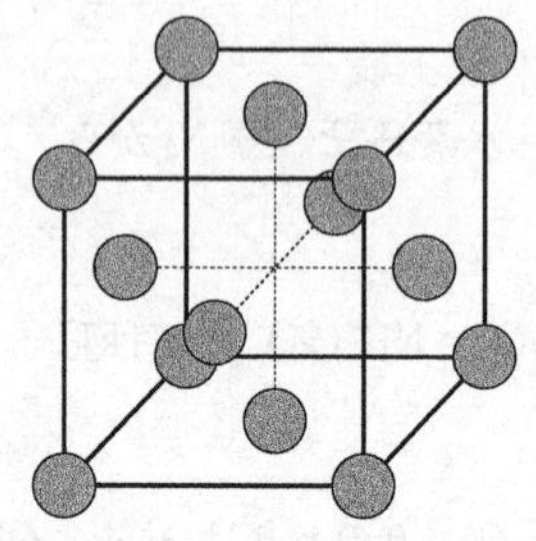

図 1　金属カルシウムの結晶の単位格子

(ii)金属カルシウムは，常温で水 H_2O と反応して水酸化カルシウム $Ca(OH)_2$ になる。水酸化カルシウム水溶液に二酸化炭素 CO_2 を吹き込むと，(iii)白色沈殿が生成する。また，水酸化カルシウムと塩素 Cl_2 の反応から，塩化カルシウム $CaCl_2$ と次亜塩素酸カルシウム $Ca(ClO)_2$ などを含む混合物が生成する。次亜塩素酸カルシウム水溶液中の次亜塩素酸イオン ClO^- は，殺菌剤や洗剤として利用できる。しかし，(iv)次亜塩素酸イオンを含む洗剤を使用する場合には，塩酸を含む酸性洗剤と混合しないように注意が必要である。

問11　下線部(i)において，分子量の異なる 2 種類の気体も必要である。それらの気体のうち，分子量の小さい方の気体の特徴にあてはまる記述を，次の a）〜 e）から 1 つ選べ。該当する選択肢がない場合は，z 欄をマークせよ。

a）無色・無臭の気体で，空気中で最も多くの体積を占めている。

b）空気より軽い刺激臭の気体で，水に溶けて弱塩基性を示す。

c）水に溶けにくく，常温では，すべての気体の中で密度が最も小さい。

d）水に溶けにくく，無色・無臭の気体で，鉄Feの製錬などに利用される。

e）無色の気体で，空気中ですぐに酸化され，赤褐色の気体となる。

問12　金属カルシウムの結晶において，(ア)単位格子中に含まれる原子の数および(イ)1つの原子に隣接する原子の数は，それぞれいくつか。1～20までの整数で答えよ。21以上の場合は，z欄をマークせよ。

問13　下線部(ii)の反応において発生した気体は，27℃，1.00×10^5 Paにおいて750 mLであった。反応に用いた金属カルシウムの質量は何gか。有効数字2桁で答えよ。

問14　質量パーセント濃度10.0％の塩酸50.0 mLをビーカーにとり，下線部(iii)で生成した白色沈殿5.00 gを加えたところ，気体が発生した。この気体をすべて水溶液から除いたとき，ビーカー内に残る溶液の質量は何gか。有効数字2桁で答えよ。ただし，塩酸の密度は1.05 g/cm^{3}とし，塩化水素HClや水の蒸発は無視できるものとする。

問15　下線部(iv)では，混合により酸化還元反応が起こる。(ウ)酸化される元素と(エ)還元される元素を，次のa)～d)からそれぞれ1つ選べ。同じ選択肢を何度用いてもよい。

a）水素　　b）酸素　　c）塩素　　d）カルシウム

4　次の文章を読み，問 16～問 20 に答えよ。

メチルオレンジは，中和滴定の終点を決める指示薬の 1 つである。弱酸であるメチルオレンジは，式(1)に示す電離平衡の状態にあり，pH によって異なった色を示す。

$$(H_3C)_2N^+{=}C_6H_4{=}N{-}NH{-}C_6H_4{-}SO_3^- \underset{H^+}{\overset{OH^-}{\rightleftarrows}} (H_3C)_2N{-}C_6H_4{-}N{=}N{-}C_6H_4{-}SO_3^- \quad (1)$$

HA(赤色)　　　　A$^-$(黄色)

メチルオレンジを 1 価の酸 HA で表すと，式(1)の電離平衡は式(2)で示され，その電離定数 K_a は，HA，A$^-$，H$^+$ のモル濃度[HA]，[A$^-$]，[H$^+$]を用いて，式(3)で表される。

$$\mathrm{HA} \overset{K_a}{\rightleftarrows} \mathrm{A^-} + \mathrm{H^+} \quad (2)$$

$$K_a = \frac{[\mathrm{A^-}][\mathrm{H^+}]}{[\mathrm{HA}]} \quad (3)$$

一般に，HA または A$^-$ の濃度が，もう一方の濃度の 10 倍を超えると，片方の色だけが見えるようになる。すなわち溶液は，$\dfrac{[\mathrm{A^-}]}{[\mathrm{HA}]} < 0.100$ の条件で赤色，$\dfrac{[\mathrm{A^-}]}{[\mathrm{HA}]} > 10.0$ の条件で黄色に見える。これらの条件の間の pH が，メチルオレンジの変色域である。

メチルオレンジを指示薬に用い，ある食品中のタンパク質の含有率(質量%)を調べる実験Ⅰ～Ⅲを行った。ただし，この食品はタンパク質以外には窒素を含まず，このタンパク質に含まれる窒素の含有率は 16.0 % である。

実験Ⅰ　食品 1.00 g を濃硫酸中で分解し，食品中のすべての窒素をアンモニウムイオン NH_4^+ とした。次に，この溶液中の酸の物質量よりも十分に多い物質量の水酸化ナトリウム NaOH を加えて加熱し，気体を発生させた。

実験Ⅱ　実験Ⅰで発生した気体のすべてを，別に用意した0.200 mol/L硫酸水溶液20.0 mLに吸収させた。

実験Ⅲ　実験Ⅱの硫酸水溶液の全量に，指示薬としてメチルオレンジを加え，0.100 mol/L水酸化ナトリウム水溶液で滴定を行った。水酸化ナトリウム水溶液23.0 mLを加えたところで溶液が赤色から黄色に変化し，これを終点とした。

問16　メチルオレンジの電離定数を $K_a = 3.00 \times 10^{-4}$ mol/Lとすると，溶液が黄色に見え始める条件（$\frac{[A^-]}{[HA]} = 10.0$）でのpHはいくらか。有効数字3桁で答えよ。ただし，$\log_{10} 3 = 0.477$ とする。

問17　実験Ⅱの操作で起こる反応を，下の例にならって記せ。

例）$CO_2 + 2NaOH \longrightarrow Na_2CO_3 + H_2O$

問18　実験Ⅱにおいて，硫酸水溶液に吸収された気体の物質量は何molか。有効数字2桁で答えよ。

問19　実験Ⅲにおいて，指示薬としてメチルオレンジの代わりにフェノールフタレインを用いることはできない。その理由として正しいものを，次のa)～f)からすべて選べ。該当する選択肢がない場合は，z欄をマークせよ。

a）硫酸イオンが酸として働くため。

b）アンモニウムイオンが酸として働くため。

c）滴定の中和点が弱酸性であるため。

d）硫酸イオンが塩基として働くため。

e）アンモニウムイオンが塩基として働くため。

f）滴定の中和点が弱塩基性であるため。

問20　この食品中に含まれるタンパク質の含有率は何%か。有効数字2桁で答えよ。

5　次の文章を読み，問 21～問 24 に答えよ。

植物のバラの抽出実験によって得られた，１価の第一級アルコールである天然有機化合物Ｇについて，次の実験Ⅰ～Ⅳを行った。

実験Ⅰ　元素分析により，化合物Ｇの成分元素の質量百分率を求めたところ，炭素 77.9 %，水素 11.7 %，酸素 10.4 % であった。その他の元素は確認されなかった。

実験Ⅱ　化合物Ｇの炭素－炭素二重結合の有無を確認(i)し，その構造を調べたところ，右図のような二重結合を２つ含むことがわかった。ここで X^1～X^3 は，炭化水素基またはヒドロキシ基を含む炭化水素基を表す。

$$\begin{matrix} X^1 & & X^3 \\ & \mathrm{C{=}C} & \\ X^2 & & H \end{matrix}$$

実験Ⅲ　化合物Ｇのヒドロキシ基をメチル化($-CH_2OH \rightarrow -CH_2OCH_3$)した後，硫酸酸性の過マンガン酸カリウム $KMnO_4$ 水溶液を加えて加熱すると，化合物Ａ，Ｂ，Ｃが同じ物質量で生成した。化合物Ａは，酢酸カルシウム $(CH_3CO_2)_2Ca$ の乾留(熱分解)で得られる化合物と同じであった。化合物ＢおよびＣは，それぞれ分子式 $C_3H_6O_3$ および $C_5H_8O_3$ のカルボン酸であり，両化合物ともに，不斉炭素原子をもたないことがわかった。なお，下式のように，一般にアルケンを硫酸酸性の過マンガン酸カリウム水溶液中で加熱すると，二重結合は切断され，ケトンまたはカルボン酸を生成する。

$$\begin{matrix} R^1 & & R^3 \\ & \mathrm{C{=}C} & \\ R^2 & & H \end{matrix} \xrightarrow[H_2SO_4]{KMnO_4} \begin{matrix} R^1 & \\ & \mathrm{C{=}O} \\ R^2 & \end{matrix} + \begin{matrix} & R^3 \\ \mathrm{O{=}C} & \\ & OH \end{matrix}$$

R^1～R^3 は炭化水素基を表す

実験Ⅳ　実験Ⅲで生成した化合物Ｃにヨードホルム反応を行ったところ，黄色の沈殿が生じた。

問21　化合物Gの分子量を3桁の整数で答えよ。

問22　一般に下線部(i)の方法として最もふさわしいものを，次のa）～e）から1つ選べ。該当する選択肢がない場合は，z欄をマークせよ。

a）フェーリング液に加えて加熱し，赤色沈殿を確認する。

b）ニンヒドリン水溶液に加えて加熱し，青紫色への呈色を確認する。

c）赤褐色の臭素水に加え，その脱色を確認する。

d）黄褐色の塩化鉄(Ⅲ) $FeCl_3$ 水溶液に加え，青紫～赤紫色への変色を確認する。

e）水酸化ナトリウム NaOH 水溶液を加えて塩基性にした後，硫酸銅(Ⅱ) $CuSO_4$ 水溶液を加え，赤紫色への呈色を確認する。

問23　化合物Aの構造式を，次のa）～e）から1つ選べ。該当する選択肢がない場合は，z欄をマークせよ。

a）$H_3C-C(=O)-O-CH_3$

b）$H_3C-CH_2-C(=O)-CH_2-CH_3$

c）$H_3C-C(=O)-CH_3$

d）$H_3C-C(=O)-O-CH_2-CH_3$

e）$H_3C-C(=O)-CH_2-CH_3$

問24　化合物BおよびCの構造式を，それぞれ示せ。

6 次の文章を読み，問25～問29に答えよ。

化合物A(図1)は，水に溶けやすい白色の結晶であり，砂糖の主成分として知られるスクロースの約200倍の甘味をもつ。

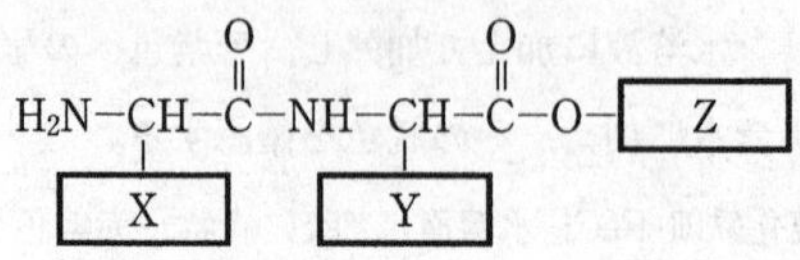

図1　化合物Aの構造(X，Y，Zは構造の一部を示す)

図1に示されているペプチド結合とエステル結合を完全に加水分解すると，化合物B，C，Dが同じ物質量で得られる。化合物B(分子量133)およびC(分子量165)は，タンパク質を構成するα-アミノ酸であり，それぞれ酸性アミノ酸および中性アミノ酸である。化合物Cはメチル基をもたず，また化合物C由来の構造を含むタンパク質に濃硝酸を加えて熱すると黄色になる。炭素，水素，酸素のみからなる化合物D(分子量32.0)は，化合物A中では化合物Cとエステル結合を形成している。

ヒトが化合物Dを大量に経口摂取した場合，失明や致死などの毒性を示す。その最小量は，体重1.00 kgあたり100 mg程度とされている。ヒトの体内で，化合物Aの加水分解が上記と同様に起こるとすると，体重48.0 kgのヒトが純物質の化合物Aを一度に[ア]g摂取したとき，体内で生じた化合物Dによる急性中毒が起こる可能性がある。しかし，スクロース(分子量342)に比べて甘味の強い化合物Aの使用量は，かなり少なくて済む。スクロースは図2に示す構造からなり，その分子量から[ア]gの化合物Aの甘味は，約9 kgのスクロースに相当することがわかる。

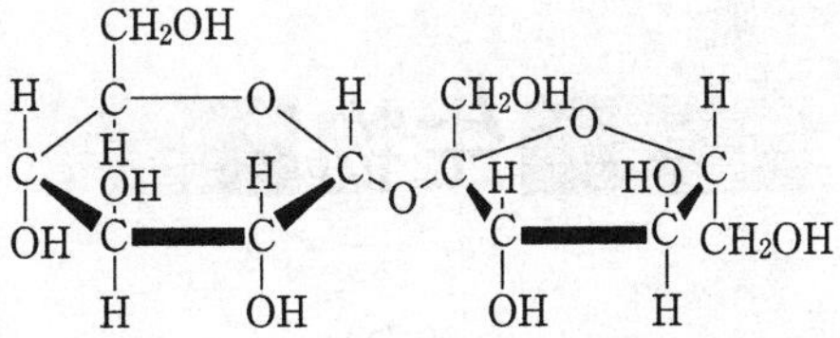

図2　スクロースの構造

問25　化合物BとC，化合物Bのみ，化合物Cのみからなるジペプチドは全部で何種類あるか，1～10の整数で答えよ。11以上の場合は，z欄をマークせよ。ただし，鏡像異性体(光学異性体)は考慮しなくてよい。

問26　化合物Cのカルボキシ基とアミノ基の縮合反応を行い，化合物Cが100個つながった鎖状の高分子を合成した。化合物C　16.50gから得られた高分子は，最大で何gか。有効数字3桁で答えよ。

問27　図1の　Y　にあてはまる構造式を示せ。

問28　　ア　にあてはまる最小量は何gか。有効数字2桁で答えよ。ただし，化合物Dが毒性を示す最小量は，ヒトの体重1.00kgあたり100mgとする。

問29　スクロース51.3gを希硫酸と加熱したところ，スクロースの一部が単糖へと加水分解され，フェーリング液を還元する糖類と還元しない糖類を，同じ物質量ずつ含んだ混合物となった。この混合物に含まれるグルコースの物質量は何molか。有効数字2桁で答えよ。なお，スクロースを加水分解すると，グルコースとフルクトースが同じ物質量で得られる。それら単糖の鎖状構造は，それぞれホルミル基($-CHO$)やヒドロキシケトン基($-CO-CH_2OH$)をもつ。

生物

（90分）

1　以下の問1～問7について，a）～e）のうちから正しいものを全て選べ。ただし，正しいものがない場合はf欄をマークせよ。

問1　獲得免疫について

a）病原体を認識して活性化した樹状細胞は，リンパ節に移動して，体液性免疫と細胞性免疫の両方を誘導する。

b）樹状細胞が提示する抗原情報をヘルパーT細胞のトル様受容体が認識する。

c）ヘルパーT細胞により活性化されたB細胞は，抗原を取り込みその断片を提示する。

d）B細胞から分化した形質細胞は抗体を産生し，形質細胞の一部は記憶細胞として残る。

e）抗原刺激が消失した後にキラーT細胞の一部は記憶細胞として残る。

問2　真核細胞の遺伝子発現について

a）複製の過程では，プロモーターがDNA合成の起点となる。

b）転写の開始には，開始コドンが必要である。

c）スプライシングの過程では，イントロンがmRNA前駆体から除去される。

d）翻訳の過程では，リボソームがmRNAの3'末端から5'末端の方向に移動する。

e）翻訳の過程では，rRNAがリボソームタンパク質を合成する際の鋳型となる。

問3 カエルの卵割について

a）第3卵割以降の卵割で生じた割球は，動物極側では大きく，植物極側では小さい。

b）卵割腔は動物極側よりも植物極側に偏っている。

c）原口は灰色三日月環のあった場所の植物極寄りに形成される。

d）原腸形成で陥入した細胞は植物極方向に向かって移動する。

e）原口は発生が進むと肛門になる。

問4 ヒトの中枢神経系について

a）視覚野は大脳の側頭葉にある。

b）記憶形成，学習，空間認識に関わる海馬は，大脳辺縁系に含まれる。

c）脳幹は間脳，中脳，橋，延髄で構成される。

d）中脳には，だ液分泌の反射中枢がある。

e）末梢神経は脳神経と脊髄神経に分類することができる。

問5 心臓と血管について

a）両生類と鳥類の心臓は2心房1心室である。

b）ほ乳類の心臓では，右心房にある洞房結節が収縮リズムを作っている。

c）ほ乳類では，延髄に心臓の拍動中枢があり，運動神経を介して心筋の収縮が調節されている。

d）動脈には逆流を防ぐ弁があるが，静脈にはない。

e）閉鎖血管系では開放血管系よりからだの末端に体液を循環させる効率がよい。

問6 植物の生殖について

a）花粉母細胞は，減数分裂を行い，それぞれの娘細胞が1回の体細胞分裂を行う過程を経て，計4個の成熟花粉を生じる。

b）中央細胞は，2個の極核と1個の花粉管核との融合ののち，三倍体の胚乳細胞を生じる。

c）胚のう母細胞は，減数分裂を行い，それぞれの娘細胞が1回の体細胞分裂を行う過程を経て，卵細胞や反足細胞などを生じる。

d）雄原細胞は，減数分裂を行い，1個の花粉あたり2個の精細胞を生じる。

e）助細胞は，体細胞分裂をすることも，他の細胞に分化することもない。

問7　生態系の物質生産について

a）純生産量から生産者の被食量を引いたものが，生産者の成長量である。

b）総生産量から生産者の呼吸量を引いたものが，純生産量である。

c）同化量から一次消費者の呼吸量を引いたものが，一次消費者の被食量である。

d）一次消費者の摂食量から不消化排出量を引いたものが，同化量である。

e）一次消費者の生産量から成長量と死滅量を引いたものが，二次消費者の摂食量である。

2　細胞に関する文章1と文章2を読み，以下の問8～問14に答えよ。

文章1　真核細胞は，細胞膜で外界から仕切られた内側に，核などの構造物を持つ。細胞膜は［ア］の二重層に<u>さまざまなタンパク質</u>(1)が組み込まれた構造をしている。細胞内の構造物のうち，ミトコンドリアや小胞体は細胞膜と同じような構造の生体膜で構成されており，微小管などの［イ］とよばれる構造物は生体膜を持たない。

問8　文章1の［ア］と［イ］にあてはまる適切な語を記せ。

問9　下線部(1)について，腎臓の集合管の細胞にはアクアポリンというタンパク質がある。この細胞にバソプレシンが作用すると，細胞膜のアクアポリンの数が増加する。その結果，集合管の細胞の働きにどのような変化が起こるかを簡潔に述べよ。

問10 小胞体に関する記述として適切なものをａ）～ｅ）のうちから全て選べ。ただし，適切なものがない場合はｆ欄をマークせよ。

ａ）小胞体の膜は核膜とつながっている。

ｂ）小胞体は核と同様に２枚の生体膜で包まれている。

ｃ）粗面小胞体の中には，細胞外に放出されるタンパク質がある。

ｄ）滑面小胞体では，脂質の合成が行われる。

ｅ）滑面小胞体は細胞内カリウムイオン濃度の調節を行う。

問11 微小管に関する記述として適切なものをａ）～ｅ）のうちから全て選べ。ただし，適切なものがない場合はｆ欄をマークせよ。

ａ）動物細胞内では固定結合に連結する。

ｂ）細胞内で小胞などの輸送に関与する。

ｃ）中心体を構成する。

ｄ）細胞の運動器官である鞭毛を構成する。

ｅ）紡錘体の紡錘糸を構成する。

問12 細胞を構成する主な物質は，水，数種類の有機物，およびその他の無機物である。ヒトの細胞と大腸菌の細胞を構成している物質の割合を調べたところ，どちらの細胞でも最も多いのは水，２番目に多いのはタンパク質であった。ある物質は，ヒトの細胞で３番目だったが大腸菌の細胞ではそれよりも順位が低かった。この物質名を答えよ。

文章２ 多細胞生物の体細胞の一部は特定の周期で細胞分裂をしている。この周期性のことを細胞周期という。体細胞分裂のＭ期は，染色体の形態変化などにより４つの時期に分けられる(2)。有性生殖をする生物では，配偶子ができる過程で減数分裂が起こる。

問13 下線部(2)に関する記述として適切なものをａ）～ｅ）のうちから全て選べ。ただし，適切なものがない場合はｆ欄をマークせよ。

ａ）前期に，凝縮していた染色体が分散する。

b）中期に，二価染色体が赤道面に並ぶ。

c）後期に，染色体は細胞の両極に移動する。

d）後期に，核膜が形成される。

e）終期に，細胞質が2分される。

問14　動物において，細胞周期の G_1 期の体細胞と同じ量のDNAを持つ細胞をa）～f）のうちから全て選べ。ただし，適切なものがない場合はg欄をマークせよ。

a）G_2 期の体細胞

b）S期の体細胞

c）G_1 期の精原細胞

d）G_1 期の一次精母細胞

e）二次卵母細胞

f）第一極体

3　代謝に関する次の文章を読み，以下の問15～問19に答えよ。

文章　真核生物の呼吸では，解糖系やクエン酸回路の［ア］の過程で H^+ と e^- が生じ，それらは補酵素の［イ］に使われる。補酵素(1)はミトコンドリアの電子伝達系に運ばれ，そこで補酵素から e^- と H^+ が放出される。放出された e^- は電子伝達系を構成する分子に順次伝達され，この移動に伴い［ウ］を挟んで［エ］と［オ］の間に H^+ の濃度勾配が形成される。［エ］に蓄積された H^+ が［ウ］にあるATP合成酵素を通って［オ］に拡散する時にATPが合成される。このようなATP合成の過程は［カ］とよばれる。電子伝達系を移動した e^- は，最終的に［キ］に受け渡され，さらに H^+ と結合して［ク］を生じる。

一方，植物や藻類の光合成では，［ケ］の分解によって H^+ と e^- が生じる。e^- はその後，葉緑体の［コ］にある電子伝達の反応系を移動し，最後は補酵素(2)の［サ］に使われる。光合成では，最後にe^-を受け取る補酵素の方が最初にe^-を与える［ケ］よりも［シ］力が強い。このため，e^-の受け渡しをするのに必要なエネルギーは光から得られる。e^-の移動に伴って，［コ］を挟んで［ス］と［セ］の間にH^+の濃度勾配が形成される。ここでも濃度勾配が解消するようにH^+がATP合成酵素を通って［セ］に拡散する時に，ATPが合成される。このATP合成の過程は［ソ］とよばれる。

問15 ［ア］，［カ］，［ソ］にあてはまる語として最も適切なものを，それぞれa）～h）のうちから1つ選べ。ただし，同じ選択肢を2回以上使ってもよい。

a）化学合成　b）基質レベルのリン酸化　c）光リン酸化
d）酸化的リン酸化　e）脱水素反応　f）脱炭酸反応
g）脱アミノ反応　h）炭酸同化

問16 ［イ］，［サ］，［シ］にあてはまる語として適切なものを，それぞれa）とb）のうちから1つ選べ。ただし，同じ選択肢を2回以上使ってもよい。

a）酸化　b）還元

問17 ［ウ］，［エ］，［オ］，［コ］，［ス］，［セ］にあてはまる語として適切なものを，それぞれa）～g）のうちから1つ選べ。ただし，同じ選択肢を2回以上使ってもよい。

a）外膜　b）ストロマ　c）チラコイド内腔　d）チラコイド膜
e）内膜　f）膜間腔　g）マトリックス

問18 ［キ］，［ク］，［ケ］にあてはまる語として適切なものを，それぞれa）～f）のうちから1つ選べ。ただし，同じ選択肢を2回以上使ってもよい。

a）CO_2　b）$C_3H_4O_3$(ピルビン酸)　c）H_2

d）H_2O　e）H_3PO_4(リン酸)　f）O_2

問19　下線部(1)と下線部(2)の補酵素として適切なものを，それぞれ a）～ f）のうちから全て選べ。ただし，同じ選択肢を 2 回以上使ってもよい。

a）FAD　b）$FADH_2$　c）NAD^+　d）NADH

e）$NADP^+$　f）NADPH

4　ニューロンに関する次の文章を読み，以下の問 20～問 25 に答えよ。

文章　ニューロンの細胞体や軸索に微小電極を挿入し，刺激されていない静止状態のニューロンの細胞膜を隔てた電位差を測定すると，細胞の外側に対して細胞の内側が約 −70～−60 mV となっている。これを静止膜電位という。ナトリウムイオン(Na^+)とカリウムイオン(K^+)は，細胞内外ではそれぞれ濃度差があり，これは(1)ナトリウムポンプにより維持されている。細胞膜には常に開いているカリウムチャネルが存在するが，膜電位が静止膜電位の状態の時，(2)見かけ上はこのカリウムチャネルを介しての K^+ の移動は止まっている。

ニューロンに閾値以上の強さの刺激が与えられると，(3)電位依存性ナトリウムチャネルが開くことで，膜電位の急激な上昇が始まり，ついには一時的に細胞内外の電位が逆転する。これに遅れて電位依存性カリウムチャネルが開くため，膜電位は急激に下降し，その後静止状態に戻る。細胞膜におけるこのような膜電位の変化を活動電位といい，活動電位が生じることを興奮という。

ニューロンの軸索の一部に電気刺激を与えて活動電位を生じさせると，(4)隣接した静止状態の部分との間で微弱な電流が流れる。この電流を活動電流(局所電流)と呼ぶ。この活動電流が静止状態の場所を刺激し，閾値を超える刺激となった部分で新しく活動電位が発生する。このようにして(5)興奮は次々と軸索上を伝わっていく。これを興奮の［ア］という。

問20　［ア］にあてはまる適切な語を記せ。

問21　下線部(1)のナトリウムポンプに関する記述として適切なものをａ）～ｄ）のうちから全て選べ。

ａ）ATP 分解酵素活性を持つ。

ｂ）Na^+ と K^+ のそれぞれに特異的な結合部位を持つ。

ｃ）Na^+ と K^+ のそれぞれを通す通路を持つ。

ｄ）ニューロンにのみ存在する。

問22　下線部(2)の理由として適切なものをａ）～ｅ）のうちから１つ選べ。

ａ）細胞膜の近傍においては細胞内外の K^+ の濃度は等しいから。

ｂ）Na^+ が濃度勾配に従って細胞内に入ろうとする力と，K^+ が濃度勾配に従って細胞外に出ようとする力が釣り合っているから。

ｃ）K^+ が濃度勾配に従って細胞内に入ろうとする力と，Na^+ が濃度勾配に従って細胞外に出ようとする力が釣り合っているから。

ｄ）K^+ が濃度勾配に従って細胞外に出ようとする力と，K^+ を細胞内に戻そうとする電気的な力が釣り合っているから。

ｅ）K^+ が濃度勾配に従って細胞内に入ろうとする力と，K^+ を細胞外に戻そうとする電気的な力が釣り合っているから。

問23　下線部(3)について，膜電位の上昇が始まる時の Na^+ の動きに関する説明として適切なものをａ）～ｄ）のうちから１つ選べ。

ａ）濃度勾配に従って細胞外に出ようとする力よりも，細胞内に流入させようとする電気的な力の方が大きいため，Na^+ が細胞内に流入する。

ｂ）濃度勾配に従って細胞内に入ろうとする力よりも，細胞外に排出させようとする電気的な力の方が大きいため，Na^+ が細胞外に排出される。

ｃ）濃度勾配と電気的な力の両方によって Na^+ が細胞内に流入する。

d）濃度勾配と電気的な力の両方によってNa^{+}が細胞外に排出される。

問24　下線部(4)の説明として適切なものをa）～d）のうちから1つ選べ。

a）電流は細胞の外側では静止部から興奮部に向かって流れ，細胞の内側では反対の方向に流れる。

b）電流は細胞の外側では興奮部から静止部に向かって流れ，細胞の内側では反対の方向に流れる。

c）電流は細胞の外側でも内側でも静止部から興奮部に向かって流れる。

d）電流は細胞の外側でも内側でも興奮部から静止部に向かって流れる。

問25　下線部(5)について，興奮は刺激点から両方向に軸索上を伝わっていくが，途中で逆戻りはしない。その理由を簡潔に述べよ。

5　進化とDNAに関する文章1と文章2を読み，以下の問26～問31に答えよ。

文章1　細胞の構造に着目すると，生物は［ア］と［イ］に2分される。DNAの塩基配列(1)に基づいた系統解析が行われるようになり，それぞれには複数の系統の生物群が存在することが明らかになってきた。その結果，［ア］は大きく2群に分けられ，それらは［ウ］と［エ］と呼ばれている。特に［ウ］はヒトにとっては極限環境ともいえる高温や高塩濃度の環境に生息するものが多い。

問26　［ア］～［エ］にあてはまる適切な語を記せ。

問27　［イ］に属する生物として正しいものをa）～e）のうちから全て選べ。

a）えり鞭毛虫　　b）クロレラ　　c）酵母菌

d）枯草菌　　e）細胞性粘菌

問28　下線部(1)について，1990 年代後半から様々な生物のゲノムが調べられ，21 世紀早々にはヒトゲノムの大きさが解明された。ヒトゲノムの大きさ(塩基対数)として最も適切なものをａ）～ｇ）のうちから１つ選べ。

ａ）3×10^{7}　ｂ）3×10^{8}　ｃ）3×10^{9}　ｄ）3×10^{10}

ｅ）3×10^{11}　ｆ）3×10^{12}　ｇ）3×10^{13}

文章２　ゲノムの中には動く遺伝因子があり，トランスポゾンと呼ばれている。トランスポゾンは，特定の配列を両末端に持つ DNA 断片で，染色体上の領域から切り出された後，別の染色体領域に挿入されることで，ゲノム上を移動(転移)する(図１)。進化の過程でトランスポゾンが一度挿入された後，再び転移することがなければ，様々な生物のトランスポゾンの存在を調査することにより，現存種の DNA 配列から系統関係を推定することが可能である。

いま，ほ乳類Ａ～Ｇのゲノム DNA を用いて系統解析を行うことにした。ほ乳類Ａ～Ｇにはトランスポゾン１～５の５つのトランスポゾンが見つかった。トランスポゾン１～５はほ乳類の進化の過程で一度だけ転移し，その後は転移することはなかった。また，各トランスポゾンの両末端の外側の隣接領域は，調べられたほ乳類間で高度に保存されていた。そこで，それぞれの隣接領域に対してプライマーを設計し PCR による増幅実験を行った。その結果が以下のとおりである。

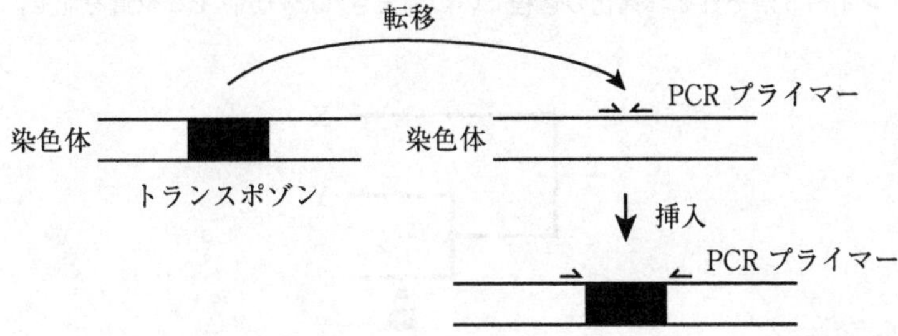

図１　トランスポゾンがある染色体領域から別の染色体領域に挿入される様子

実験１：ほ乳類ＢとＥからはトランスポゾン１を含む DNA 断片(PCR 産物)が得られたが，他のほ乳類からは得られなかった。

実験２：ほ乳類ＣとＦからはトランスポゾン２を含む PCR 産物が得られたが，

他のほ乳類からは得られなかった。

実験3：ほ乳類A，B，C，D，E，Fからはトランスポゾン3を含むPCR産物が得られたが，他のほ乳類からは得られなかった。

実験4：ほ乳類A，B，C，E，Fからはトランスポゾン4を含むPCR産物が得られたが，他のほ乳類からは得られなかった。

実験5：ほ乳類B，C，E，Fからはトランスポゾン5を含むPCR産物が得られたが，他のほ乳類からは得られなかった。

問29　最も初期に分岐したほ乳類として適切なものはどれか。あてはまるものをa）～g）のうちから1つ選べ。

a）ほ乳類A　b）ほ乳類B　c）ほ乳類C　d）ほ乳類D
e）ほ乳類E　f）ほ乳類F　g）ほ乳類G

問30　ほ乳類Bと系統的に最も近縁な種として適切なものをa）～f）のうちから<u>全て</u>選べ。

a）ほ乳類A　b）ほ乳類C　c）ほ乳類D　d）ほ乳類E
e）ほ乳類F　f）ほ乳類G

問31　図2にならってほ乳類A～Gの系統関係を系統樹で図示し，トランスポゾン1～5がそれぞれ進化の過程でいつ挿入されたのか，その位置を記せ。

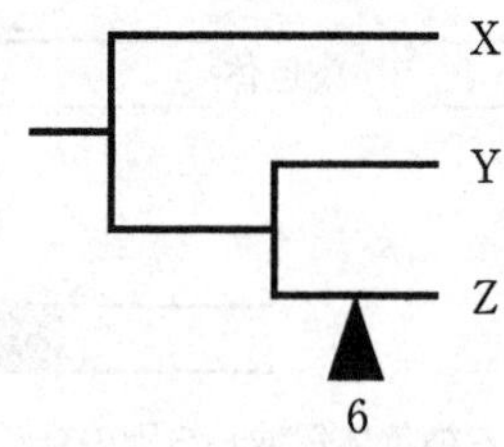

図2　YとZが分岐してからZにトランスポゾン6が挿入された場合の例

解答編

数学

1 **解答** (1)(i)―(b), (d) (ii)―(d), (e) (2)ア. 615

(3)イ. 6 ウ. −1 エ. 8 オ. 3

◀解 説▶

≪小問3問≫

(1) (i) (a) $p \Longrightarrow q$；偽 反例：$x=1$, $y=\sqrt{3}$

(b) $p \Longrightarrow r$；真

(証明)「xyが無理数である$\Longrightarrow x$, yの少なくとも一方が無理数である」の対偶である「x, yがともに有理数である$\Longrightarrow xy$が有理数である」が真であることは明らかであるから，もとの命題も真である。

(c) $q \Longrightarrow p$；偽 反例：$x=\sqrt{3}$, $y=\sqrt{3}$

(d) $q \Longrightarrow r$；真

(説明)「x, yがともに無理数である」であれば，「x, yの少なくとも一方が無理数である」ことは明らかである。

(e) $r \Longrightarrow p$；偽 反例：$x=\sqrt{3}$, $y=\sqrt{3}$

(f) $r \Longrightarrow q$；偽 反例：$x=1$, $y=\sqrt{3}$

よって，真の命題は(b), (d)である。

(ii) $p \Longrightarrow q$は「xyが無理数である」$\Longrightarrow$「x, yがともに無理数である」であり，(i)で解答したように「偽」であるが，この反例は，$x=1$, $y=\sqrt{3}$ のように，「xyが無理数である」が成り立つのに結論が「x, yがともに無理数である」の否定，つまり「x, yの少なくとも一方が有理数である」となる場合である。よって，この必要十分条件を求めると選ぶものは(d), (e)となる。

(2) $(1+x+x^2)^{10}$の展開式の一般項は

$$\frac{10!}{a!b!c!}\cdot 1^a\cdot x^b\cdot (x^2)^c$$

つまり

$$\frac{10!}{a!b!c!}\cdot x^{b+2c}\quad（ただし\quad a+b+c=10）$$

であるから，x^{16} の項となり得るのは

$$(a,\ b,\ c)=(2,\ 0,\ 8),\ (1,\ 2,\ 7),\ (0,\ 4,\ 6)$$

の 3 つの場合なので，x^{16} の係数は

$$\frac{10!}{2!0!8!}+\frac{10!}{1!2!7!}+\frac{10!}{0!4!6!}=45+360+210=615\quad（\rightarrow ア）$$

(3)

$$\begin{aligned}\int_0^{\frac{2}{3}\pi} x\sin 2x dx &= \int_0^{\frac{2}{3}\pi} x\left(-\frac{1}{2}\cos 2x\right)' dx \\ &= \left[-\frac{1}{2}x\cos 2x\right]_0^{\frac{2}{3}\pi}+\frac{1}{2}\int_0^{\frac{2}{3}\pi}\cos 2x dx \\ &= -\frac{\pi}{3}\cos\frac{4}{3}\pi+\frac{1}{4}\Big[\sin 2x\Big]_0^{\frac{2}{3}\pi} \\ &= \frac{\pi}{6}+\frac{1}{4}\sin\frac{4}{3}\pi \\ &= \frac{\pi}{6}-\frac{1}{8}\sqrt{3}\quad（\rightarrow イ〜オ）\end{aligned}$$

2 解答

(1)カ．-1　キ．3　(2)あ―(a)　い―(f)
(3)ク．-1　ケ．3　コ．-8　サ．9
(4)シ．6　ス．4　セ．2　ソ．8　(5)タ．2　チ．12

◀解　説▶

≪断面が三角形である立体の体積≫

(1)　AB$=s$，$\angle$DAC$=\theta$ とおくと，$\cos\theta=\dfrac{\sqrt{3}}{3}$

だから

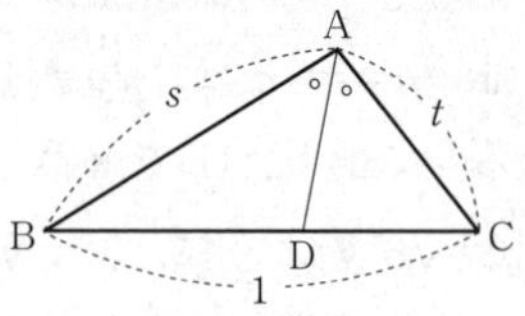

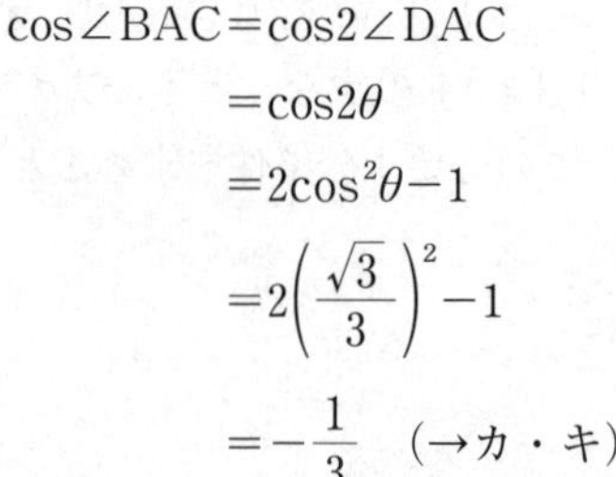

$$\begin{aligned}\cos\angle BAC &= \cos 2\angle DAC \\ &= \cos 2\theta \\ &= 2\cos^2\theta-1 \\ &= 2\left(\frac{\sqrt{3}}{3}\right)^2-1 \\ &= -\frac{1}{3}\quad（\rightarrow カ・キ）\end{aligned}$$

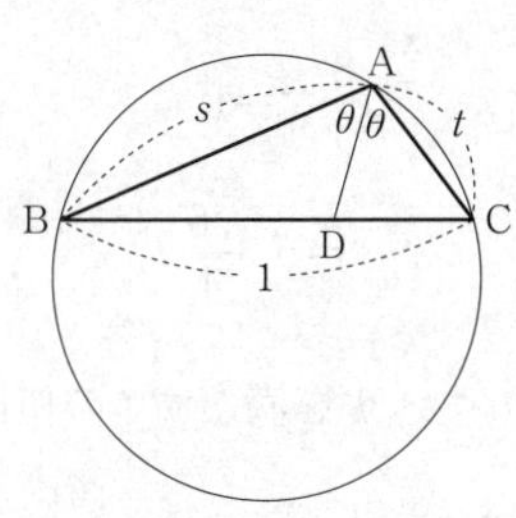

(2)　三角形 ABC の ∠BAC は一定で，(1)より $\cos\angle BAC = -\dfrac{1}{3}$ を満たす鈍角であるから，三角形 ABC の外接円を考えると右図のようになる。

弧 BC に対する円周角は等しいから，点 A は弧 BC 上を動く。

点 A を点 C から点 B へと弧 BC 上を動かすことで，t の取り得る値の範囲は $0<t<1$ となるので

$$t_1=0,\ t_2=1\quad (\to あ・い)$$

(3)　三角形 ABC において，余弦定理より

$$1^2=s^2+t^2-2st\cos 2\theta$$

$$1=s^2+t^2-2st\left(-\frac{1}{3}\right)$$

$$3s^2+2ts+3t^2-3=0$$

$$s=\frac{-t\pm\sqrt{t^2-3(3t^2-3)}}{3}$$

$$=\frac{-t\pm\sqrt{9-8t^2}}{3}$$

このうち，条件を満たすものは，形を整えて

$$s=-\frac{1}{3}t+\sqrt{1-\frac{8}{9}t^2}\quad (\to ク〜サ)$$

(4)　$$\triangle ABC=\frac{1}{2}st\sin 2\theta$$

で三角形 ABC の面積を求めることができる。三角形 ABC の底辺を辺 BC とみると，面積が最大となるのは高さが最大となるときであり，それは $s=t$ の二等辺三角形のときである。そのときの t の値を求める。

$$-\frac{1}{3}t+\sqrt{1-\frac{8}{9}t^2}=t$$

$$\frac{4}{3}t=\sqrt{1-\frac{8}{9}t^2}$$

$0<t<1$ の範囲では両辺は正の値をとるから，両辺を 2 乗しても同値で

$$\frac{16}{9}t^2=1-\frac{8}{9}t^2$$

$$\frac{8}{3}t^2=1$$

$$t=\pm\frac{\sqrt{6}}{4}$$

$0<t<1$ を満たす t の値は　　$t=\dfrac{\sqrt{6}}{4}$

また

$$\sin 2\theta=\sqrt{1-\cos^2 2\theta}=\sqrt{1-\left(-\frac{1}{3}\right)^2}=\frac{2\sqrt{2}}{3}$$

であるから，このときの三角形 ABC の面積は

$$\frac{1}{2}\left(\frac{\sqrt{6}}{4}\right)^2\frac{2\sqrt{2}}{3}=\frac{1}{2}\cdot\frac{3}{8}\cdot\frac{2\sqrt{2}}{3}=\frac{\sqrt{2}}{8}$$

よって，三角形 ABC の面積は，$t=\dfrac{\sqrt{6}}{4}$ で最大値 $\dfrac{\sqrt{2}}{8}$ をとる。

（→シ～ソ）

(5)　平面 $z=t$ における断面積が

$$\frac{1}{2}st\sin 2\theta=\frac{1}{2}\left(-\frac{1}{3}t+\sqrt{1-\frac{8}{9}t^2}\right)\cdot t\cdot\frac{2\sqrt{2}}{3}$$

$$=-\frac{\sqrt{2}}{9}t^2+\frac{\sqrt{2}}{3}t\sqrt{1-\frac{8}{9}t^2}$$

であるから，求める体積は

$$\int_0^1\left(-\frac{\sqrt{2}}{9}t^2+\frac{\sqrt{2}}{3}t\sqrt{1-\frac{8}{9}t^2}\right)dt$$

$$=-\frac{\sqrt{2}}{9}\int_0^1 t^2dt+\frac{\sqrt{2}}{3}\int_0^1\sqrt{1-\frac{8}{9}t^2}\,tdt$$

ここで

$$\int_0^1 t^2dt=\left[\frac{1}{3}t^3\right]_0^1=\frac{1}{3}$$

$\displaystyle\int_0^1\sqrt{1-\frac{8}{9}t^2}\,tdt$ において，$\sqrt{1-\dfrac{8}{9}t^2}=u$ とおき，両辺を 2 乗する。

$$1-\frac{8}{9}t^2=u^2$$

両辺を u で微分すると

$$-\frac{16}{9}t\frac{dt}{du}=2u$$

$$tdt=-\frac{9}{8}udu$$

また，積分区間は

t	$0\to 1$
u	$1\to \frac{1}{3}$

となるので

$$\int_0^1\sqrt{1-\frac{8}{9}t^2}\,tdt=\int_1^{\frac{1}{3}}u\left(-\frac{9}{8}u\right)du$$

$$=-\frac{3}{8}\Big[u^3\Big]_1^{\frac{1}{3}}$$

$$=-\frac{3}{8}\left(\frac{1}{27}-1\right)$$

$$=\frac{13}{36}$$

したがって，求める体積は

$$-\frac{\sqrt{2}}{9}\cdot\frac{1}{3}+\frac{\sqrt{2}}{3}\cdot\frac{13}{36}=\frac{\sqrt{2}}{12}\quad(\to タ・チ)$$

参考　三角形 ABC の外接円の半径を R とおくと，正弦定理より

$$\frac{\mathrm{BC}}{\sin\angle\mathrm{BAC}}=2R$$

$$\frac{1}{\sin2\theta}=2R$$

$$R=\frac{1}{2\sin2\theta}=\frac{1}{\frac{4\sqrt{2}}{3}}=\frac{3\sqrt{2}}{8}$$

よって，半径 $\frac{3\sqrt{2}}{8}$ である円に，長さ 1 の弦を線分 BC として配置すると，条件に合う三角形 ABC が描けることになる。

このように三角形 ABC において，計算だけで処理しようとせずに，∠BAC の大きさが一定であることに目を付けて，それを円周角と見立て，外接円との関係を考えて図示してみることで，(2)・(4)などは簡単に処理することができる。

3　**解答**　(1)ツ．0　テ．-1　ト．1　ナ．-2　ニ．3
ヌ．-2

(2)ネ．2　ノ．1　ハ．4　(3)ヒ．1　フ．0

(4)へ．21　(5)ホ．3

◀解　説▶

≪複素数平面における点の軌跡≫

(1)　$z_1=0$

$$z_2=(1+i)z_1-i=(1+i)\cdot 0-i=-i \quad (\to ツ・テ)$$

$$z_3=(1+i)z_2-i=(1+i)(-i)-i=1-2i \quad (\to ト・ナ)$$

$$z_4=(1+i)z_3-i=(1+i)(1-2i)-i=3-2i \quad (\to ニ・ヌ)$$

(2)

$$1+i=\sqrt{2}\left(\frac{1}{\sqrt{2}}+i\cdot\frac{1}{\sqrt{2}}\right)$$

$$=\sqrt{2}\left(\cos\frac{\pi}{4}+i\sin\frac{\pi}{4}\right)$$

よって　$r=\sqrt{2}$，$\theta=\frac{1}{4}\pi$　(→ネ〜ハ)

(3)　すべての正の整数 n に対する三角形 PA_nA_{n+1} が互いに相似であるためには

$$\triangle PA_1A_2 \backsim \triangle PA_2A_3$$

となること，つまり，点 P に対応する複素数を $p+qi$ (p，q は実数) とおくときに

$$\frac{z_2-(p+qi)}{z_1-(p+qi)}=\frac{z_3-(p+qi)}{z_2-(p+qi)}$$

が成り立つことが必要である。

$$\frac{-i-(p+qi)}{0-(p+qi)}=\frac{(1-2i)-(p+qi)}{-i-(p+qi)}$$

$$\frac{-p-(q+1)i}{-p-qi}=\frac{(1-p)-(q+2)i}{-p-(q+1)i}$$

$$\{-p-(q+1)i\}^2=-(p+qi)\{(1-p)-(q+2)i\}$$

$$(p^2-q^2-2q-1)+2p(q+1)i=(p^2-q^2-2q-p)+(2pq+2p-q)i$$

両辺の実部と虚部を比較して

$$\begin{cases} p^2-q^2-2q-1=p^2-q^2-2q-p \\ 2p(q+1)=2pq+2p-q \end{cases}$$

$$\begin{cases} p=1 \\ q=0 \end{cases}$$

よって，点 P に対応する複素数は 1 であり，このとき

$$\begin{aligned}\frac{z_{n+1}-1}{z_n-1}&=\frac{\{(1+i)z_n-i\}-1}{z_n-1}\\&=\frac{(1+i)(z_n-1)}{z_n-1}\\&=1+i\\&=\sqrt{2}\left(\cos\frac{\pi}{4}+i\sin\frac{\pi}{4}\right)\quad(\because\ (2))\end{aligned}$$

点 A_{n+1} は点 A_n を点 P のまわりに $\frac{\pi}{4}$ 回転させて，点 P からの距離を $\sqrt{2}$ 倍に拡大した点なので，すべての正の整数 n に対する三角形 PA_nA_{n+1} は互いに相似になるといえる。

したがって，求める点 P に対応する複素数は 1 である。（→ヒ・フ）

(4)　(3)より，数列 $\{z_n-1\}$ は初項 -1，公比が $1+i=\sqrt{2}\left(\cos\frac{\pi}{4}+i\sin\frac{\pi}{4}\right)$ であるから

$$z_n-1=-1\cdot\left\{\sqrt{2}\left(\cos\frac{\pi}{4}+i\sin\frac{\pi}{4}\right)\right\}^{n-1}$$

$$z_n=1-(\sqrt{2})^{n-1}\left\{\cos\frac{1}{4}(n-1)\pi+i\sin\frac{1}{4}(n-1)\pi\right\}\quad\cdots\cdots①$$

$$|z_n|=\left|1-2^{\frac{1}{2}(n-1)}\left\{\cos\frac{1}{4}(n-1)\pi+i\sin\frac{1}{4}(n-1)\pi\right\}\right|$$

点 A_n のとり方から，$|z_n|$ は単調に増加することがわかる。

$n=20$ のとき

$$\begin{aligned}|z_{20}|&=\left|1-2^{\frac{19}{2}}\left(\cos\frac{19}{4}\pi+i\sin\frac{19}{4}\pi\right)\right|\\&=\left|1-512\sqrt{2}\left(\cos\frac{3}{4}\pi+i\sin\frac{3}{4}\pi\right)\right|\\&=\left|1-512\sqrt{2}\left(-\frac{\sqrt{2}}{2}+\frac{\sqrt{2}}{2}i\right)\right|\\&=|513-512i|\\&=\sqrt{513^2+(-512)^2}\end{aligned}$$

$$<\sqrt{600^2+(-600)^2}$$
$$=\sqrt{720000}$$
$$<\sqrt{1000000}$$
$$=1000$$

$n=21$ のとき

$$|z_{21}|=|1-2^{10}(\cos 5\pi+i\sin 5\pi)|$$
$$=|1-1024(-1)|$$
$$=1025$$
$$>1000$$

条件を満たす n の値は　　$n=21$　(→ヘ)

(5)　A_{2022+k} が実軸上にあるための条件は①において

$$\sin\frac{1}{4}(n-1)\pi=0$$

つまり $n-1$ が4の倍数となることである。つまり，$2021+k$ が4の倍数となる最小の正の整数 k は　　$k=3$　(→ホ)

4

解答　(1)　線分APの中点Mの座標は $\left(\frac{2a+6}{2},\ \frac{2b+0}{2}\right)$ より $(a+3,\ b)$ である。これを $(X,\ Y)$ とおくと

$$\begin{cases} X=a+3 \\ Y=b \end{cases}$$

であり

$$\begin{cases} a=X-3 \\ b=Y \end{cases} \quad \cdots\cdots①$$

点 $A(2a,\ 2b)$ は円 $C: x^2+y^2=4$ 上の点であるから

$$(2a)^2+(2b)^2=4$$

つまり

$$a^2+b^2=1$$

が成り立つので，①を代入して

$$(X-3)^2+Y^2=1$$

これは，点 $M(X,\ Y)$ は円 $(x-3)^2+y^2=1$ 上にあることを表すので，点

Mの軌跡の方程式は

$$(x-3)^2+y^2=1 \quad \cdots\cdots(\text{答})$$

点Mの軌跡は，中心が点 (3，0) で半径が 1 の円であり，右のようになる。

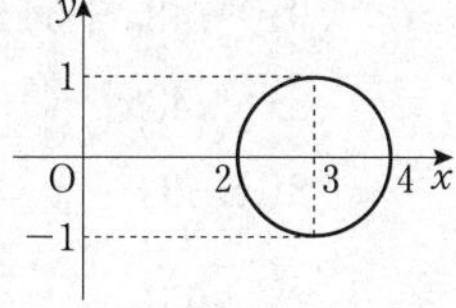

(2)　直線 l 上に点 $\mathrm{Q}(p,\ q)$ をとると

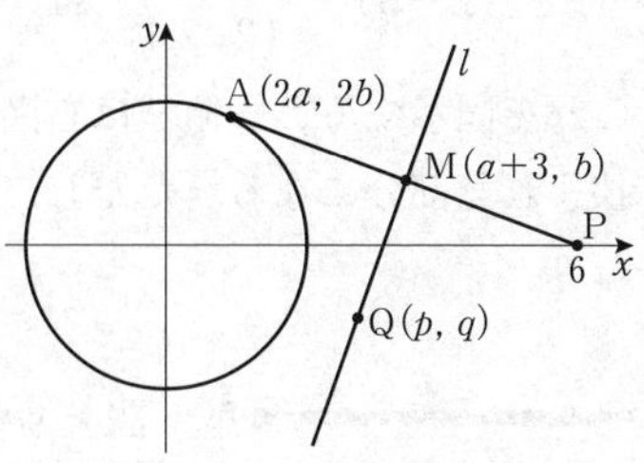

$$\overrightarrow{\mathrm{MQ}}=(p-(a+3),\ q-b)$$

また

$$\overrightarrow{\mathrm{PA}}=(2a-6,\ 2b-0)$$
$$=2(a-3,\ b)$$

直線 l は線分 AP の垂直二等分線なので

$$\overrightarrow{\mathrm{MQ}}\perp\overrightarrow{\mathrm{PA}}$$
$$\overrightarrow{\mathrm{MQ}}\cdot\overrightarrow{\mathrm{PA}}=0$$
$$\{p-(a+3)\}\cdot(a-3)+(q-b)b=0$$
$$(a-3)p+bq-a^2-b^2+9=0$$

ここで，$a^2+b^2=1$ より

$$(a-3)p+bq+8=0$$

よって，点 $\mathrm{Q}(p,\ q)$ は直線 $(a-3)x+by+8=0$ 上の点であり，直線上の点をすべてとることができるので，直線 l の方程式は

$$(a-3)x+by+8=0 \quad \cdots\cdots(\text{答})$$

(3)　$a^2+b^2=1$ を満たす a，b の組 $(a,\ b)$ について(2)で求めた直線 l が定まるので，求める条件は，a，b の連立方程式

$$\begin{cases}(a-3)x+by+8=0\\ a^2+b^2=1\end{cases}$$

が実数解 $(a,\ b)$ をもつことである。それは，直線 $xa+yb-3x+8=0$ と円 $a^2+b^2=1$ が共有点をもつこと，つまり，直線 l と原点Oの距離が 1 以下となることで

$$\frac{|x\cdot0+y\cdot0-3x+8|}{\sqrt{x^2+y^2}}\leqq1$$

$$|-3x+8|\leqq\sqrt{x^2+y^2}$$

両辺は 0 以上なので，2 乗しても同値であり

$$9x^2-48x+64 \leqq x^2+y^2$$

$$8x^2-48x-y^2+64 \leqq 0$$

$$8(x-3)^2-y^2 \leqq 8$$

$$(x-3)^2-\frac{y^2}{(2\sqrt{2})^2} \leqq 1 \quad \cdots\cdots(答)$$

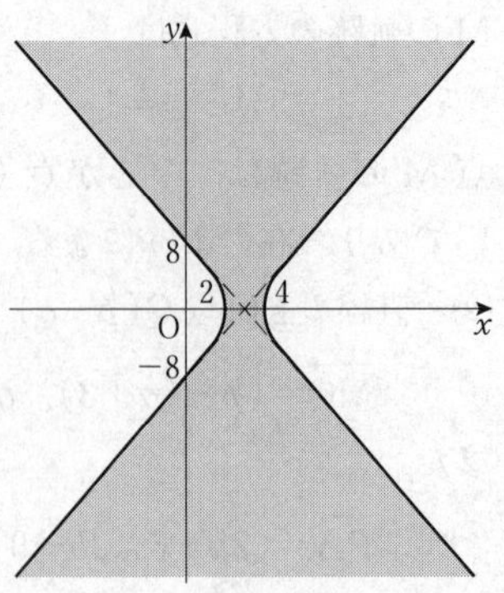

これを図示すると，領域は右図の双曲線で挟まれた部分になる。ただし，境界線を含む。

◀解　説▶

≪直線が通過する領域≫

(1)　軌跡を求める典型的な問題である。

(2)　参考1　直線 AP の傾きは

$$\frac{2b-0}{2a-6}=\frac{b}{a-3}$$

（∵　$(a,\ b)$ は $a^2+b^2=1$ を満たす実数なので，$a \neq 3$）

直線 l の傾きは，$b \neq 0$ のとき，$-\dfrac{a-3}{b}$ であるから，直線 l の方程式は

$$y-b=-\frac{a-3}{b}\{x-(a+3)\}$$

$$y=-\frac{a-3}{b}x+\frac{1}{b}(a^2+b^2-9)$$

ここで，$a^2+b^2=1$ なので

$$y=-\frac{a-3}{b}x-\frac{8}{b}$$

$b=0$ のとき，直線 l は点 $\mathrm{M}(a+3,\ 0)$ を通る x 軸に垂直な直線なので，方程式は $x=a+3$ である。ここで，$b=0$ のときに $a=\pm 1$ であるから，$x=2$ または $x=4$ である。

よって，直線 l の方程式は

$$\begin{cases} y=-\dfrac{a-3}{b}x-\dfrac{8}{b} & (b \neq 0 \text{ のとき}) \\ x=2,\ x=4 & (b=0 \text{ のとき}) \end{cases}$$

直線の方程式を求めるときに，傾きを設定したい場合があると思う。本問

の設定では，直線APがy軸に平行になることはないが，x軸に重なることはあり，そのときだけ，直線lがy軸と平行になってしまい，傾きが定義できない。それに気がついて，場合分けをするのであれば，〔参考1〕のようにすれば問題ないが，ベクトルを利用した〔解答〕の解法は，直線の傾きには関係なく解答できるので，この方がよいだろう。

(3) 参考2 試しに点$(4,\ 1)$は直線lが通過する領域に属する点かどうか調べてみよう。

点$(4,\ 1)$が直線lが通過する領域に属する点であれば，(2)で求めた直線$l:(a-3)x+by+8=0$に$(x,\ y)=(4,\ 1)$を代入した

$$(a-3)\cdot4+b\cdot1+8=0$$

$$4a+b-4=0$$

が成り立つ。

このようなa，bの組$(a,\ b)$は存在するだろうか。

$$b=-4a+4$$

これを，$a^2+b^2=1$に代入すると

$$a^2+(-4a+4)^2=1$$

$$17a^2-32a+15=0$$

この2次方程式の判別式は

$$(-16)^2-17\cdot15=1>0$$

よって，これを満たす実数aは存在し，$b=-4a+4$より実数bも存在するので，直線lは点$(4,\ 1)$を通過する。

次に，点$(6,\ 1)$は直線lが通過する領域に属する点かどうか調べてみよう。

点$(6,\ 1)$が直線lが通過する領域に属する点であれば，(2)で求めた直線$l:(a-3)x+by+8=0$に$(x,\ y)=(6,\ 1)$を代入した

$$(a-3)\cdot6+b\cdot1+8=0$$

$$6a+b-10=0$$

が成り立つ。

このようなa，bの組$(a,\ b)$は存在するだろうか。

$$b=-6a+10$$

これを，$a^2+b^2=1$に代入すると

$$a^2+(-6a+10)^2=1$$

$$37a^2-120a+99=0$$

この2次方程式の判別式は

$$(-60)^2-37\cdot 99=-63<0$$

よって，これを満たす実数 a は存在しないので，直線 l は点 $(6,\ 1)$ を通過しない。

つまり，解法のポイントは，直線 l が $a^2+b^2=1$ の条件下で成り立つかどうかということに集約される。つまり，a，b の連立方程式

$$\begin{cases}(a-3)x+by+8=0\\ a^2+b^2=1\end{cases}$$

が実数解をもつかどうかということ。上の例のように，具体的なものであれば，b を消去したりと，処理は容易であるが，この場合はどのようにするか。一つは例のように b を a，x，y で表したものを $a^2+b^2=1$ に代入することである。ただし，$b=$● とする際に，両辺を y で割ることになるので，y が0か0でないかで場合分けすることを忘れずに。〔解答〕ではどのようにしているかというと，連立方程式が実数解をもつということは，図形的には共有点をもつということだから，見方を変えて，ab 平面上の図形とみて，直線 $xa+yb-3x+8=0$ が円 $a^2+b^2=1$ と共有点をもつ条件を求めることにした。つまり，円の中心 $(0,\ 0)$ と直線の距離が円の半径1以下になる条件を求めている。

参考3　双曲線 $(x-3)^2-\dfrac{y^2}{(2\sqrt{2})^2}=1$ の漸近線は $y=\pm 2\sqrt{2}(x-3)$ である。

方針が立たず行き詰まった人もいると思われるが，その場合は〔参考2〕のように具体例を試してみて作戦を練ること。この点を通過するかどうかを判断するとき，何を基準に判断しているかを逆算して考察してみることから，一般化してみよう。図形的に処理するとわかりやすい。

❖講　評

マークセンス法が中心の大問 4 題の出題で，解答時間は 90 分である。2022 年度は記述式の問題も大問 1 題分出題され，2021 年度よりも増加した。どの問題もマークセンス法だということは意識せずに，記述式の問題にもきちんと対応できるような，数学の学力レベルを上げるための学習を心がけたいものである。

1独立した小問 3 問からなる問題である。(1)は命題に関する問題。(2)は多項定理を利用した整式を 10 乗した展開式の項の係数を問う問題。(3)は部分積分法を利用する定積分の問題である。

2三角形に関わるいろいろなことを問う形式の問題であり，その中で三角関数，置換積分法を用いる計算処理などの理解が問われている。

3複素数平面の問題である。回転移動，ド・モアブルの定理に関する知識が問われている。

これらの 3 題がマークセンス法の問題である。〔解説〕は，記述式の問題に対する解答としても耐えうる内容になっているが，実際の試験では，結果が正しく得られればよいというスタンスで解答すればよいだろう。

4だけが，記述式の解答形式で，点の軌跡や直線が通過する領域に関する問題である。

4 題とも，やや易しめから標準レベルの問題であり，各大問は基本レベルから標準レベルまでの小問でバランスよく構成されている。

物理

1 解答

1－d）　2－a）　3－f）　4－a）　5－d）
6－a）　7－p）

8．$\dfrac{2F}{M+m}-g$　9．$\dfrac{M-m}{M+m}F$

10－a）　11－f）　12－d）　13－b）　14－u）

15．$\dfrac{3F}{M+m}-g$　16．$\dfrac{2M-m}{M+m}F$

17－a）　18－i）

◀解　説▶

≪滑車を通してひもでつながれた人と台の運動≫

1～4．人と台はともに大きさ F の力で鉛直上向きにひもから引かれているので，人が床から持ち上がる条件は $F>Mg$ であり，台が床から持ち上がる条件は $F>mg$ である。

• $m<M$ の場合

力 F を大きくしていくと，台が先に床から離れる。$F\leqq mg$ では人も台も床の上に静止している。$mg<F\leqq Mg$ とすると，人は床の上に静止したまま台のみが床から持ち上がる。$Mg<F$ とすると，台が持ち上がると同時に人も床から離れてひもを上がる。

• $M<m$ の場合

人が先に床から離れる。$F\leqq Mg$ では人も台も床の上に静止している。$Mg<F\leqq mg$ とすると，台は静止したまま，人だけが床を離れてひもを上がる。$mg<F$ とすると，人だけでなく人も台も上昇する。

5～7．図1のときと同様に，人と台は大きさ F の力で鉛直上向きにひもから引かれているので，人のみに注目すると，人が台を離れて上昇する条件は $F>Mg$ である。一方，人と台が一体となって床を離れる条件は

$$2F>(M+m)g$$

$$F>\frac{M+m}{2}g$$

である。よって，$m<M$ の場合，$\dfrac{M+m}{2}g<Mg$ なので力 F を大きくしていくと，人と台は一体となって床を離れる。

8・9．求める上向き加速度を a，垂直抗力の大きさを N とする。人と台の運動方程式は，それぞれ

$$Ma=F+N-Mg$$

$$ma=F-mg-N$$

2 式を解いて

$$a=\frac{2F}{M+m}-g$$

$$N=\frac{M-m}{M+m}F$$

10・11．$M<m$ の場合，$\dfrac{M+m}{2}g>Mg$ なので，人だけが台を離れてひもを上がる。$F\leqq Mg$ では人も台も床の上に静止している。$Mg<F\leqq mg$ とすると，台は静止したまま，人だけが台を離れてひもを上がる。$mg<F$ とすると，人だけでなく人も台も上昇する。

12〜14．人はひもから大きさ F の力で鉛直上向きに引かれ，台はひもから大きさ $2F$ の力で鉛直上向きに引かれているので，人が台を離れて上昇する条件は $F>Mg$ である。

一方，人と台が一体となって床を離れる条件は

$$3F>(M+m)g$$

$$F>\frac{M+m}{3}g$$

である。よって，$m<2M$ の場合，$\dfrac{M+m}{3}g<Mg$ なので，力 F を大きくしていくと，人と台は一体となって床を離れる。$F\leqq\dfrac{M+m}{3}g$ では，人も台も床の上に静止している。$\dfrac{M+m}{3}g<F$ とすると，人と台は一体となって床を離れる。

15・16．求める上向き加速度を a'，垂直抗力の大きさを N' とする。人と台の運動方程式は，それぞれ

$$Ma'=F+N'-Mg$$

$$ma'=2F-mg-N'$$

2 式を解いて

$$a'=\frac{3F}{M+m}-g$$

$$N'=\frac{2M-m}{M+m}F$$

17・18．$2M<m$ の場合，$Mg<\frac{M+m}{3}g$ なので，人だけが台を離れてひもを上がる。$F\leqq Mg$ では人も台も床の上に静止している。$Mg<F\leqq\frac{1}{2}mg$ とすると，台は静止したままで，人だけが台を離れてひもを上がる。$\frac{1}{2}mg<F$ とすると，人だけでなく人も台も上昇する。

2　解答

1－b）　2－h）　3－b）　4－h）　5－s）

6．$\frac{\varepsilon_0 S}{2d^2}V^2$　7－t）　8－e）　9－c）　10－d）　11－i）　12－p）

13．$\frac{V}{3d}$　14－l）　15．$\frac{1}{2(2x+1)}\frac{\varepsilon_0 S}{d}V^2$　16－d）　17－i）　18－c）

19－b）　20．$\frac{(2x+1)\varepsilon_0 S}{2d}V^2$　21－e）

◀解　説▶

≪平行板コンデンサーの形状変化とエネルギー≫

1．電気容量は $\frac{\varepsilon_0 S}{d}$ であるので蓄えられた電気量 Q は

$$Q=\frac{\varepsilon_0 S}{d}\cdot V=1\times\frac{\varepsilon_0 S}{d}V$$

2．静電エネルギー U は

$$U=\frac{1}{2}\cdot Q\cdot V=\frac{1}{2}\times\frac{\varepsilon_0 S}{d}V^2$$

3．電池が放出したエネルギー E は

$$E=Q\cdot V=1\times\frac{\varepsilon_0 S}{d}V^2$$

4．抵抗で消費されたエネルギー E' は

$$E'=E-U=\frac{\varepsilon_0 S}{d}V^2-\frac{1}{2}\frac{\varepsilon_0 S}{d}V^2=\frac{1}{2}\times\frac{\varepsilon_0 S}{d}V^2$$

5．求める静電エネルギーを U_A とする。コンデンサーの電気量は S_1 が開いているので $\frac{\varepsilon_0 S}{d}V$ のままであり，電気容量は $4\frac{\varepsilon_0 S}{d}$ であるので

$$U_A=\frac{1}{2}\frac{\left(\frac{\varepsilon_0 S}{d}V\right)^2}{4\frac{\varepsilon_0 S}{d}}=\frac{1}{8}\times\frac{\varepsilon_0 S}{d}V^2$$

6．求める極板間の引力の大きさを F とする。コンデンサーの電気量が $\frac{\varepsilon_0 S}{d}V$，極板間の電場の強さは $\frac{V}{d}$ であるので

$$F=\frac{1}{2}\cdot\frac{\varepsilon_0 S}{d}V\cdot\frac{V}{d}=\frac{\varepsilon_0 S}{2d^2}V^2$$

7．手になされた仕事 W_A は

$$W_A=F\cdot\frac{3}{4}d=\frac{\varepsilon_0 S}{2d^2}V^2\cdot\frac{3}{4}d=\frac{3}{8}\times\frac{\varepsilon_0 S}{d}V^2$$

8．求める電気量を Q_B とする。電気容量は $4\frac{\varepsilon_0 S}{d}$ であり，S_1 は閉じたままなので極板間の電位差は V のままである。したがって

$$Q_B=4\frac{\varepsilon_0 S}{d}\cdot V=4\times\frac{\varepsilon_0 S}{d}V$$

9．静電エネルギー U_B は

$$U_B=\frac{1}{2}Q_B V=\frac{1}{2}\cdot 4\frac{\varepsilon_0 S}{d}V\cdot V=2\times\frac{\varepsilon_0 S}{d}V^2$$

10．状態変化 2→3B の過程で電池内部を負極から正極へ通過した電気量は，コンデンサーの S_1 側の極板に蓄えられた電気量の変化量に等しく，Q_B-Q である。よって，電池が放出したエネルギー E_B は

$$E_B=(Q_B-Q)V=\left(4\frac{\varepsilon_0 S}{d}V-\frac{\varepsilon_0 S}{d}V\right)V$$

$$=3\times\frac{\varepsilon_0 S}{d}V^2$$

11．手になされた仕事 W_B は

$$W_B = E_B - (U_B - U)$$
$$= 3\frac{\varepsilon_0 S}{d}V^2 - \left(2\frac{\varepsilon_0 S}{d}V^2 - \frac{1}{2}\frac{\varepsilon_0 S}{d}V^2\right)$$
$$= \frac{3}{2}\times\frac{\varepsilon_0 S}{d}V^2$$

12.　求める静電エネルギーを U_C とする。3C の状態でのコンデンサーの電気量は $\frac{\varepsilon_0 S}{d}V$，電気容量は $3\frac{\varepsilon_0 S}{d}$ であるので

$$U_C = \frac{1}{2}\frac{\left(\frac{\varepsilon_0 S}{d}V\right)^2}{3\frac{\varepsilon_0 S}{d}} = \frac{1}{6}\times\frac{\varepsilon_0 S}{d}V^2$$

13.　極板間の電圧は $\frac{V}{3}$ になるので，電場の強さ E_C は

$$E_C = \frac{\frac{V}{3}}{d} = \frac{V}{3d}$$

14.　手になされた仕事 W_C は

$$W_C = U - U_C$$
$$= \frac{1}{2}\frac{\varepsilon_0 S}{d}V^2 - \frac{1}{6}\frac{\varepsilon_0 S}{d}V^2$$
$$= \frac{1}{3}\times\frac{\varepsilon_0 S}{d}V^2$$

15.　誘電体が極板の面積 S の x $(0\leqq x\leqq 1)$ 倍を覆った状態でのコンデンサーの電気容量 C_{Cx} は

$$C_{Cx} = (1-x)\frac{\varepsilon_0 S}{d} + x\cdot 3\frac{\varepsilon_0 S}{d} = (2x+1)\frac{\varepsilon_0 S}{d}$$

静電エネルギー U_{Cx} は，電気量が $\frac{\varepsilon_0 S}{d}V$ であるので

$$U_{Cx} = \frac{1}{2}\frac{\left(\frac{\varepsilon_0 S}{d}V\right)^2}{(2x+1)\frac{\varepsilon_0 S}{d}} = \frac{1}{2(2x+1)}\frac{\varepsilon_0 S}{d}V^2$$

16.　求める電気量を Q_D とする。電気容量は $3\frac{\varepsilon_0 S}{d}$ であり，極板間の電位差は V のままであるので

$$Q_D=3\frac{\varepsilon_0 S}{d}\cdot V=3\times\frac{\varepsilon_0 S}{d}V$$

17. 静電エネルギー U_D は

$$U_D=\frac{1}{2}\cdot Q_D\cdot V^2=\frac{1}{2}\cdot 3\frac{\varepsilon_0 S}{d}\cdot V^2$$

$$=\frac{3}{2}\times\frac{\varepsilon_0 S}{d}V^2$$

18. 放出したエネルギー E_D は

$$E_D=(Q_D-Q)V=\left(3\frac{\varepsilon_0 S}{d}V-\frac{\varepsilon_0 S}{d}V\right)V$$

$$=2\times\frac{\varepsilon_0 S}{d}V^2$$

19. 手になされた仕事 W_D は

$$W_D=E_D-(U_D-U)$$

$$=2\frac{\varepsilon_0 S}{d}V^2-\left(\frac{3}{2}\frac{\varepsilon_0 S}{d}V^2-\frac{1}{2}\frac{\varepsilon_0 S}{d}V^2\right)$$

$$=1\times\frac{\varepsilon_0 S}{d}V^2$$

20. 電気容量は15と同じであるので，静電エネルギー U_{Dx} は

$$U_{Dx}=\frac{1}{2}\cdot(2x+1)\frac{\varepsilon_0 S}{d}\cdot V^2$$

$$=\frac{(2x+1)\varepsilon_0 S}{2d}V^2$$

21. それぞれの効率 e_A，e_B，e_C，e_D は

$$e_A=\frac{W_A}{E}=\frac{\frac{3}{8}\frac{\varepsilon_0 S}{d}V^2}{\frac{\varepsilon_0 S}{d}V^2}=\frac{3}{8}$$

$$e_B=\frac{W_B}{E+E_B}=\frac{\frac{3}{2}\frac{\varepsilon_0 S}{d}V^2}{\frac{\varepsilon_0 S}{d}V^2+3\frac{\varepsilon_0 S}{d}V^2}=\frac{3}{8}$$

$$e_C=\frac{W_C}{E}=\frac{\frac{1}{3}\frac{\varepsilon_0 S}{d}V^2}{\frac{\varepsilon_0 S}{d}V^2}=\frac{1}{3}$$

$$e_D=\frac{W_D}{E+E_D}=\frac{\dfrac{\varepsilon_0 S}{d}V^2}{\dfrac{\varepsilon_0 S}{d}V^2+2\dfrac{\varepsilon_0 S}{d}V^2}=\frac{1}{3}$$

最も高い効率は $\frac{3}{8}$ のA君とB君のサイクルである。

3 **解答**　1－c)　2－h)　3－b)　4－o)　5－i)
6－h)　7－u)　8－u)　9－b)　10－e)
11－b)　12－l)　13－n)　14－s)　15－x)　16－z)

◀解　説▶

≪ピストンで仕切られたシリンダー内の気体≫

1．ピストンの面積を S とする。求める温度を T_{2A} とすると，定圧変化であるので，シャルルの法則より

$$\frac{3LS}{T_0}=\frac{6LS}{T_{2A}}\qquad T_{2A}=2\times T_0$$

2．内部エネルギーの増加 ΔU_2 は

$$\Delta U_2=\frac{3}{2}R(2T_0-T_0)=\frac{3}{2}\times RT_0$$

3．状態1の状態方程式は

$$\frac{4}{3}P_0\cdot 3L\cdot S=RT_0$$

$$S=\frac{RT_0}{4P_0L}\quad\cdots\cdots①$$

外部にした仕事 W_2 は①を用いて計算すると

$$W_2=\frac{4}{3}P_0\cdot(6L-3L)\cdot S=1\times RT_0$$

4．ピストンの質量を m とする。ピストンにはたらく力のつりあいより

$$\frac{4}{3}P_0\cdot S=P_0S+mg$$

$$mg=\frac{1}{3}P_0S\quad\cdots\cdots②$$

ピストンの位置エネルギーの増加分 $\Delta U_2'$ は，①・②を用いて計算すると

$$\Delta U_2'=mg(6L-3L)=\frac{1}{4}\times RT_0$$

5．定圧モル比熱は $\frac{5}{2}R$ であるので，受け取った熱量 Q_2 は

$$Q_2=\frac{5}{2}R(2T_0-T_0)=\frac{5}{2}\times RT_0$$

6．求める圧力を P_{3A} とする。定積変化であるので，状態方程式より体積について式を立てると

$$\frac{1\cdot R\cdot 2T_0}{\frac{4}{3}P_0}=\frac{1\cdot R\cdot\frac{9}{4}T_0}{P_{3A}}$$

$$P_{3A}=\frac{3}{2}\times P_0$$

7．内部エネルギーの増加 $\varDelta U_3$ は

$$\varDelta U_3=\frac{3}{2}R\left(\frac{9}{4}T_0-2T_0\right)=\frac{3}{8}\times RT_0$$

8．受けとった熱量 Q_3 は，熱力学第一法則より

$$Q_3=\varDelta U_3=\frac{3}{8}\times RT_0$$

9．求める物質量を n_B モルとする。空間 B の気体の状態方程式を①を用いて計算すると

$$P_0\cdot 4L\cdot S=n_BRT_0 \qquad n_B=1$$

10～12．ピストンの高さを x，空間 A と空間 B の気体の圧力をそれぞれ P_{5A}，P_{5B} とする。空間 A の気体の状態方程式を，状態 4 と状態 5 についてそれぞれ立てると

$$\frac{4}{3}P_0\cdot 6L\cdot S=R\cdot 2T_0 \quad \cdots\cdots③$$

$$P_{5A}\cdot x\cdot S=R\cdot T_0 \quad \cdots\cdots④$$

空間 B の気体について，等温変化であるので，ボイルの法則より

$$P_0\cdot 4L\cdot S=P_{5B}\cdot(10L-x)\cdot S \quad \cdots\cdots⑤$$

ピストンが受ける力のつりあいより

$$P_{5A}\cdot S=P_{5B}\cdot S+mg \quad \cdots\cdots⑥$$

①・②を用いて③～⑥を x について解くと

$$x^2-34L\cdot x+120L^2=0$$

$$x=4L,\ 30L$$

$x<6L$ であるので

$$x=4\times L \quad \cdots\cdots ⑦$$

①・④・⑦より

$$P_{5A}=1\times P_0 \quad \cdots\cdots ⑧$$

②・⑥・⑧より

$$P_{5B}=\frac{2}{3}\times P_0$$

13. 空間Aと空間Bの気体とピストンをあわせた物体系に注目すると，外にした仕事はゼロである。よって，この物体系から外部に移動した正味の熱量 Q_5 は，気体全体の内部エネルギー＋ピストンの位置エネルギーの減少分であるので，①，②を用いて計算すると

$$Q_5=\frac{3}{2}R(2T_0-T_0)+mg\times(6L-4L)=\frac{5}{3}RT_0$$

14. 求める圧力を P_{6B} とする。等温変化であるので，ボイルの法則より

$$\frac{2}{3}P_0\cdot 6L\cdot S=P_{6B}\cdot 7L\cdot S$$

$$P_{6B}=\frac{4}{7}\times P_0$$

15. 求める圧力を P_{6A} とする。ピストンにはたらく力のつりあいより，②を用いて計算すると

$$P_{6A}\cdot S=\frac{4}{7}P_0\cdot S+mg$$

$$P_{6A}=\frac{19}{21}\times P_0$$

16. 求める温度を T_{6A} とする。状態方程式より，①を用いて計算すると

$$\frac{19}{21}P_0\cdot 3L\cdot S=R\cdot T_{6A}$$

$$T_{6A}=\frac{19}{28}\times T_0$$

❖講　評

例年どおり，長文の大問 3 題の出題である。個々の小問の難易度は基本～標準であるが，途中で立ち位置を見失うと，前へ進めなくなる。

1滑車を通して，ひもでつながれた人と台の運動は，人と台の質量の関係で決まる。人と台を別々に取り扱うか，一体とするかが解法のコツである。

2平行板コンデンサーの極板間隔を変えたり，誘電体を差し込んだりする場合の，電池が放出するエネルギー，コンデンサーのエネルギー，外部にする仕事の関係を求める問題である。設定を正確におさえよう。

3気体の状態変化を状態 1 から状態 6 まで，順次計算を進めて行く問題である。状態変化を，状態方程式，ボイルの法則，シャルルの法則，内部エネルギーの式などを適切に用いて追って行きたい。

化学

1 解答

問1．超臨界　問2．6.8×10^{-1}

問3．b)・c)・e)　問4．a)・b)

問5．

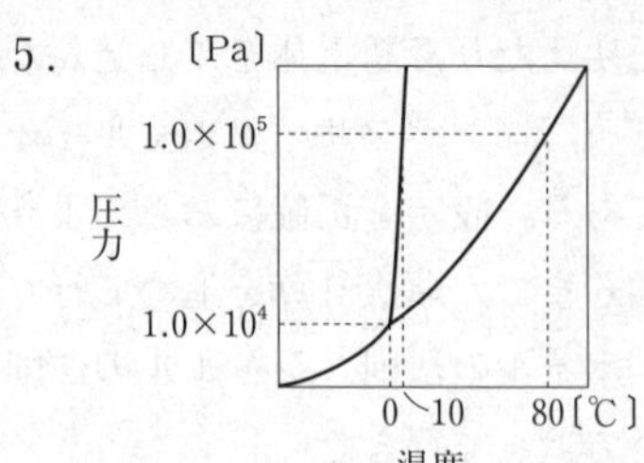

◀解　説▶

≪水と二酸化炭素と純物質Xの状態図，融解熱と蒸発熱≫

問1．図中のP_2は臨界点と呼ばれ，それよりも高温・高圧の領域は超臨界といい，液体の溶解性と気体の拡散性のどちらも持ち，液体と気体の区別がつかない状態である。

問2．0°Cの氷54.0g＝3.00molを融解して0°Cの水にするのに必要なエネルギーは，融解熱が6.00kJ/molより

$6.00\times3.00=18$〔kJ〕である。1秒間に1.00kJの熱を加えるので，t_1〜t_2は18秒となる。また，0°Cの水54.0gを100°Cの水にするのに必要なエネルギーは，液体の水の比熱が4.20J/(g·K)より

$54.0\times4.20\times100=2.268\times10^4$〔J〕＝22.68〔kJ〕

t_2〜t_3は22.68秒となる。ゆえに，t_1〜t_3は

$18+22.68=40.68$秒

$\dfrac{40.68}{60}=0.678\fallingdotseq6.8\times10^{-1}$分

となる。

問3．実験Ⅱの操作**A**〜**D**の変化を次図に示す。

a)　−70.0°C，4.80×10^6Paでは固体である。

b)　50.0°C，4.80×10^6Paでは気体である。

c）　50.0°C，3.00×10^6 Pa では気体である。

d）　−30.0°C，3.00×10^6 Pa では液体である。

e）　−30.0°C，2.00×10^5 Pa では気体である。

これより，気体の状態であるのは，b)とc)とe)となる。

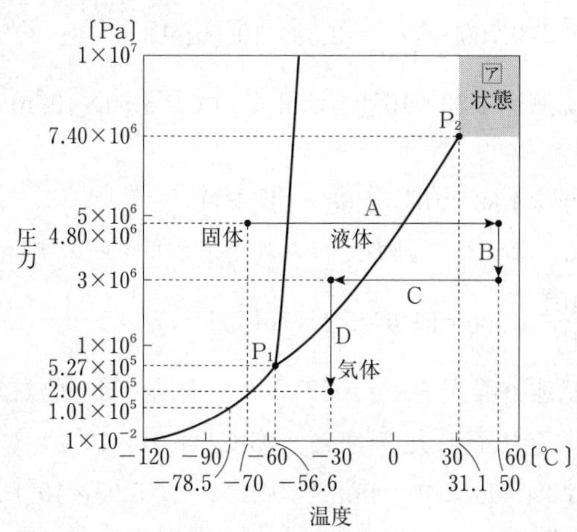

問４．a)正しい。二酸化炭素の状態図では，融解曲線が右上がりになっているので，圧力の上昇とともに融点も高くなる。

b)正しい。二酸化炭素の三重点の圧力は 5.27×10^5 Pa であり，この圧力以下では液体にならない。

c)誤り。二酸化炭素は 1.01×10^5 Pa において，−78.5°C 以下でないと固体にならない。

d)誤り。二酸化炭素は，点 P_1 の三重点において，気体と液体と固体の共存状態である。

e)誤り。超臨界状態では固体はなく，液体と気体の区別が付かない状態である。

問５．純物質 **X** の三重点は，0.0°C，1.0×10^4 Pa である。また，図４より，1.0×10^5 Pa では，融点が 10°C，沸点が 80°C となるので，融解曲線が右上がりの状態図となる。

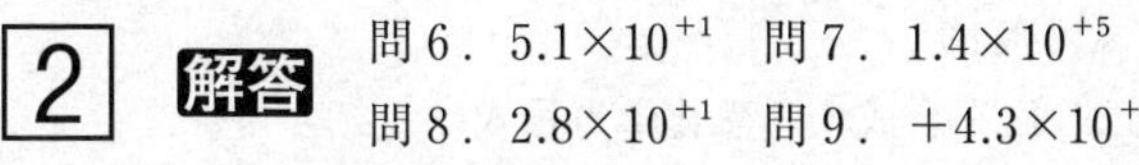

2　**解答**　問６．$5.1\times10^{+1}$　問７．$1.4\times10^{+5}$

問８．$2.8\times10^{+1}$　問９．$+4.3\times10^{+1}$

問 10.　$2.0\times10^{+1}$

◀解　説▶

≪燃料電池，NH_3 の合成，CO_2 から CH_4 の合成≫

問 6．液体の直鎖状ヘプタン C_7H_{16}（分子量：100）50.0 L の物質量は

$$50.0\times10^3\times0.700\times\frac{1}{100}=3.50\times10^2\text{[mol]}$$

ヘプタンの燃焼熱は 4.80×10^3 kJ/mol なので，3.50×10^2 mol のヘプタンが燃焼すると

$$3.50\times10^2\times4.80\times10^3=1.68\times10^6\text{[kJ]}$$

の熱が発生する。よって，動力で得られたエネルギーの割合は

$$\frac{8.57\times10^5}{1.68\times10^6}\times100=51.0\fallingdotseq5.1\times10\text{[\%]}$$

問 7．気体の状態方程式 $PV=nRT$ より，同温では，物質量 n は，圧力 P と体積 V にそれぞれ比例する。25℃，1.01×10^5 Pa における気体 1 mol の体積は 24.4 L より，48.8 L のボンベに 5.05×10^7 Pa で充塡されている H_2 の物質量は

$$1\times\frac{5.05\times10^7}{1.01\times10^5}\times\frac{48.8}{24.4}=1.00\times10^3\text{[mol]}$$

H_2 2 mol より 560 kJ のエネルギーが得られるから，その 50.0% は

$$560\times\frac{1.00\times10^3}{2}\times\frac{50.0}{100}=1.40\times10^5\fallingdotseq1.4\times10^5\text{[kJ]}$$

問 8．問 7 より，1.40×10^5 kJ の電気エネルギーを得るのに H_2 は 1.00×10^3 mol 必要であり，7.00×10^2 kJ の電気エネルギーを得るのに必要な H_2 の物質量は

$$1.00\times10^3\times\frac{7.00\times10^2}{1.40\times10^5}=5.0\text{[mol]}$$

水の電気分解は，水素の発生は $2H^++2e^-\longrightarrow H_2$ と表されるから，流れた e^- の物質量は 10.0 mol となる。

よって，電気分解の時間を x 時間とすると，流れた電気量〔C〕は

$$9.65\times x\times3600=10.0\times9.65\times10^4$$

$$x=27.7\fallingdotseq2.8\times10\text{ 時間}$$

問 9．H_2 と N_2 から NH_3 を合成する熱化学方程式は

$$\frac{3}{2}H_2+\frac{1}{2}N_2=NH_3+Q'[kJ]$$

反応熱 Q' =(生成物の結合エネルギーの和)

−(反応物の結合エネルギーの和)

の関係より

$$Q'=(390\times3)-\left(\frac{3}{2}\times436+\frac{1}{2}\times946\right)$$
$$=43=4.3\times10[kJ]$$

問 10. 水の蒸発熱が 40.0 kJ/mol，メタンの燃焼熱が 890 kJ/mol より

H_2O(液)$=H_2O$(気)-40.0 kJ　……①

CH_4(気)$+2O_2$(気)$=CO_2$(気)$+2H_2O$(液)$+890$ kJ　……②

①×2+② より

CH_4(気)$+2O_2$(気)$=CO_2$(気)$+2H_2O$(気)$+810$ kJ　……③

また，$2H_2$(気)$+O_2$(気)$=2H_2O$(液)$+560$ kJ　……④

①×2+④ より

$2H_2$(気)$+O_2$(気)$=2H_2O$(気)$+480$ kJ　……⑤

⑤×2−③ より

CO_2(気)$+4H_2$(気)$=CH_4$(気)$+2H_2O$(気)$+150$ kJ

よって，3.00×10^3 kJ のエネルギーが得られたときのメタンの物質量は

$$\frac{3.00\times10^3}{150}=20=2.0\times10[mol]$$

3　**解答**　問 11. b）　問 12. (ア) 4　(イ) 12　問 13. 1.2×10^0

問 14. $5.5\times10^{+1}$　問 15. (ウ)— c）　(エ)— c）

◀解　説▶

≪Ca 結晶の単位格子，関連化合物の性質，ClO^- の酸化還元反応≫

問 11. 反応物，生成物より下線部(i)の反応はアンモニアソーダ法（ソルベー法）で，用いる気体は NH_3（分子量：17.0）と CO_2（分子量：44.0）である。

$NaCl+H_2O+NH_3+CO_2 \longrightarrow NaHCO_3+NH_4Cl$　……①

$2NaHCO_3 \longrightarrow Na_2CO_3+H_2O+CO_2$　……②

$CaCO_3 \longrightarrow CaO+CO_2$　……③

$CaO + H_2O \longrightarrow Ca(OH)_2$ ……④

$Ca(OH)_2 + 2NH_4Cl \longrightarrow CaCl_2 + 2H_2O + 2NH_3$ ……⑤

①×2＋②＋③＋④＋⑤ より

$2NaCl + CaCO_3 \longrightarrow Na_2CO_3 + CaCl_2$

a)誤り。N_2 の記述である。NH_3 は無色，刺激臭の気体である。

c)誤り。H_2 の記述である。

d)誤り。CO の記述であり，CO は鉄の製錬に利用される。

$Fe_2O_3 + 3CO \longrightarrow 2Fe + 3CO_2$

e)誤り。NO の記述である。NO は空気中で次のように酸化される。

$2NO + O_2 \longrightarrow 2NO_2$

問 12. 金属 Ca の結晶の単位格子は面心立方格子である。

(ア) 単位格子中に含まれる原子の数は

$$\frac{1}{2}\times 6(\text{面の中心}) + \frac{1}{8}\times 8(\text{頂点}) = 4\ \text{個}$$

(イ) 1つの Ca 原子に接する原子の数は配位数であり，12 個となる。

問 13. $Ca + 2H_2O \longrightarrow Ca(OH)_2 + H_2$

となり，H_2 が 27°C，1.00×10^5 Pa で 750 mL より，H_2 の物質量 n〔mol〕は

$$n = \frac{1.00\times10^5\times0.750}{8.31\times10^3\times300} \fallingdotseq 0.0301\,[\text{mol}]$$

よって，反応に用いた Ca（原子量：40.0）も 0.0301 mol で，質量は

$0.0301\times40.0 = 1.204 \fallingdotseq 1.2$〔g〕

問 14. 10.0％の塩酸 50.0 mL の質量は

$50.0\times1.05 = 52.5$〔g〕

その中に含まれる HCl（分子量：36.5）の質量は 5.25 g で，物質量は

$$\frac{5.25}{36.5} \fallingdotseq 0.144\,[\text{mol}]$$

また，5.00 g の $CaCO_3$（式量：100）の物質量は，0.0500 mol である。

	$CaCO_3$ ＋	2HCl ⟶	$CaCl_2$ ＋	H_2O ＋	CO_2	
反応前	0.0500	0.144				〔mol〕
変化量	−0.0500	−0.100			＋0.0500	〔mol〕
反応後	0	0.044			0.0500	〔mol〕

よって，CO_2（分子量：44.0）が 0.0500 mol，質量では 2.20 g 発生し，

水溶液から除かれる。ビーカー内に残る溶液の質量は

$$52.5+5.00-2.20=55.3\fallingdotseq 5.5\times 10\,[\mathrm{g}]$$

問 15. 起こる酸化還元反応は次の通りである。

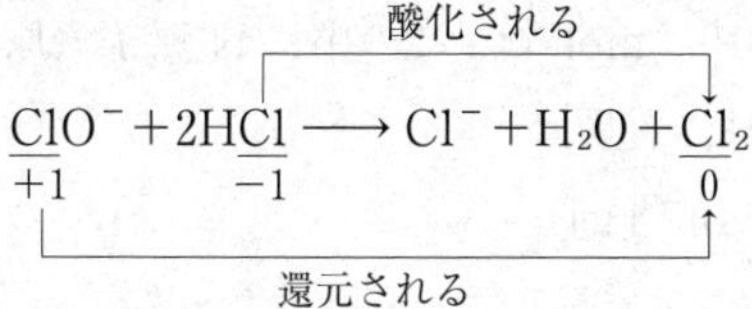

4 解答

問 16. 4.52×10^{0}

問 17. $2NH_3+H_2SO_4 \longrightarrow (NH_4)_2SO_4$

問 18. 5.7×10^{-3} 問 19. b)・c) 問 20. $5.0\times 10^{+1}$

◀解 説▶

≪メチルオレンジの電離平衡，変色域，食品中のタンパク質の含有率≫

問 16. メチルオレンジの電離定数 K_a は

$$K_a=\frac{[A^-][H^+]}{[HA]}=3.00\times 10^{-4}\,[\mathrm{mol/L}]$$

$\dfrac{[A^-]}{[HA]}=10.0$ より

$$[H^+]=\frac{[HA]}{[A^-]}\times 3.00\times 10^{-4}=3.00\times 10^{-5}\,[\mathrm{mol/L}]$$

$$\mathrm{pH}=-\log_{10}[H^+]=-\log_{10}(3.00\times 10^{-5})$$
$$=5-\log_{10}3=4.523\fallingdotseq 4.52$$

問 17. 実験Ⅰで発生した気体は，弱塩基の塩の NH_4^+ を含む溶液に強塩基の NaOH を加えると弱塩基の NH_3 が遊離するので NH_3 である。

問 18. 硫酸水溶液に吸収された NH_3 の物質量を x〔mol〕とすると，中和の量的関係より

$$2\times 0.200\times\frac{20.0}{1000}=1\times x+1\times 0.100\times\frac{23.0}{1000}$$

$$x=5.70\times 10^{-3}\fallingdotseq 5.7\times 10^{-3}\,[\mathrm{mol}]$$

問 19. 実験Ⅱ，Ⅲでは，次の中和反応が起こる。

$$H_2SO_4+2NH_3 \longrightarrow (NH_4)_2SO_4$$
$$H_2SO_4+2NaOH \longrightarrow Na_2SO_4+2H_2O$$

中和点では，$NH_4{}^+ + H_2O \longrightarrow NH_3 + H_3O^+$ が起こり，$NH_4{}^+$ が酸として働き，$(NH_4)_2SO_4$ が加水分解して H_3O^+ を生じて弱酸性となるので，指示薬はメチルオレンジが適当で，フェノールフタレインは使えない。

問20．発生した NH_3 は 5.70×10^{-3} mol で，この中にN原子（原子量：14.0）も，5.70×10^{-3} mol 含まれ，質量は

$$5.70\times10^{-3}\times14.0=7.98\times10^{-2}\,[\mathrm{g}]$$

となる。

一方，この食品のタンパク質に含まれるNの含有率は16.0%であるから，タンパク質の質量は

$$7.98\times10^{-2}\times\frac{100}{16.0}\fallingdotseq0.499\,[\mathrm{g}]$$

よって，食品に含まれるタンパク質の含有率は

$$\frac{0.499}{1.00}\times100=49.9\fallingdotseq5.0\times10\,[\%]$$

5

解答　問21．154　問22．c）　問23．c）

問24．化合物**B**：$CH_3-O-CH_2-C(=O)-OH$

化合物**C**：$CH_3-C(=O)-CH_2-CH_2-C(=O)-OH$

◀解　説▶

≪バラに含まれる成分の構造決定，アルケンの酸化開裂≫

問21．バラに含まれる化合物**G**の組成式を $C_xH_yO_z$ とする。元素分析の結果より

$$x:y:z=\frac{77.9}{12.0}:\frac{11.7}{1.00}:\frac{10.4}{16.0}$$
$$=6.49:11.7:0.650$$
$$\fallingdotseq10:18:1$$

化合物**G**は1価の第一級アルコールなので，分子式は $C_{10}H_{18}O$ となり，分子量は154となる。

問22．c）炭素原子間の二重結合の有無には，Br_2 の付加反応による臭素

水の脱色を確認すればよい。

a)フェーリング反応で，$-CHO$ などによる還元性の有無を確認する方法。

b)ニンヒドリン反応で，アミノ酸やタンパク質の遊離 $-NH_2$ の存在の有無を確認する方法。

d)フェノール類であることを確認する方法。

e)ビウレット反応で，ペプチド結合を 2 個以上持つトリペプチド以上の化合物であることを確認する方法。

問 23.　化合物 **A** は実験Ⅲより，$(CH_3COO)_2Ca$ の乾留で得られるアセトンである。

$$(CH_3COO)_2Ca \longrightarrow CaCO_3 + CH_3COCH_3$$

問 24.　化合物 **G** のヒドロキシ基をメチル化した化合物は

$$\begin{matrix} X^1 \\ & \diagdown \\ & & C=C \\ & \diagup & & \diagdown \\ X^2 & & & & H \end{matrix} \quad (X^1X^2C{=}CX^3H)$$

が 2 個あるから

$$R^1R^2C{=}CH{-}R^3{-}CR^4{=}CH{-}R^5$$

（R^1～R^5 は $-CH_2OCH_3$ を含む炭化水素基）

と表せ，これを硫酸酸性の過マンガン酸カリウムと加熱するときの生成物は㋐，㋑，㋒となる。

㋐ $R^1R^2C{=}O$　　㋑ $HO{-}C({=}O){-}R^3{-}C({=}O){-}R^4$　　㋒ $HO{-}C({=}O){-}R^5$

化合物 **A** はアセトンなので，㋐で $R^1=R^2=CH_3$ となる。

化合物 **B**，**C** は酸素数 3 のカルボン酸なので，㋑には $-CH_2OCH_3$ は含まれていない。よって $-CH_2OCH_3$ が含まれているのは㋒で，化合物 **B** は

$$HO{-}C({=}O){-}CH_2OCH_3 \quad (\text{分子式 } C_3H_6O_3)$$

である。また㋑が化合物 **C** で分子式 $C_5H_8O_3$ より $R^3+R^4=C_3H_7$。化合物 **C** はヨードホルム反応をするから $R^4=CH_3$，$R^3=C_2H_4$。不斉炭素原子がないから $-C_2H_4-=-CH_2-CH_2-$ となるので，化合物 **C** は

$$HO{-}C({=}O){-}CH_2{-}CH_2{-}C({=}O){-}CH_3$$

となる。

ゆえに，分子式 $C_{10}H_{18}O$ の化合物 **G** の構造式は，次のようになる。

$$\begin{matrix} H_3C \\ H_3C \end{matrix}\!\!>C=C<\!\!\begin{matrix} H \\ CH_2-CH_2 \end{matrix}\!\!\!\!\!\!\begin{matrix} H_3C \\ \end{matrix}\!\!>C=C<\!\!\begin{matrix} H \\ CH_2OH \end{matrix}$$

6 **解答** 問 25. 6 問 26. $1.47\times10^{+1}$ 問 27. $CH_2-C_6H_5$（ベンゼン環）

問 28. $4.4\times10^{+1}$ 問 29. 5.0×10^{-2}

◀解 説▶

≪アスパルテームの構造決定，スクロースの加水分解≫

化合物 **A** はスクロースの約 200 倍の甘味を持つ合成甘味料のアスパルテームと考えられる。化合物 **A** のペプチド結合とエステル結合を加水分解すると，化合物 **B** と化合物 **C** と化合物 **D** が物質量比で 1：1：1 で得られた。化合物 **A** を以下のように表す。

$$H_2N-\underset{\mathbf{X}}{\underset{|}{CH}}-CO-NH-\underset{\mathbf{Y}}{\underset{|}{CH}}-CO-O-\mathbf{Z}+2H_2O$$

$$\longrightarrow H_2N-\underset{\mathbf{X}}{\underset{|}{CH}}-COOH+H_2N-\underset{\mathbf{Y}}{\underset{|}{CH}}-COOH+HO-\mathbf{Z}$$

化合物 **B** の分子量は 133 であるので，**X** 以外の部分の分子量は 74 より，**X** の分子量は 59 となる。**X** は酸性アミノ酸なので $-CH_2COOH$ となり，化合物 **B** はアスパラギン酸となる。同様に，化合物 **C** の分子量は 165 であるので，**Y** の分子量は 91 となる。**Y** は中性アミノ酸でメチル基を持たず，かつキサントプロテイン反応が陽性よりベンゼン環をもつので $-CH_2C_6H_5$ となり，化合物 **C** はフェニルアラニンとなる。化合物 **D** の分子量は 32 より，**Z** は $-CH_3$ となりメタノールとなる。

問 25. アスパラギン酸（Asp）とフェニルアラニン（Phe）からなるジペプチドの構造異性体は，アスパラギン酸の 2 つの $-COOH$ を C^1，C^2 で表すと，次の 3 種類となる。

$H_2N-Asp-C^1ONH-Phe-COOH$

$H_2N-Asp-C^2ONH-Phe-COOH$

$H_2N-Phe-CONH-Asp-COOH$

アスパラギン酸のみからなるジペプチドの構造異性体は，同様に次の 2 種類となる。

$H_2N-Asp-C^1ONH-Asp-COOH$

$H_2N-Asp-C^2ONH-Asp-COOH$

フェニルアラニンのみからなるジペプチドの構造異性体は，次の 1 種類となる。

$H_2N-Phe-CONH-Phe-COOH$

よって，合計 6 種類となる。

問 26. 100 個のフェニルアラニン分子（分子量：165）を縮合して得られる高分子は，次のようになる。

$$100H_2N-\underset{\underset{CH_2C_6H_5}{|}}{CH}-COOH \longrightarrow H\!\left[\underset{\underset{H}{|}}{N}-\underset{\underset{CH_2C_6H_5}{|}}{CH}-CO\right]_{100}OH+99H_2O$$

フェニルアラニン 16.50 g は 0.100 mol で，縮合で生成する水は 0.0990 mol であるから，生成する高分子は

$$16.50-18.0\times0.0990=14.718\fallingdotseq1.47\times10\,[\mathrm{g}]$$

問 28. メタノール CH_3OH（分子量：32.0）は，ヒトの体重 1.00 kg あたり 100 mg で毒性を示すので，体重 48.0 kg では 4.80 g となる。化合物 **A** のアスパルテームの分子量は

$$133+165+32.0-2\times18.0=294$$

より，294 g のアスパルテームが体内で加水分解されると 32.0 g のメタノールが生成する。4.80 g のメタノールが生成するのに必要なアスパルテームは

$$\frac{294\times4.80}{32.0}=44.1\fallingdotseq4.4\times10\,[\mathrm{g}]$$

問 29. スクロース $C_{12}H_{22}O_{11}$（分子量：342）51.3 g の物質量は，0.150 mol である。スクロース x〔mol〕が加水分解すると，還元糖と非還元糖の物質量比が 1：1 となったから

$$C_{12}H_{22}O_{11}+H_2O \longrightarrow C_6H_{12}O_6+C_6H_{12}O_6$$

	$C_{12}H_{22}O_{11}$		$C_6H_{12}O_6$	$C_6H_{12}O_6$	
分解前	0.150		0	0	〔mol〕
変化量	$-x$		$+x$	$+x$	〔mol〕
分解後	$(0.150-x)$		x	x	〔mol〕
	スクロース		グルコース	フルクトース	
	非還元糖		還元糖	還元糖	

$0.150 - x = x + x$

$x = 0.0500 = 5.0 \times 10^{-2}$〔mol〕

❖講　評

1「水と二酸化炭素と純物質**X**の状態図，融解熱と蒸発熱」に関する出題。超臨界状態に関する知識や水や二酸化炭素の状態図の見方を復習しておけば解答はしやすい。また，熱量計算から加熱時間を求める問題や三重点と融点・沸点の関係をグラフ化させる問題は大変興味深かった。

2「燃料電池，NH_3の合成，CO_2からCH_4の合成」に関する出題。今日の環境問題でもあるCO_2の排出削減をテーマとして取り上げている。代替資源としてのH_2やNH_3についての問題は題意を理解すれば解答しやすい。CO_2とH_2からCH_4を合成する熱化学方程式に関する問題もしっかりと復習しておけば問題はない。

3「Ca結晶の単位格子，関連化合物の性質，ClO^-の酸化還元反応」に関する出題。Caとその関連化合物に関する計算問題は問題をよく読んでケアレスミスをしなければよい。塩素系漂白剤と酸性洗剤の混合で起こる酸化還元反応は頻出問題であるので復習しておこう。

4「メチルオレンジの電離平衡，変色域，食品中のタンパク質の含有率」に関する出題。酸塩基指示薬のメチルオレンジも弱酸と考えて電離定数を利用した計算問題がよく出題される。変色域のpH計算も頻出である。また，気体のNH_3を硫酸に吸収させてNaOHで逆滴定する計算問題もしっかりと復習しておくことが必要である。

5「バラに含まれる成分の構造決定，アルケンの酸化開裂」に関する出題。バラに含まれる成分のゲラニオールやネロールなど二重結合を2つもつ1価の第一級アルコールの構造決定はアルケンの酸化開裂を利用して求めるのが一般的である。与えられた条件をもとに確実に解答できるようにしておくことが必要である。

6「アスパルテームの構造決定，スクロースの加水分解」に関する出題。図解などをよく見ておくと，合成甘味料の1つであるアスパルテームであることは予測できる。アスパラギン酸とフェニルアラニンのメチルエステルのペプチドと判明すれば，落ち着いて計算すると確実に解答できる。

生物

1 解答

問1．a)・e)　問2．c)　問3．c)・e)
問4．b)・c)・e)　問5．b)・e)
問6．a)・e)　問7．b)・d)・e)

◀解　説▶

≪小問集合≫

問1．a)正しい。樹状細胞と結合したヘルパーT細胞やキラーT細胞が活性化して，適応免疫が発動する。

b)誤り。トル様受容体（TLR）ではなくT細胞受容体（TCR）である。

c)誤り。抗原を取り込んで提示しているB細胞が，同じ抗原で活性化されたヘルパーT細胞によって活性化される。

d)誤り。形質細胞にならなかったB細胞の一部が記憶細胞として残る。

問2．a)誤り。DNA合成の起点となる部分は複製起点または複製開始点とよばれる。プロモーターは転写の開始に関わる部分である。

b)誤り。開始コドンは翻訳が始まる部分である。転写の開始にはプロモーターの領域が重要になる。

d)誤り。リボソームは5′末端から3′末端の方向に移動する。

e)誤り。リボソームタンパク質はその遺伝子から転写されたmRNAが鋳型になってできる。数種類のリボソームタンパク質と数種類のrRNAが結合してリボソームができる。

問3．a)誤り。動物極側の割球の方が小さくなる。

b)誤り。卵割腔の位置は動物極側に偏っている。

c)正しい。灰色三日月環のある場所は原腸胚初期の原口背唇部が現れる場所であり，つまり原口のすぐ動物極側ということになる。

d)誤り。動物極の方向に向かって移動する。

e)正しい。カエルでは原口が肛門となる。

問4．a)誤り。視覚に関する役割は後頭葉がもつ。

d)誤り。だ液の分泌の中枢は延髄にある。

e)正しい。脳神経は12対，脊髄神経は31対ある。

問5．a)誤り。鳥類の心臓は2心房2心室である。

c)誤り。心筋の収縮の調節は自律神経を介して行われる。

d)誤り。弁は静脈にあって動脈にはない。

e)正しい。閉鎖血管系の方が血圧を高くできるからであると言われている。

問6．b)誤り。1個の花粉管核ではなく，1個の精核との融合が行われる。

c)誤り。4つの娘細胞のうち分裂を行うのは1つの胚のう細胞だけである。胚のう細胞の核は連続して3回分裂し，8個の核をもつ胚のうとなる。

d)誤り。雄原細胞から精細胞ができる過程は体細胞分裂である。

問7．a)誤り。生産者では

(純生産量)−(枯死量)−(被食量)＝(成長量)

となる。

c)誤り。一次消費者では

(同化量)−(呼吸量)−(死滅量)−(成長量)＝(被食量)

となる。

2 **解答**

問8．ア．リン脂質　イ．細胞骨格

問9．細胞膜のアクアポリンの数が増加すると，集合管の細胞の細胞膜を水が通り抜けやすくなり，浸透圧のはたらきで集合管の内部から水が再吸収される量が増える。

問10．a)・c)・d)

問11．b)・c)・d)・e)

問12．脂質

問13．c)・e)

問14．c)・d)・e)・f)

◀解　説▶

≪腎臓における水の再吸収，細胞の構造とはたらき，細胞分裂≫

問9．バソプレシンについては，体液の浸透圧の上昇を検知した間脳の視床下部のはたらきで脳下垂体後葉から分泌されること，腎臓の腎単位の集合管（細尿管でないことに注意）に作用すること，集合管における水の再吸収を促進すること，それによって体液浸透圧の低下，血圧の上昇（血しょう量が増えるから)，尿量の低下をもたらすことなどをおさえておこう。

問 10.　a) 適切。核膜の外膜とつながっている。

b) 不適切。小胞体の膜は一重である。

c) 適切。粗面小胞体の表面についたリボソームで作られたタンパク質が小胞体の内部に入り込んでいる。これらのタンパク質の多くはゴルジ体から分泌小胞を経て細胞外に放出される。

d) 適切。糖質コルチコイドを合成している副腎皮質の細胞でよく発達していることが知られている（糖質コルチコイドは糖類の代謝に関わっていることからこの名があり，物質としてはステロイド脂質である)。

e) 不適切。滑面小胞体が特殊化した筋小胞体は，カリウムではなくカルシウムイオンの濃度調節にはたらく。

問 11.　a) 不適切。固定結合に関わる膜タンパク質（カドヘリン，インテグリン）は細胞内の細胞骨格につながっているが，その細胞骨格はアクチンフィラメントか中間径フィラメントである。

b) 適切。輸送される物質や物体をつなげたダイニンやキネシンといったモータータンパク質が微小管の上を移動している。

c) 適切。中心体の中央にある中心小体は微小管が集合してできている。

d) 適切。鞭毛の起点には中心体があり，ここから微小管が束になってつくられた鞭毛が伸びている。

e) 適切。細胞分裂の際に紡錘体を構成する微小管が紡錘糸と呼ばれる。

問 12.　真核生物の動物の細胞内には細胞小器官が多くあるのでその膜や細胞膜の材料であるリン脂質の割合が大きくなる。原核生物は細胞のサイズが小さいため遺伝子の材料である核酸の割合が相対的に大きくなる。なお植物では細胞壁があるため炭水化物の割合が大きくなる。

問 13.　a) 不適切。前期は染色体が凝縮する時期である。

b) 不適切。体細胞分裂では二価染色体はできない。

d) 不適切。核膜が形成されるのは終期。

e) 適切。細胞質分裂は各分裂の終期の途中から始まることが多い。

問 14.　次に体細胞分裂と減数分裂における細胞あたりの DNA 量の変化を表した図を示すので確認しておこう。同じ時期であれば体細胞でも生殖細胞系列の細胞でも細胞あたりの DNA 量は同じである。e) の二次卵母細胞と f) の第一極体はともに減数分裂の第二分裂の時期にある細胞であり（動物の種類によっては第一極体が第二分裂を行わないこともある），第二分裂の間はずっと細胞あたりのDNA量は変わらない。

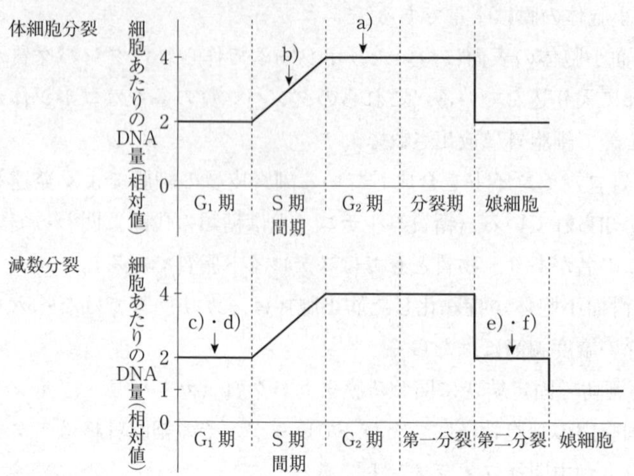

3 解答

問15. ア．e）　カ．d）　ソ．c）
問16. イ．b）　サ．b）　シ．b）
問17. ウ．e）　エ．f）　オ．g）　コ．d）　ス．c）　セ．b）
問18. キ．f）　ク．d）　ケ．d）
問19. 下線部(1)―b）・d）　下線部(2)―e）

◀解　説▶

≪呼吸の過程，チラコイド膜における反応≫

問15. b)解糖系の過程に基質がもつリン酸がADPに移されてATPが生じる反応があり，これが基質レベルのリン酸化と呼ばれる。

カ．d)の酸化的リン酸化はミトコンドリア内膜のATP合成酵素によるものである。

ソ．c)の光リン酸化はチラコイド膜のATP合成酵素によるものである。

問16. ある物質が酸化されたか，還元されたかは，酸素のやり取りに注目すれば判断できるが，電子や水素（イオン）のやり取りに注目しても判断できる。ある物質が電子や水素（イオン）を受け取った場合その物質は還元されたといい，電子や水素（イオン）を外された場合その物質は酸化されたという。

イ．基質から外された e^- や H^+ を補酵素が受け取るので還元されている。

サ．最後に補酵素が e^- や H^+ を受け取っているので還元されている。

シ．植物の電子伝達系では，酸化力が強い水に対して外部からの光エネルギーを加えることで e^- を取り出しているので，本来的には $NADP^+$ の方が還元力は強い。

問 19．下線部(1)　FAD の状態と $FADH_2$ の状態，または NAD^+ の状態と NADH の状態を行き来するわけだが，下線部(1)のときには e^- と H^+ を受け取っている状態なので $FADH_2$ と NADH の方である。

下線部(2)　$NADP^+$ と NADPH の状態を行き来しているが，下線部(2)のときにはまだ e^- と H^+ を受け取っていないと読み取れるので，$NADP^+$ の方である。

4　**解答**　問 20．伝導　問 21．a）・b）　問 22．d）　問 23．c）　問 24．a）

問 25．活動電位が発生した場所は，不応期といって少しの間刺激に対して反応しなくなるので，刺激を伝えた場所が再び刺激を受け取って活動電位を発生させることがないから。

◀解　説▶

≪静止電位と活動電位，興奮の伝導≫

問 21．c）不適切。Na^+ と K^+ は同じ通路を逆方向に輸送される。

d）不適切。体液と細胞内液の Na^+ と K^+ の濃度を維持するためのしくみであり，動物の細胞は普通もっている。植物の細胞はもっていないことに注意すること（植物の細胞膜の外にあるのは細胞壁にしみた水である）。

問 22．d）適切。細胞内の方が K^+ の濃度が高いため，濃度勾配に従って K^+ が漏れ出すが，そのためわずかに細胞外の電位が正に，細胞内の電位が負に変化するため，漏れようとする K^+ が引き止められる。これにナトリウムポンプのはたらきなどが合わさって，膜内外の電位差は内側が外側に対して 70 mV ほど負になっている状態で安定する。これが静止電位である。

問 23．c）適切。細胞内の方が Na^+ の濃度が低いため，濃度勾配に従って細胞内に流入しようとする。さらに静止電位では細胞内の方が電位が低いので，電気的な力によっても内部に流入しようとする。

問24. 教科書によく出ている活動電位のグラフは細胞内から見た電位で表されているので，細胞内から考えると，Na^+の流入によって，その場所では電位が高くなるため，そこから周囲に向かって電流が流れる。したがって細胞の外側ではその反対になる。

5　解答

問26. ア．原核生物　イ．真核生物　ウ．古細菌　エ．細菌

問27. a)・b)・c)・e)

問28. c)　問29. g)　問30. d)

問31.

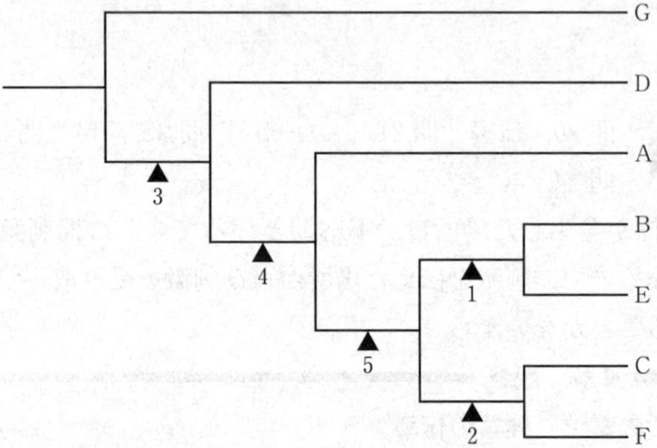

G
D
A
3
B
4
1
E
5
C
2
F

◀解　説▶

≪分子系統樹の作成≫

問27. a)は原生動物（原生生物界）。

b)は単細胞の緑藻（原生生物界）。

c)は単細胞のカビ（菌界）。

d)は納豆菌を含むグループで細菌（原核生物界）。

e)は粘菌の仲間（原生生物界）。

ただしえり鞭毛虫は動物にかなり近いグループとされ，ドメイン説では動物，菌類とともにオピストコンタに入れられている。

問29～問31. ①　トランスポゾンをもたないもの→G

②　トランスポゾン3をもつもの→D

③　トランスポゾン3，4をもつもの→A

④　トランスポゾン１，３，４，５をもつもの→ＢとＥ

⑤　トランスポゾン２，３，４，５をもつもの→ＣとＦ

以上の５グループに分かれている。このことから最初にトランスポゾン３，次にトランスポゾン４，その次にトランスポゾン５が挿入され，その後トランスポゾン１が挿入されたものとトランスポゾン２が挿入されたものに分かれたと考えるのが最も変化の数が少なくなる。問31のように，いくつかの生物の種をもっとも遺伝子の変化の数が少なくなるように並べて進化の過程を推定する方法を再節約法という。

❖講　評

2022年度には描図を求める設問が出題された。高い考察力が要求される出題もあるが，教科書の細部にいたるまで正確に記憶・理解している必要がある出題が多く，対応するには大量かつ正確な知識が必要になる。

[1]例年通りの小問集合である。内容が細かいうえに，「正しいものを全て選べ」という形式なので，選んだ選択肢が多すぎても少なすぎても減点される可能性があり，点を得ることがかなり難しい。2022年度は2021年度と同様に頻出と言える分野からの出題ばかりであったが，教科書の本文の細かな記述からコラムにまたがるような内容からの出題であり，問題形式の面から見ても簡単に得点できる出題ではない。どの問題にしても教科書をかなり読み込んでいる必要があり，あいまいな知識では太刀打ちできず，わずかな知識量の違いから得点差が大きく開いてしまう非常に厳しい出題である。2022年度については各小問に特別な難易度の差は見られず，どの問題も難しかった。

[2]細胞の構造及び細胞分裂に関する出題である。問10・問11は標準的ではあるが「全て選べ」という設問なので得点が難しい。問13・問14は「全て選べ」という条件は同じだが完答しておきたい。残りの問題は標準的である。

[3]呼吸と光合成の生化学反応に関する出題である。問16と問19は酸化と還元という反応の意味合いをきちんと理解していないと混乱して解答しにくいと思われる。残りの問題は教科書の本文と図表の範囲内ではあるが，細かく問われているので大変である。ただし，この内容はこの

分野が得意な者にとっては取り組みやすいところがあり，ここで大きく差をつけることに成功した受験生はいたと思われる。

4神経細胞の静止電位と活動電位の発生のしかたを詳しく問う出題である。問 21 は後半の選択肢が学習上盲点になりやすく，意外に得点しにくかったかもしれない。問 22～問 24 は正しいものを 1 つだけ選べばよいので，きちんと準備ができていた受験生であれば対応できただろう。問 25 も標準的である。頻出分野でもあるので，得点を稼いでおきたい大問である。

5簡単な分子系統樹を作成させる出題であり，普通は塩基やアミノ酸の変異を題材にして出題するところを，トランスポゾンを題材にしたところに特徴がある。とはいっても解法に違いがあるわけではない。問 26 は基本的。問 27 も生物の教科書ではよく扱われる生物が多いので対応できるだろう。a)のえり鞭毛虫は多細胞動物と近縁であるという研究結果が出て注目されている原生動物なので，今後取り扱われることが多くなるだろう。問 28 は知らないと答えられないので厳しいが基本事項として数値を覚えておきたい。問 29～問 31 は似た問題を練習したことがある受験生であれば落ち着いて対応できたはず。この大問は全体として標準的だが頻出分野とは言い難いので受験生の間で差がついた可能性がある。

例年のことだが1が難しいほかに，上に述べたように厳しい設問がいくつかある。残りの設問は標準的であり，出題の全体の難易度だけで言えば 2020 年度までとさほど変わらない。試験時間が同じで出題数が減ったことを考えれば 2021 年度以降はかなり取り組みやすくなった。2022 年度については，深く細かい内容をついた出題である3と4，特に現役生が厳しかったのではないかと思われる5が，差がついた大問であったと思われる。

2021 年度，2022 年度とよく出題される分野からの問題が多かったが，必ずしも毎年そうであるわけではないので，頻出でない分野の準備も怠らないようにすることが大事である。なお，上智大学では植物の発生や反応に関する大問が頻出である。これも念頭に置き，基礎問題（教科書の細部，グラフ，図表の再確認につながる）～標準問題を地道にかつ徹底的に反復練習をしておきたい。

教学社 刊行一覧

2025年版 大学赤本シリーズ

374大学556点
全都道府県を網羅

国公立大学（都道府県順）

全国の書店で取り扱っています。店頭にない場合は，お取り寄せができます。

1 北海道大学（文系－前期日程）
2 北海道大学（理系－前期日程） 医
3 北海道大学（後期日程）
4 旭川医科大学（医学部〈医学科〉） 医
5 小樽商科大学
6 帯広畜産大学
7 北海道教育大学
8 室蘭工業大学／北見工業大学
9 釧路公立大学
10 公立千歳科学技術大学
11 公立はこだて未来大学 総推
12 札幌医科大学（医学部） 医
13 弘前大学 医
14 岩手大学
15 岩手県立大学・盛岡短期大学部・宮古短期大学部
16 東北大学（文系－前期日程）
17 東北大学（理系－前期日程） 医
18 東北大学（後期日程）
19 宮城教育大学
20 宮城大学
21 秋田大学 医
22 秋田県立大学
23 国際教養大学 総推
24 山形大学 医
25 福島大学
26 会津大学
27 福島県立医科大学（医・保健科学部） 医
28 茨城大学（文系）
29 茨城大学（理系）
30 筑波大学（推薦入試） 医 総推
31 筑波大学（文系－前期日程）
32 筑波大学（理系－前期日程） 医
33 筑波大学（後期日程）
34 宇都宮大学
35 群馬大学 医
36 群馬県立女子大学
37 高崎経済大学
38 前橋工科大学
39 埼玉大学（文系）
40 埼玉大学（理系）
41 千葉大学（文系－前期日程）
42 千葉大学（理系－前期日程） 医
43 千葉大学（後期日程） 医
44 東京大学（文科） DL
45 東京大学（理科） DL 医
46 お茶の水女子大学
47 電気通信大学
48 東京外国語大学 DL
49 東京海洋大学
50 東京科学大学（旧 東京工業大学）
51 東京科学大学（旧 東京医科歯科大学） 医
52 東京学芸大学
53 東京藝術大学
54 東京農工大学
55 一橋大学（前期日程）
56 一橋大学（後期日程）
57 東京都立大学（文系）
58 東京都立大学（理系）
59 横浜国立大学（文系）
60 横浜国立大学（理系）
61 横浜市立大学（国際教養・国際商・理・データサイエンス・医〈看護〉学部）
62 横浜市立大学（医学部〈医学科〉） 医
63 新潟大学（人文・教育〈文系〉・法・経済科・医〈看護〉・創生学部）
64 新潟大学（教育〈理系〉・理・医〈看護を除く〉・歯・工・農学部） 医
65 新潟県立大学
66 富山大学（文系）
67 富山大学（理系） 医
68 富山県立大学
69 金沢大学（文系）
70 金沢大学（理系） 医
71 福井大学（教育・医〈看護〉・工・国際地域学部）
72 福井大学（医学部〈医学科〉） 医
73 福井県立大学
74 山梨大学（教育・医〈看護〉・工・生命環境学部）
75 山梨大学（医学部〈医学科〉） 医
76 都留文科大学
77 信州大学（文系－前期日程）
78 信州大学（理系－前期日程） 医
79 信州大学（後期日程）
80 公立諏訪東京理科大学 総推
81 岐阜大学（前期日程） 医
82 岐阜大学（後期日程）
83 岐阜薬科大学
84 静岡大学（前期日程）
85 静岡大学（後期日程）
86 浜松医科大学（医学部〈医学科〉） 医
87 静岡県立大学
88 静岡文化芸術大学
89 名古屋大学（文系）
90 名古屋大学（理系） 医
91 愛知教育大学
92 名古屋工業大学
93 愛知県立大学
94 名古屋市立大学（経済・人文社会・芸術工・看護・総合生命理・データサイエンス学部）
95 名古屋市立大学（医学部〈医学科〉） 医
96 名古屋市立大学（薬学部）
97 三重大学（人文・教育・医〈看護〉学部）
98 三重大学（医〈医〉・工・生物資源学部） 医
99 滋賀大学
100 滋賀医科大学（医学部〈医学科〉） 医
101 滋賀県立大学
102 京都大学（文系）
103 京都大学（理系） 医
104 京都教育大学
105 京都工芸繊維大学
106 京都府立大学
107 京都府立医科大学（医学部〈医学科〉） 医
108 大阪大学（文系） DL
109 大阪大学（理系） 医
110 大阪教育大学
111 大阪公立大学（現代システム科学域〈文系〉・文・法・経済・商・看護・生活科〈居住環境・人間福祉〉学部－前期日程）
112 大阪公立大学（現代システム科学域〈理系〉・理・工・農・獣医・医・生活科〈食栄養〉学部－前期日程） 医
113 大阪公立大学（中期日程）
114 大阪公立大学（後期日程）
115 神戸大学（文系－前期日程）
116 神戸大学（理系－前期日程） 医
117 神戸大学（後期日程）
118 神戸市外国語大学 DL
119 兵庫県立大学（国際商経・社会情報科・看護学部）
120 兵庫県立大学（工・理・環境人間学部）
121 奈良教育大学／奈良県立大学
122 奈良女子大学
123 奈良県立医科大学（医学部〈医学科〉） 医
124 和歌山大学
125 和歌山県立医科大学（医・薬学部） 医
126 鳥取大学 医
127 公立鳥取環境大学
128 島根大学 医
129 岡山大学（文系）
130 岡山大学（理系） 医
131 岡山県立大学
132 広島大学（文系－前期日程）
133 広島大学（理系－前期日程） 医
134 広島大学（後期日程）
135 尾道市立大学 総推
136 県立広島大学
137 広島市立大学
138 福山市立大学 総推
139 山口大学（人文・教育〈文系〉・経済・医〈看護〉・国際総合科学部）
140 山口大学（教育〈理系〉・理・医〈看護を除く〉・工・農・共同獣医学部） 医
141 山陽小野田市立山口東京理科大学 総推
142 下関市立大学／山口県立大学
143 周南公立大学 新 総推
144 徳島大学 医
145 香川大学 医
146 愛媛大学 医
147 高知大学 医
148 高知工科大学
149 九州大学（文系－前期日程）
150 九州大学（理系－前期日程） 医
151 九州大学（後期日程）
152 九州工業大学
153 福岡教育大学
154 北九州市立大学
155 九州歯科大学
156 福岡県立大学／福岡女子大学
157 佐賀大学 医
158 長崎大学（多文化社会・教育〈文系〉・経済・医〈保健〉・環境科〈文系〉学部）
159 長崎大学（教育〈理系〉・医〈医〉・歯・薬・情報データ科・工・環境科〈理系〉・水産学部） 医
160 長崎県立大学 総推
161 熊本大学（文・教育・法・医〈看護〉学部・情報融合学環〈文系型〉）
162 熊本大学（理・医〈看護を除く〉・薬・工学部・情報融合学環〈理系型〉） 医
163 熊本県立大学
164 大分大学（教育・経済・医〈看護〉・理工・福祉健康科学部）
165 大分大学（医学部〈医・先進医療科学科〉） 医
166 宮崎大学（教育・医〈看護〉・工・農・地域資源創成学部）
167 宮崎大学（医学部〈医学科〉） 医
168 鹿児島大学（文系）
169 鹿児島大学（理系） 医
170 琉球大学 医

2025年版　大学赤本シリーズ

国公立大学 その他

171 〔国公立大〕医学部医学科 総合型選抜・学校推薦型選抜※ 医 総推
172 看護・医療系大学〈国公立 東日本〉※
173 看護・医療系大学〈国公立 中日本〉※
174 看護・医療系大学〈国公立 西日本〉※
175 海上保安大学校／気象大学校
176 航空保安大学校
177 国立看護大学校
178 防衛大学校 総推
179 防衛医科大学校(医学科) 医
180 防衛医科大学校(看護学科)

※No.171～174の収載大学は赤本ウェブサイト(http://akahon.net/)でご確認ください。

私立大学①

北海道の大学(50音順)

201 札幌大学
202 札幌学院大学
203 北星学園大学
204 北海学園大学
205 北海道医療大学
206 北海道科学大学
207 北海道武蔵女子大学・短期大学
208 酪農学園大学(獣医学群〈獣医学類〉)

東北の大学(50音順)

209 岩手医科大学(医・歯・薬学部) 医
210 仙台大学 総推
211 東北医科薬科大学(医・薬学部) 医
212 東北学院大学
213 東北工業大学
214 東北福祉大学
215 宮城学院女子大学 総推

関東の大学(50音順)

あ行(関東の大学)

216 青山学院大学(法・国際政治経済学部ー個別学部日程)
217 青山学院大学(経済学部ー個別学部日程)
218 青山学院大学(経営学部ー個別学部日程)
219 青山学院大学(文・教育人間科学部ー個別学部日程)
220 青山学院大学(総合文化政策・社会情報・地球社会共生・コミュニティ人間科学部ー個別学部日程)
221 青山学院大学(理工学部ー個別学部日程)
222 青山学院大学(全学部日程)
223 麻布大学(獣医、生命・環境科学部)
224 亜細亜大学
226 桜美林大学
227 大妻女子大学・短期大学部

か行(関東の大学)

228 学習院大学(法学部ーコア試験)
229 学習院大学(経済学部ーコア試験)
230 学習院大学(文学部ーコア試験)
231 学習院大学(国際社会科学部ーコア試験)
232 学習院大学(理学部ーコア試験)
233 学習院女子大学
234 神奈川大学(給費生試験)
235 神奈川大学(一般入試)
236 神奈川工科大学
237 鎌倉女子大学・短期大学部
238 川村学園女子大学
239 神田外語大学
240 関東学院大学
241 北里大学(理学部)
242 北里大学(医学部) 医
243 北里大学(薬学部)
244 北里大学(看護・医療衛生学部)
245 北里大学(未来工・獣医・海洋生命科学部)
246 共立女子大学・短期大学
247 杏林大学(医学部) 医
248 杏林大学(保健学部)
249 群馬医療福祉大学・短期大学部
250 群馬パース大学 総推
251 慶應義塾大学(法学部)
252 慶應義塾大学(経済学部)
253 慶應義塾大学(商学部)
254 慶應義塾大学(文学部) 総推
255 慶應義塾大学(総合政策学部)
256 慶應義塾大学(環境情報学部)
257 慶應義塾大学(理工学部)
258 慶應義塾大学(医学部) 医
259 慶應義塾大学(薬学部)
260 慶應義塾大学(看護医療学部)
261 工学院大学
262 國學院大學
263 国際医療福祉大学 医
264 国際基督教大学
265 国士舘大学
266 駒澤大学(一般選抜T方式・S方式)
267 駒澤大学(全学部統一日程選抜)

さ行(関東の大学)

268 埼玉医科大学(医学部) 医
269 相模女子大学・短期大学部
270 産業能率大学
271 自治医科大学(医学部) 医
272 自治医科大学(看護学部)／東京慈恵会医科大学(医学部〈看護学科〉)
273 実践女子大学 総推
274 芝浦工業大学(前期日程)
275 芝浦工業大学(全学統一日程・後期日程)
276 十文字学園女子大学
277 淑徳大学
278 順天堂大学(医学部) 医
279 順天堂大学(スポーツ健康科・医療看護・保健看護・国際教養・保健医療・医療科・健康データサイエンス・薬学部) 総推
280 上智大学(神・文・総合人間科学部)
281 上智大学(法・経済学部)
282 上智大学(外国語・総合グローバル学部)
283 上智大学(理工学部)
284 上智大学(TEAPスコア利用方式)
285 湘南工科大学
286 昭和大学(医学部) 医
287 昭和大学(歯・薬・保健医療学部)
288 昭和女子大学
289 昭和薬科大学
290 女子栄養大学・短期大学部 総推
291 白百合女子大学
292 成蹊大学(法学部ーA方式)
293 成蹊大学(経済・経営学部ーA方式)
294 成蹊大学(文学部ーA方式)
295 成蹊大学(理工学部ーA方式)
296 成蹊大学(E方式・G方式・P方式)
297 成城大学(経済・社会イノベーション学部ーA方式)
298 成城大学(文芸・法学部ーA方式)
299 成城大学(S方式〈全学部統一選抜〉)
300 聖心女子大学
301 清泉女子大学
303 聖マリアンナ医科大学 医
304 聖路加国際大学(看護学部)
305 専修大学(スカラシップ・全国入試)
306 専修大学(前期入試〈学部個別入試〉)
307 専修大学(前期入試〈全学部入試・スカラシップ入試〉)

た行(関東の大学)

308 大正大学
309 大東文化大学
310 高崎健康福祉大学
311 拓殖大学
312 玉川大学
313 多摩美術大学
314 千葉工業大学
315 中央大学(法学部ー学部別選抜)
316 中央大学(経済学部ー学部別選抜)
317 中央大学(商学部ー学部別選抜)
318 中央大学(文学部ー学部別選抜)
319 中央大学(総合政策学部ー学部別選抜)
320 中央大学(国際経営・国際情報学部ー学部別選抜)
321 中央大学(理工学部ー学部別選抜)
322 中央大学(5学部共通選抜)
323 中央学院大学
324 津田塾大学
325 帝京大学(薬・経済・法・文・外国語・教育・理工・医療技術・福岡医療技術学部)
326 帝京大学(医学部) 医
327 帝京科学大学 総推
328 帝京平成大学 総推
329 東海大学(医〈医〉学部を除くー一般選抜)
330 東海大学(文系・理系学部統一選抜)
331 東海大学(医学部〈医学科〉) 医
332 東京医科大学(医学部〈医学科〉) 医
333 東京家政大学・短期大学部 総推
334 東京経済大学
335 東京工科大学
336 東京工芸大学
337 東京国際大学
338 東京歯科大学
339 東京慈恵会医科大学(医学部〈医学科〉) 医
340 東京情報大学
341 東京女子大学
342 東京女子医科大学(医学部) 医
343 東京電機大学
344 東京都市大学
345 東京農業大学
346 東京薬科大学(薬学部) 総推
347 東京薬科大学(生命科学部) 総推
348 東京理科大学(理学部〈第一部〉ーB方式)
349 東京理科大学(創域理工学部ーB方式・S方式)
350 東京理科大学(工学部ーB方式)
351 東京理科大学(先進工学部ーB方式)
352 東京理科大学(薬学部ーB方式)
353 東京理科大学(経営学部ーB方式)
354 東京理科大学(C方式、グローバル方式、理学部〈第二部〉ーB方式)
355 東邦大学(医学部) 医
356 東邦大学(薬学部)

2025年版　大学赤本シリーズ

私立大学②

357 東邦大学（理・看護・健康科学部）
358 東洋大学（文・経済・経営・法・社会・国際・国際観光学部）
359 東洋大学（情報連携・福祉社会デザイン・健康スポーツ科・理工・総合情報・生命科・食環境科学部）
360 東洋大学（英語〈3日程×3カ年〉）
361 東洋大学（国語〈3日程×3カ年〉）
362 東洋大学（日本史・世界史〈2日程×3カ年〉）
363 東洋英和女学院大学
364 常磐大学・短期大学 総推
365 獨協大学
366 獨協医科大学（医学部） 医

な行（関東の大学）

367 二松学舎大学
368 日本大学（法学部）
369 日本大学（経済学部）
370 日本大学（商学部）
371 日本大学（文理学部〈文系〉）
372 日本大学（文理学部〈理系〉）
373 日本大学（芸術学部〈専門試験併用型〉）
374 日本大学（国際関係学部）
375 日本大学（危機管理・スポーツ科学部）
376 日本大学（理工学部）
377 日本大学（生産工・工学部）
378 日本大学（生物資源科学部）
379 日本大学（医学部） 医
380 日本大学（歯・松戸歯学部）
381 日本大学（薬学部）
382 日本大学（N全学統一方式－医・芸術〈専門試験併用型〉学部を除く）
383 日本医科大学 医
384 日本工業大学
385 日本歯科大学
386 日本社会事業大学 総推
387 日本獣医生命科学大学
388 日本女子大学
389 日本体育大学

は行（関東の大学）

390 白鷗大学（学業特待選抜・一般選抜）
391 フェリス女学院大学
392 文教大学
393 法政大学（法〈Ⅰ日程〉・文〈Ⅱ日程〉・経営〈Ⅱ日程〉学部－A方式）
394 法政大学（法〈Ⅱ日程〉・国際文化・キャリアデザイン学部－A方式）
395 法政大学（文〈Ⅰ日程〉・経営〈Ⅰ日程〉・人間環境・グローバル教養学部－A方式）
396 法政大学（経済〈Ⅰ日程〉・社会〈Ⅰ日程〉・現代福祉学部－A方式）
397 法政大学（経済〈Ⅱ日程〉・社会〈Ⅱ日程〉・スポーツ健康学部－A方式）
398 法政大学（情報科・デザイン工・理工・生命科学部－A方式）
399 法政大学（T日程〈統一日程〉・英語外部試験利用入試）
400 星薬科大学 総推

ま行（関東の大学）

401 武蔵大学
402 武蔵野大学
403 武蔵野美術大学
404 明海大学
405 明治大学（法学部－学部別入試）
406 明治大学（政治経済学部－学部別入試）
407 明治大学（商学部－学部別入試）
408 明治大学（経営学部－学部別入試）
409 明治大学（文学部－学部別入試）
410 明治大学（国際日本学部－学部別入試）
411 明治大学（情報コミュニケーション学部－学部別入試）
412 明治大学（理工学部－学部別入試）
413 明治大学（総合数理学部－学部別入試）
414 明治大学（農学部－学部別入試）
415 明治大学（全学部統一入試）
416 明治学院大学（A日程）
417 明治学院大学（全学部日程）
418 明治薬科大学 総推
419 明星大学
420 目白大学・短期大学部

ら・わ行（関東の大学）

421 立教大学（文系学部－一般入試〈大学独自の英語を課さない日程〉）
422 立教大学（国語〈3日程×3カ年〉）
423 立教大学（日本史・世界史〈2日程×3カ年〉）
424 立教大学（文学部－一般入試〈大学独自の英語を課す日程〉）
425 立教大学（理学部－一般入試）
426 立正大学
427 早稲田大学（法学部）
428 早稲田大学（政治経済学部）
429 早稲田大学（商学部）
430 早稲田大学（社会科学部）
431 早稲田大学（文学部）
432 早稲田大学（文化構想学部）
433 早稲田大学（教育学部〈文科系〉）
434 早稲田大学（教育学部〈理科系〉）
435 早稲田大学（人間科・スポーツ科学部）
436 早稲田大学（国際教養学部）
437 早稲田大学（基幹理工・創造理工・先進理工学部）
438 和洋女子大学 総推

中部の大学（50音順）

439 愛知大学
440 愛知医科大学（医学部） 医
441 愛知学院大学・短期大学部
442 愛知工業大学 総推
443 愛知淑徳大学
444 朝日大学 総推
445 金沢医科大学（医学部） 医
446 金沢工業大学
447 岐阜聖徳学園大学 総推
448 金城学院大学
449 至学館大学 総推
450 静岡理工科大学
451 椙山女学園大学
452 大同大学
453 中京大学
454 中部大学
455 名古屋外国語大学 総推
456 名古屋学院大学 総推
457 名古屋学芸大学 総推
458 名古屋女子大学 総推
459 南山大学（外国語〈英米〉・法・総合政策・国際教養学部）
460 南山大学（人文・外国語〈英米を除く〉・経済・経営・理工学部）
461 新潟国際情報大学
462 日本福祉大学
463 福井工業大学
464 藤田医科大学（医学部） 医
465 藤田医科大学（医療科・保健衛生学部）
466 名城大学（法・経営・経済・外国語・人間・都市情報学部）
467 名城大学（情報工・理工・農・薬学部）
468 山梨学院大学

近畿の大学（50音順）

469 追手門学院大学 総推
470 大阪医科薬科大学（医学部） 医
471 大阪医科薬科大学（薬学部） 総推
472 大阪学院大学 総推
473 大阪経済大学 総推
474 大阪経済法科大学 総推
475 大阪工業大学 総推
476 大阪国際大学・短期大学部 総推
477 大阪産業大学 総推
478 大阪歯科大学（歯学部）
479 大阪商業大学 総推
480 大阪成蹊大学・短期大学 総推
481 大谷大学 総推
482 大手前大学・短期大学 総推
483 関西大学（文系）
484 関西大学（理系）
485 関西大学（英語〈3日程×3カ年〉）
486 関西大学（国語〈3日程×3カ年〉）
487 関西大学（日本史・世界史・文系数学〈3日程×3カ年〉）
488 関西医科大学（医学部） 医
489 関西医療大学 総推
490 関西外国語大学・短期大学部 総推
491 関西学院大学（文・法・商・人間福祉・総合政策学部－学部個別日程）
492 関西学院大学（神・社会・経済・国際・教育学部－学部個別日程）
493 関西学院大学（全学部日程〈文系型〉）
494 関西学院大学（全学部日程〈理系型〉）
495 関西学院大学（共通テスト併用日程〈数学〉・英数日程）
496 関西学院大学（英語〈3日程×3カ年〉） 新
497 関西学院大学（国語〈3日程×3カ年〉） 新
498 関西学院大学（日本史・世界史・文系数学〈3日程×3カ年〉） 新
499 畿央大学 総推
500 京都外国語大学・短期大学 総推
502 京都産業大学（公募推薦入試） 総推
503 京都産業大学（一般選抜入試〈前期日程〉）
504 京都女子大学 総推
505 京都先端科学大学 総推
506 京都橘大学 総推
507 京都ノートルダム女子大学 総推
508 京都薬科大学 総推
509 近畿大学・短期大学部（医学部を除く－推薦入試） 総推
510 近畿大学・短期大学部（医学部を除く－一般入試前期）
511 近畿大学（英語〈医学部を除く3日程×3カ年〉）
512 近畿大学（理系数学〈医学部を除く3日程×3カ年〉）
513 近畿大学（国語〈医学部を除く3日程×3カ年〉）
514 近畿大学（医学部－推薦入試・一般入試前期） 医 総推
515 近畿大学・短期大学部（一般入試後期） 医
516 皇學館大学 総推
517 甲南大学 総推
518 甲南女子大学（学校推薦型選抜） 新 総推
519 神戸学院大学 総推
520 神戸国際大学 総推
521 神戸女学院大学 総推
522 神戸女子大学・短期大学 総推
523 神戸薬科大学 総推
524 四天王寺大学・短期大学部 総推
525 摂南大学（公募制推薦入試） 総推
526 摂南大学（一般選抜前期日程）
527 帝塚山学院大学 総推
528 同志社大学（法、グローバル・コミュニケーション学部－学部個別日程）

2025年版　大学赤本シリーズ

私立大学③

529 同志社大学(文・経済学部−学部個別日程)
530 同志社大学(神・商・心理・グローバル地域文化学部−学部個別日程)
531 同志社大学(社会学部−学部個別日程)
532 同志社大学(政策・文化情報〈文系型〉・スポーツ健康科〈文系型〉学部−学部個別日程)
533 同志社大学(理工・生命医科・文化情報〈理系型〉・スポーツ健康科〈理系型〉学部−学部個別日程)
534 同志社大学(全学部日程)
535 同志社女子大学 総推
536 奈良大学 総推
537 奈良学園大学 総推
538 阪南大学 総推
539 姫路獨協大学 総推
540 兵庫医科大学(医学部) 医
541 兵庫医科大学(薬・看護・リハビリテーション学部) 総推
542 佛教大学 総推
543 武庫川女子大学 総推
544 桃山学院大学 総推
545 大和大学・大和大学白鳳短期大学部 総推
546 立命館大学(文系−全学統一方式・学部個別配点方式)／立命館アジア太平洋大学(前期方式・英語重視方式)
547 立命館大学(理系−全学統一方式・学部個別配点方式・理系型3教科方式・薬学方式)
548 立命館大学(英語〈全学統一方式3日程×3カ年〉)
549 立命館大学(国語〈全学統一方式3日程×3カ年〉)
550 立命館大学(文系選択科目〈全学統一方式2日程×3カ年〉)
551 立命館大学(IR方式〈英語資格試験利用型〉・共通テスト併用方式)／立命館アジア太平洋大学(共通テスト併用方式)
552 立命館大学(後期分割方式・「経営学部で学ぶ感性+共通テスト」方式)／立命館アジア太平洋大学(後期方式)
553 龍谷大学(公募推薦入試) 総推
554 龍谷大学(一般選抜入試)

中国の大学(50音順)

555 岡山商科大学 総推
556 岡山理科大学 総推
557 川崎医科大学 医
558 吉備国際大学 総推
559 就実大学 総推
560 広島経済大学
561 広島国際大学 総推
562 広島修道大学
563 広島文教大学 総推
564 福山大学／福山平成大学
565 安田女子大学 総推

四国の大学(50音順)

567 松山大学

九州の大学(50音順)

568 九州医療科学大学
569 九州産業大学
570 熊本学園大学
571 久留米大学(文・人間健康・法・経済・商学部)
572 久留米大学(医学部〈医学科〉) 医
573 産業医科大学(医学部) 医
574 西南学院大学(商・経済・法・人間科学部−A日程)
575 西南学院大学(神・外国語・国際文化学部−A日程／全学部−F日程)
576 福岡大学(医学部医学科を除く−学校推薦型選抜・一般選抜系統別日程) 総推
577 福岡大学(医学部医学科を除く−一般選抜前期日程)
578 福岡大学(医学部〈医学科〉−学校推薦型選抜・一般選抜系統別日程) 医 総推
579 福岡工業大学
580 令和健康科学大学 総推

医 医学部医学科を含む
総推 総合型選抜または学校推薦型選抜を含む
DL リスニング音声配信　新 2024年 新刊・復刊

掲載している入試の種類や試験科目，収載年数などはそれぞれ異なります。詳細については，それぞれの本の目次や赤本ウェブサイトでご確認ください。

akahon.net
赤本｜ 検索

難関校過去問シリーズ

出題形式別・分野別に収録した
「入試問題事典」
20大学73点
定価2,310〜2,640円（本体2,100〜2,400円）

先輩合格者はこう使った！
「難関校過去問シリーズの使い方」

61年，全部載せ！
要約演習で，総合力を鍛える

東大の英語
要約問題 UNLIMITED

国公立大学

東大の英語25カ年［第12版］ 改
東大の英語リスニング20カ年［第9版］ DL 改
東大の英語 要約問題 UNLIMITED
東大の文系数学25カ年［第12版］ 改
東大の理系数学25カ年［第12版］ 改
東大の現代文25カ年［第12版］ 改
東大の古典25カ年［第12版］ 改
東大の日本史25カ年［第9版］ 改
東大の世界史25カ年［第9版］ 改
東大の地理25カ年［第9版］ 改
東大の物理25カ年［第9版］ 改
東大の化学25カ年［第9版］ 改
東大の生物25カ年［第9版］ 改
東工大の英語20カ年［第8版］ 改
東工大の数学20カ年［第9版］ 改
東工大の物理20カ年［第5版］ 改
東工大の化学20カ年［第5版］ 改
一橋大の英語20カ年［第9版］ 改
一橋大の数学20カ年［第9版］ 改
一橋大の国語20カ年［第6版］ 改
一橋大の日本史20カ年［第6版］ 改
一橋大の世界史20カ年［第6版］ 改
筑波大の英語15カ年 新
筑波大の数学15カ年 新
京大の英語25カ年［第12版］
京大の文系数学25カ年［第12版］
京大の理系数学25カ年［第12版］
京大の現代文25カ年［第2版］
京大の古典25カ年［第2版］
京大の日本史20カ年［第3版］
京大の世界史20カ年［第3版］
京大の物理25カ年［第9版］
京大の化学25カ年［第9版］
北大の英語15カ年［第8版］
北大の理系数学15カ年［第8版］
北大の物理15カ年［第2版］
北大の化学15カ年［第2版］
東北大の英語15カ年［第8版］
東北大の理系数学15カ年［第8版］
東北大の物理15カ年［第2版］
東北大の化学15カ年［第2版］
名古屋大の英語15カ年［第8版］
名古屋大の理系数学15カ年［第8版］
名古屋大の物理15カ年［第2版］
名古屋大の化学15カ年［第2版］
阪大の英語20カ年［第9版］
阪大の文系数学20カ年［第3版］
阪大の理系数学20カ年［第9版］
阪大の国語15カ年［第3版］
阪大の物理20カ年［第8版］
阪大の化学20カ年［第6版］
九大の英語15カ年［第8版］
九大の理系数学15カ年［第7版］
九大の物理15カ年［第2版］
九大の化学15カ年［第2版］
神戸大の英語15カ年［第9版］
神戸大の数学15カ年［第5版］
神戸大の国語15カ年［第3版］

私立大学

早稲田の英語［第11版］ 改
早稲田の国語［第9版］ 改
早稲田の日本史［第9版］ 改
早稲田の世界史［第2版］ 改
慶應の英語［第11版］ 改
慶應の小論文［第3版］ 改
明治大の英語［第9版］ 改
明治大の国語［第2版］ 改
明治大の日本史［第2版］ 改
中央大の英語［第9版］ 改
法政大の英語［第9版］ 改
同志社大の英語［第10版］
立命館大の英語［第10版］
関西大の英語［第10版］
関西学院大の英語［第10版］

DL リスニング音声配信
新 2024年 新刊
改 2024年 改訂

2025 年版　大学赤本シリーズ　No. 283
上智大学（理工学部）

2024 年 7 月 10 日　第 1 刷発行
ISBN978-4-325-26341-8
定価は裏表紙に表示しています

編　集　教学社編集部
発行者　上原 寿明
発行所　教学社
〒606-0031
京都市左京区岩倉南桑原町56
電話　075-721-6500
振替　01020-1-15695
印　刷　加藤文明社